墙

The Wall *and* the Bridge

Glenn Hubbard

与

桥

剧变时代的恐惧和机遇

[美] 格伦·哈伯德 著 胡书东 译

格 致 出 版 社 上海人民出版社

译者序

    2022 年初,耶鲁大学出版社出版发行的新书《墙与桥:剧变时代的恐惧和机遇》(*The Wall and the Bridge:Fear and Opportunity in Disruption's Wake*)研究了全球化和技术变革,认为它在带来经济发展和社会进步的同时,也产生了破坏,给一部分人带来了负面冲击。过去,无论是经济学界,还是政府,关注更多的是全球化和技术变革带来的繁荣进步,而对那些负面冲击关注不够。本书就是探讨该如何应对这种负面冲击,以更好推进全球化、市场经济发展和技术变革。

    主张自由市场的经济学家经常指出,在一个竞争性的资本主义世界,有赢家也有输家。一个时期以来,失败者如何应对面临的困难后果这一问题在很大程度上被忽视了。民粹主义政客一再试图通过修建实体墙和"经济墙"来解决这一问题,以分隔市场,遏制竞争。从 15 世纪在欧洲兴起的重商主义开始,"保护主义之墙"就颇为流行。当时各国政府采取关税或非关税壁垒,追求尽可能多的出口和少的进口,将以金银贵金属衡量的贸易盈余作为目标;在国内则多方干预限制市场竞争。直到工业革命基本完成,欧美才逐渐放弃重商主义政策。从 20 世纪 70 年代起,由于日本和亚洲新兴经济体的崛起,美国制造业受到进口产品的冲击,一些传统的以制造业为主的地带出现衰退。美国国内又逐渐兴起贸易保护主义思潮,并在一些政客的煽动迎合下,与民粹主义结合起来,主张筑起"保护主义之墙",削弱、阻碍,甚至否定全球化和技术变革。最具代表性的是特朗普政府时期,鼓吹美国第一,否定自由贸易,热衷于挑起贸易争端,要求制造业重回美国。

本书作者、经济学家格伦·哈伯德(Glenn Hubbard)认识到"墙"在现实中虽然具有广泛的情感吸引力,很容易得到民众认同,也很容易被政客利用,但是他坚持认为,由于"筑墙"式政策行动推迟了对不断变化的世界所需要的调整适应,"墙"本质上是向后看的、逆潮流而动的,所以最终注定会失败。哈伯德提倡开放经济,宣扬全球化的好处,主张采取架桥式政策行动,支持受到破坏性负面冲击的人,让他们准备好参与到新的经济格局中,并从中收获经济回报和社会尊严。他认为,贸易开放和技术变革是经济增长之源,无论对于一个国家还是全世界,总体来看都是利大于弊,必须坚持贸易开放,坚持市场经济,坚持推动科技进步。至于贸易开放、市场经济和技术变革给少部分人带来的冲击和损失,可以通过政府、企业、社会联合采取的"架桥"式政策行动加以缓解,即为这少部分人搭建准备和联结之桥。对于美国而言,他主张的"桥"式政策行动主要包括通过高等教育和在职教育让工人的技能得到培训提升,以及调整并优化社会保险。

格伦·哈伯德是哥伦比亚大学商学院现任院长,也是经济系教授。他在中佛罗里达大学(University of Central Florida, UCF)获得文学学士和理学学士学位;于 1983 年在哈佛大学获得经济学硕士和博士学位,并获得美国国家科学基金会和斯隆基金会奖学金。2001—2003 年间,他担任乔治·沃克·布什总统经济顾问委员会主席,也曾担任经济合作与发展组织(OECD)的经济政策委员会主席,还在乔治·沃克·布什政府担任过美国财政部助理部长帮办。他的主要研究领域为公共经济学、宏观经济学、公司财务和产业组织。他既具有深厚的经济学理论功底,又对现实经济问题有着深入的思考和研究,还具备在美国决策层工作的丰富经历。格伦·哈伯德是个坚定的市场经济和全球化支持者。2001 年"9·11"恐怖袭击事件发生后,他力主继续推进全球化。在特朗普赢得 2016 年美国总统大选后,面对主张各种形式奇形怪状的贸易保护主义的民粹主义大流行,格伦·哈伯德依然坚持市场化和全球化。同时,他开始全面深入研究如何在市场化、全球化中趋利避害,实现赢家补偿输家,进而实现全体民众共同参与、共同分享的大众繁荣。本书就是其在这方面的研究成果。

无论是中美贸易摩擦,还是俄罗斯与西方的争端,其长期影响及应对方式,都牵动着每一位关心人类繁荣事业的中国人的心。为了应对"百年未有之大变局",毫不动摇地推进中华民族伟大复兴,我们需要及时、准确、全面地了解美国和西方是怎么想的,现在正在做什么,将来打算怎么做。阅读格伦·哈伯德的这本书能够帮助我们达到这一目的。

新中国成立以来,一直高度重视全球化和技术变革。改革开放前,中国重视向西方学习先进科技文化,通过进口西方先进技术装备,派遣和引回留学生,助力国内建设。改革开放后,中国创造了连续 40 余年的快速增长期。这与新中国成立后,致力于发展面向全体人民的城乡教育和医疗卫生事业,扫除几千年遗留下来的形形色色落后的封建等级和社会分隔制度,形成平等、向上的社会风尚,有着密不可分的关系。改革开放以来,中国特色社会主义市场经济激发出人民追求美好生活的无限潜能,激励各项事业大踏步前进。

2008年全球金融危机爆发后,作为危机策源地的美国,民粹主义抬头,把矛头指向中国,认为中国几十年来在对外贸易中占了美国的大便宜,从各方面加大对中国的遏制力度。特朗普执政期间挑起与中国的贸易争端,尝试脱钩。拜登政府上台后,没有改变这一路线。美国和西方甚至出现把贸易政策与意识形态价值观及政治安全挂钩的声音,试图以在"朋友圈"内部做生意、脱钩断链、友岸外包取代全球化。

面对"百年未有之大变局",中国对内需要坚持社会主义市场经济体制不动摇,加快建设统一完善的国内大市场,对外需要坚持高水平开放不动摇,努力形成国内国际双循环相互促进的新发展格局。实际上,大部分美国和西方的政治经济精英清醒地知道,美国和西方,要想实现繁荣发展,就需要继续坚持全球化,努力推动科技进步,与中国脱钩既不现实也不可取。格伦·哈伯德在这本书中对此进行了较为全面深入的讨论。中国为了提升自身的科技实力和对外开放水平,在开放中趋利避害,需要做的事情还有很多,这些也是从根本上支撑中国经济在未来高质量增长的动力所在。

中国经济技术水平与西方发达国家越来越接近,技术创新就要越来越多地依靠高水平开放下的自力更生。一方面,美国等发达国家遏制和围堵中国意识加强,甚至不惜对中国脱钩断链,中国引进国外先进技术难度增加。另一方面,客观上看,今后可以轻松引进的先进技术比以前少了。以前哪怕是西方已经淘汰或准备淘汰的技术，在中国都是相对先进的，都是值得引进消化吸收的，现在除非是西方现行的或潜在的先进技术装备，否则引进消化吸收的价值往往不大。

应对脱钩断链，关键是做好自己的事情。从冷战时期的巴黎统筹委员会到冷战结束后的瓦森纳安排，几十年来美国针对中国的有形无形的脱钩断链始终存在。无论遇到多少风险挑战，无论发展环境多么复杂，只要中国坚定不移做好自己的事，就一定能攻坚克难。通过高水平开放不断壮大综合国力，不断提高科技自立自强水平，不断增强中国经济对美西方企业和顶尖人才的吸引力，从根本上消解脱钩断链威胁，在斗争中实现良性循环。当前需要特别注意克服人才使用、科技资源配置、公平竞争等领域的体制机制弊端。

应对脱钩断链风险的挑战需要保持战略定力和系统思维。脱钩断链短时期内会对中国对外经济合作，特别是与美西方的经贸往来造成一定冲击，我们虽可通过增强与"一带一路"沿线国家和亚非拉地区的经贸关系尽量对冲负面影响，但是完全抵消其带来的困扰尚需时日，因此需要加快构建新发展格局。从经济发展规律上看，随着中国经济占世界经济比重、服务业占 GDP 比重越来越大，中国以进出口货物总值与 GDP 比值度量的外贸依存度不可能长期维持高位，脱钩断链挑战只是加剧了这一趋势。美国等希望通过脱钩断链遏制中国崛起的阴谋不可能实现。在可以预见的将来，中国的外贸依存度很有可能降到 20%—30% 的水平，与西方国家的经贸往来也会稳定在合理的水平上，技术和管理先进的外国企业不可能放弃中国市场。世界技术和高端产品也不大可能分化成两个独立的体系。通过科技自立自强，中国将全面赶超世界科技先进水平，成为制造业强国,但是中国和西方不会分裂成两套技术体系、两套产品标准。

需要特别说明的是,市场经济、开放贸易和技术变革带来的"破坏",在这本书中是一个中性词,比较类似于著名经济学家熊彼特提出的"创造性破坏"(creative destruction)概念。这种破坏既能打破原有的经济社会格局,促进经济增长和繁荣,也会为一部分人带来短暂的痛苦和损失。disrupted、disruptive、dislocation、dislocated 等词,根据上下文语意,在本书中尽量翻译成"破坏",或者"受到破坏影响"等,而没有翻译成"混乱""扰乱"等。翻译时,对于有助于读者理解原意的词汇,我在文中标注了英文原文。

翻译这本书有偶然性。2021 年春节,我们胜利完成为期一年的常驻威宁县的脱贫攻坚任务。后因工作岗位和工作内容调整,我得以有机会利用部分业余时间阅读一些这几年想静下心来学习却没有时间顾及的作品,特别是与"百年未有之大变局"有关的图书。2022 年 3 月,我开始翻译这本书,目的就是了解美国和西方的精英如何看待全球化及其带来的影响,以及对未来世界发展大势的分析判断。由于水平能力所限,加上又是业余为之,翻译难免有不准确、不恰当的地方,敬请读者批评指正。至于书中观点,见仁见智,需要读者努力去粗取精、去伪存真。

非常感谢格致出版社编辑们的细心指导与帮助!

胡书东

2022 年 5 月于贵阳

前　言

20世纪70年代，当我开始学习经济学时，由于技术和全球化的结构性转变，美国已经在经历重大变革。产业、企业和工作岗位正在发生天翻地覆的变化。虽然那些经历过商业失败或丢掉工作的人对这些变革有着刻骨铭心的感受，但是经济学家和政治领导人对这些变革的反应却是迟钝的。这就导致直到民粹主义者对变革的恐惧浪潮席卷而来，社会精英这才开始认真地关注这些变革。

我开启作为一名经济学家的人生历程的时候，恰逢俄亥俄州扬斯敦（Youngstown）开始去工业化，我在本书中提到了这一点。1977年9月，我的第一门经济学本科课程向我介绍了随着时间的推移变得越来越有价值的技能，这要归功于技术变革和全球化。就在那个月，扬斯敦的钢铁厂正式开始倒闭浪潮，那些类似的变革也给它带来了十分沉重的打击——这是经济力量造成损失的警示性例证，却使包括我在内的许多其他人受益。在中佛罗里达大学读本科，之后在哈佛大学攻读博士学位的时候，我刻苦认真，并收获了优秀的老师和导师们的祝福与肯定，我还得到了很多的公共支持，这帮助我完成了经济学家的技能教育。如果没有联邦政府资助的国家优秀学生奖学金（National Merit Scholarship）和国家科学基金会（National Science Foundation）的帮助，我永远不会成为一名经济学家，并从这些结构性变革中获益。

本书的主题是"关注"（noticing），更重要的是阐释伴随经济进步而来的结构性、破坏性变革的思想。从现代经济学发轫之时起，诸如本书的中心人物亚当·斯密（Adam Smith）这样的思想家就知道，进步和破坏是密不可分的，就像一枚硬币的两面。斯密阐述了取得经济成功和实现大众繁荣（mass flourishing）的游戏规则，在这种规则之下，个体可以做好各种准备，在充满活力的经济中开展竞争。

斯密式精神影响下的当代经济学往往比斯密更彻底地体现了古典自由放任传统和现代新自由主义观点。斯密在写作他的传世巨著《国富论》（The Wealth of Nations）将近20年之前，先写作了《道德情操论》（The Theory of Moral Sentiments），他将经济视为带来繁荣的道德体系，而不仅仅是创造收入的经济体系。狭义的新自由主义、自由放任主义观点导致"资本主义"和"社会主义"之间关系紧张的政治辩论。更为不幸的是，新自由主义者把公众对充满活力的竞争性经济（dynamic competitive economy）的支持视为理所当然的。随着民粹主义的复兴，最近发生的政治事件表明，情况并非如此。

对于捍卫日益脆弱的自由放任经济秩序来说，最常见的政治挑战是"墙"的存在。"墙"可以是有形的［从大不列颠哈德良（Hadrian）的古代建筑到特朗普总统主张修建的边境屏障］，但是它通常是对变革的障碍的一种隐喻，比如技术或全球市场方面出现的变革。保护主义之墙常常来自怀旧情绪，一种希望将经济恢复到过去的美好时光的愿望。但是,筑墙所需要的经济上的修修补补对整个经济,甚至对那些被认为应受到保护的个体来说,都是自我毁灭性的。斯密看到了这一点,所以写作了《国富论》,来回应重商主义者的这种修修补补的主张。

消除"墙"的解药或反驳抗辩观点是"桥"。"桥"让个体做好准备,并将他们重新联结起来,使他们能够参与到充满活力的经济中去。从经济意义上去理解,"桥"是实现大众繁荣所必需的。从政治和社会方面去理解,为了重新获得公众对经济体系的支持,我们需要"桥"。

民粹主义领导人和评论家经常指责经济学家没有关注到变革带来的真实的经济创伤,或者把对自由放任主义信条的虔诚作为应对创伤的创可贴。虽然这些说法有一定的道理,但是经济学并非问题之所在,相反,经济学提供了许多解决方案。这些解决方案在本质上与斯密的学说是相通的,也与你在大学里可能学过的经济学基础课程是相通的。这些解决方案——"桥"——是取代毁灭性的"墙"的唯一现实可行的替代选择;它们可以继续维持对开放和活力的广泛支持。

民粹主义压力已经将政治风向从接受变革向筑起反对变革之墙转变,而不是架起调整适应之桥。"墙"与"桥"因此成为政策辩论中新的抗辩焦点,在太多的情况下,"墙"往往因为经济学家未能充分参与而赢得辩论。

本书讲述我自己的心路历程,从古典经济学和现代经济学的角度关注存在的问题,评估"墙"与"桥"。它从第 1 章开始,描述技术变革和全球化带来的关键的结构性经济变革。我总结并借鉴了 2001

年担任乔治·沃克·布什总统首席经济顾问时积累的经验,以及最近和我的哥伦比亚大学的学生们访问扬斯敦时所观察到的创伤。

第2章按照时间顺序记录一个具有讽刺意味的事实,即我们目前遇到的紧张关系是由在"墙"倒塌时准备不足造成的。没有了"柏林墙"(Berlin Wall)、贸易壁垒、交通运输和通信成本以及其他诸多限制,我们为许多行业和社群赢得了机会,而同时,一些其他行业和社群遭遇了充满痛苦的调整适应。我们准备好为"获益者"(gainers)欢呼庆祝,但是对"受损者"(losers)却几乎没有提供什么实质帮助。

第3章和第4章转向经济学,从现代经济学之父开始:亚当·斯密在《国富论》中给予我们开放和竞争带来繁荣的理念,而在《道德情操论》中,斯密却提醒我们重视"相互同情"(mutual sympathy)的价值。总之,把经济学的严谨教条与大众繁荣的道德基础结合起来,作为经济的目标追求。第4章按时间顺序记述与斯密(以及大多数当代经济学家)的观点相背离的三种情形——保护特定的工作岗位、保护特定的产品或行业,以及保护工人和社群。这些看起来像是相对温和的"墙",旨在以牺牲效率的微小代价来增强社会基础——但是,它们却存在削弱经济活力的风险。斯密的观点在反对筑起这些柔软的"墙"方面仍然是正确的,但是,核心要义与其说是坚持自由放任,不如说是呼吁"架桥"。

第5章追溯现代民粹主义者对"墙"的呼吁,以便阻止经济和政治精英们对普通民众利益的忽视。"墙"再次流行起来,因为我们没有能够让个体做好准备,使他们重新联结起来,参与到不断发展变化的经济中去。这种准备和重新联结需要"桥",这是第6章的主题。这一章概述"架桥"的经济学路径,并将斯密式的大众繁荣理念与现代经济紧密结合起来。它建议支持培训和重建社会保险,将重点放在结构性变化上,而不仅仅是周期性变化。亚伯拉罕·林肯的赠地大学法案(Abraham Lincoln's land-grant colleges)*、富兰克林·罗斯福的《失业保险法案》和《退伍军人安置法案》(Franklin Roosevelt's unemployment insurance, the G.I. Bill)为联邦资助满足地方需求及促进社会融合进步方面开展合作提供了很好的经验做法。

虽然个体在"架桥"方面很重要,但是企业和政府仍然可以发挥很大的作用。第 7 章将重点阐释企业在推进准备和重新联结方面发挥的作用,以及保持公众对斯密和当代经济学家所倡导的开放和竞争性经济的广泛支持的必要性。政府的作用是第 8 章的主题。联邦政府对"桥"的资金支持当然很重要,但是之前的成功案例也显示,公私合作和根据当地需求量身定制援助模式有很大的益处。

第 9 章总结出三点结论性意见。实现大众繁荣是道德上的,也是经济上的当务之急;它需要的是"桥",而不是"墙";这取决于有意为之的企业和政府行动。

---

　*　赠地大学(land-grant colleges,又名 land-grant universities, land grant institutions)是由美国国会指定,得益于《莫雷尔法》,即《赠地大学法》的高等教育机构。1862 年,为了顺应美国方兴未艾的工业革命对工农业人才的需求,改进高等教育,于是美国国会结合美国政府土地充裕而财政资金匮乏的实际,通过《莫雷尔法案》,规定各州凡有国会议员一名,拨联邦土地 3 万英亩,用这些土地的收益维持、资助至少一所当地大学。1890 年,美国又颁布第二个《赠地法》,继续向各州赠地大学提供资助。到 19 世纪末,赠地大学发展到 69 所。这些大学后来多半发展为州立大学,使包括麻省理工学院、康奈尔大学、威斯康星大学等在内的 100 多所高校受益,为美国经济腾飞和高等教育发展做出重大贡献。富兰克林·罗斯福的《失业保险法》和《退伍军人安置法》为罗斯福新政期间旨在建立失业保险制度和退伍军人教育及就业资助制度的法律,均产生了很好的社会和经济效果。——译者注

从 2020 年开始的新冠病毒疫情蔓延,只是放大了对"桥"的需求。2020 年 11 月 7 日,伦敦市长萨迪克·汗(Sadiq Khan)在推特上回应乔·拜登总统和卡玛拉·哈里斯(Kamala Harris)副总统赢得美国总统大选的胜利时宣称:"是时候重新开始'架桥',而不是'筑墙'了。"然而,2021 年的事态发展仍然不能让人感到放心。拜登政府正在依赖另外一种类型的"墙"——转移支付,从长远看,这可能会让受到不利影响的那些群体的境况变得更为糟糕。本书就是要告诉人们,怎样去设计和成功筑成通向大众繁荣的"桥"。

2021 年 8 月于纽约

致　谢

　　我在接受教育的早期就衷心喜爱上了经济学,之后从未放弃过。我对经济学科充满热情的一个原因是我相信经济学提供了强大的思想力量,来创造欣欣向荣的经济景气,并让民众能够广泛参与到这种经济景气之中,形成大众繁荣。我曾经两次在位于华盛顿的联邦政府中任职,第一次是在乔治·赫伯特·布什任总统时的财政部,第二次是在乔治·沃克·布什任总统时的白宫,两次任职经历让我有机会较为深入地体会政策设计的复杂性和新自由主义经济思想的强大影响力。在过去的十余年里,我对当代美国民粹主义的研究让我充分认识到,民众对新自由主义的普遍不满,从而给"墙"的出现创造出广阔的空间。

　　"墙"的思想被前总统唐纳德·特朗普特别戏剧化地体现,它需要一个对应的相反的思想来加以辩驳。我以"桥"为中心,这是一种连接两个点的方法,否则很难跨越。这一隐喻让我能够在亚当·斯密的大众繁荣理念的基础上,提出对社会保险制度进行强有力改革的思路,以使这种繁荣成为可能。

本书的主题在我的脑海中已经萦绕一段时间了。我对社会保险改革长期以来的兴趣，可以追溯到与我的杰出的老师、已故的马丁·费尔德斯坦（Martin Feldstein）多年来进行的交流。我的另一位杰出的老师本杰明·弗里德曼（Benjamin Friedman）让我对这些主题产生了浓厚兴趣，并且让我深深地认识到，经济学在某种程度上属于道德研究的范畴。我在哥伦比亚大学的同事查尔斯·卡洛米里斯（Charles Calomiris）、肯特·丹尼尔（Kent Daniel）、迈克尔·格雷茨（Michael Graetz）、布鲁斯·格林沃尔德（Bruce Greenwald）、雷·霍顿（Ray Horton）、塔诺·桑托斯（Tano Santos）、乔·斯蒂格利茨（Joe Stiglitz），特别是内德·费尔普斯（Ned Phelps），都耐心倾听过我在这里提出的许多论点，我从与他们的讨论中学到了很多。我在华盛顿工作时的同事克里斯·德穆思（Chris DeMuth）、罗伯特·多尔（Robert Doar）和迈克尔·斯特兰（Michael Strain）也很热心地就我的论点思路提供他们的反馈意见。

在本书的编辑出版过程中，我从耶鲁大学出版社的塞思·迪奇克（Seth Ditchik）的支持、帮助和建议中受益匪浅。哈里·哈斯克尔（Harry Haskell）也在耶鲁大学出版社提供了非常有力的编辑忠告。詹妮弗·布雷斯福德（Jennifer Brailsford）、林赛·克拉克（Lyndsay Clark）、德博拉·克罗韦尔（Deborah Crowell）、贝丝·米勒（Beth Miller）、克拉拉·米勒（Clara Miller）、埃米莉·韦伯斯特（Emily Webster）、艾伦·沃尔夫（Ellen Wolf）和埃琳娜·泽勒（Elena Zeller）为我提供了一流的校对和编辑帮助。约翰·兰德里（John Landry）一直是一个非常出色的编辑合作伙伴，在本书的编辑出版过程中，不断会有令人称奇的建议和深思熟虑的批评提供给我。林姆吉姆·戴伊

（Rimjhim Dey）和滕库·瓦拉达拉金（Tunku Varadarajan）慷慨地分享了他们的思考和评论。

我非常感谢哥伦比亚大学及其下属查森全球商业研究所（Chazen Institute for Global Business），它们为我的项目开展提供了时间和知识社群，我也非常感谢美国企业研究所（American Enterprise Institute）为我在2019—2020学年成为约翰·H.梅金讲席教授（John H. Makin Fellowship）期间提供的智力和资金支持。美国企业研究所的威尔·贝尔德（Will Baird）提供了出色的研究协助。我在哥伦比亚大学的长期助手威廉明娜·桑福德（Wilhelmina Sanford）耐心地帮助我对手稿进行多次修改。

在这个项目和我从事的其他所有工作中，我最想感激的是我的妻子康斯坦斯（Constance）。她的洞察力、真知灼见以及对我不断调整修论表现出的足够耐心，在我的想法和这本书之间搭建起了一座"桥"。谨以此书献给她。

目　录

第1章

导言:经济学家和真实的人

华盛顿的"墙"

2001年,我作为乔治·沃克·布什总统新任命的总统经济顾问委员会主席,第一次遭遇"墙"思维。该委员会属于美国政府行政部门,是一个小型的却十分重要的组织。自1946年成立以来,它的工作一直是对总统感兴趣的政策问题进行经济分析,实际上它相当于一家只有一个客户的小型咨询公司。在2000年度美国总统竞选期间,我曾担任当时还是州长的总统候选人布什先生的经济顾问,我知道他虚怀若谷,对于别人针对复杂的政治问题提供的建议和想法持真诚的开放态度。

我们的首要问题之一是联邦政府是否应该对钢铁产品提高进口关税。布什总统召集我和其他顾问就这个问题提供咨询意见。作为一名经济学家,我认为关税会对整体经济造成损害。钢铁生产商、他们的员工和其他相关群体将会得到救济。但是,作为钢铁产品的使用者,更多的企业和消费者的境况会因此变得更糟糕。它们受到的伤害显然将大大超过钢铁生产商得到的任何短期收益。同时,更为不利的是,提高关税的举措看起来必然会削弱推动技术变革和全球化的力量,而技术变革和全球化是未来美国生产力提升和财富增长的决定性因素。

我知道这时的政治形势很严峻,而且不是站在我这一边的。在竞选期间,时任副总统迪克·切尼(Dick Cheney)曾在西弗吉尼亚州的惠灵(Wheeling)发表讲话,对保护钢铁行业表示同情。钢铁工人在地理上集中在政治上重要的州。他们担忧的事情是真实存在的:企业、工人和社区士气低落,经济正受到损害——他们不无道理地转向民选官员寻求帮助。

在参加会议之前,我回忆起我妻子康斯坦斯最喜欢的一句话,这反映了她有能力处理缠绕着她的烦琐事情,并将它们一一理出头绪。她认为,个体可以分为两类:经济学家和"真实的人"(real people)。经济学家对绝大多数事情都有自己特殊的思考方式,而且他们常常不能很好地表达自己的想法。但是真实的人才是"说了算"的人。布什总统绝对算得上是一个真实的人。

我带着经济学基础理论提供的论据去参加那个会议,但同时又听从了妻子的劝告,带上了两张图。第一张图显示了劳动力失业和劳动力就业从一个部门到另一个部门的转换情况。总统承认了这一点,并表示他想控制这些失业情况。然后我解释说,这张图反映了从1900年到1940年由农业就业向制造业就业的转换情况。毫无疑问,总统不会想方设法让美国人重新回到农场工作。他当然不会那么做。到目前为止,一切都进展很好。

　　然后，我给他看了另一张图，图上显示了由于钢铁价格上涨，美国心脏地带各州预计可能出现的失业人数。这张图显示，总的失业人数将超过保护性关税倡导者试图保护的就业人数，这张图被经济学基础理论赋予了生命力。总统做了笔记。这是一个进步。

　　然而，我输掉了这场辩论：总统最终选择加征钢铁关税。我知道他必须做出复杂的政治决定——经济学只是其中一个因素。我没有推销成功。

　　要求保护的呼声很常见，似乎引起了总统的关注，对总统的决策施加了很大影响。但是我依旧确信经济学基础理论是正确的，这样的决策结果都是很糟糕的。（事实上，加征关税只是一个临时起作用的"绷带"，并不能治病救人。）但是，对经济学家如此有吸引力的经济推理确实并不完全适用于"真实的人"——即使是最聪明、最投入的真实的人。

　　直到后来我才意识到：我使用了经济学基础理论得出了好建议，但是我使用了所有的好建议吗？

　　不，我没有。这就是本书要讲的内容。如今，这些论点所面临的经济和政治风险比 2001 年要高得多。

　　钢铁关税之争是一系列政策争论的一部分，这些争论涉及如何处理两种根本的结构性经济力量带来的副作用：这两种力量是技术变革和全球化，它们冲击着美国工人和企业。正是这些力量推动了美国（特朗普的总统选举）、英国（脱欧）、法国（黄背心运动）、意大利（五星运动）、希腊（激进左翼联盟的崛起）、巴西［雅伊尔·博索纳罗（Jair Bolsonaro）的总统选举］，以及其他地方发生的经济和政治冲突。

　　"真实的人"与经济学家之间的博弈仍在继续。当面对技术变革和全球化等结构性、破坏性力量时,真实的人,或者更准确地说,他们的政治领袖,一直在开历史"倒车"。变革是艰难的,往往是让人无法忍受的。常见的反应是建造"墙"——对于变革或未知事物的物理的或隐喻的障碍,加征钢铁关税就是如此。

相比之下,经济学家从经济学科诞生之日起就强调"桥",意在帮助个体为变革做好准备,并热情拥抱变革和破坏带来的经济收益。那天下午在白宫,我本可以更好地解释"桥"的,但是没有做好。

"桥"的情况在如今变得更加重要了。为了克服"墙"在当下和历史上广受欢迎的倾向,经济学家需要更好地证明追求"筑墙"根本上是一种误入歧途。

基本的问题是,我们经济学家让公共辩论堕入相反的两个极端,即一端是"筑墙",另一端是对变革和市场的自由放任乐观主义,认为这可以让一切都好起来。几十年后,我们知道市场力量本身并不足以让被破坏的行业复苏。但是"桥"——从经济学角度来看——可以让它们复苏,其效果远比"墙"好。

为了解释这一点,我们需要重温现代经济学之父亚当·斯密的观点。他的《国富论》不仅提倡开放包容变革,也提倡大众繁荣。他认为经济学可以让每个人都过得更好,而不仅仅是精英或聪明的企业家。我们需要恢复这种精神。

在斯密生活的时代,"墙"是理所当然的存在。自古罗马时期以来——想想哈德良——"墙"一直可以很容易被用来解释并迎合精英和普通人的关切。斯密反对"墙"的思想很激进——"国民财富"(wealth of a nation)并非如当时(和现在!)许多领导人看起来相信的那样,是黄金、白银、土地或贸易顺差等类似资产的存量之和。相反,国民财富是经济创造收入供人们消费的能力。

这是个好消息,因为这种能力会随着时间的推移而提高。随着时间的推移,增长可能源自开放新职业(经济中的专业化分工)、开放对外贸易(与他人进行贸易以进一步深化专业化),以及开放新做事方式(技术和组织变革)。

因此,开放对于增长和繁荣至关重要。关键的是,斯密还认为,开放本身并不足以确保未来会成功。要将这些好处转化为大众繁荣和财富,需要有"桥"——与充满活力的经济联结与再联结——而不是"墙"。

从大卫·李嘉图(David Ricardo,关于贸易的观点)、约瑟夫·熊彼特(关于创造性破坏的观点)和弗里德里希·哈耶克(Friedrich Hayek,关于不协调发现产生的收益的观点)到埃德蒙·费尔普斯和迪尔德丽·麦克洛斯基(Deirdre McCloskey,关于动态论的观点),变革,甚至破坏性变革都是经济学中必不可少的内容。变革,甚至是破坏性的变革,都是好的,只要经济运行伴随变革,就可以获得更好的结果——而不应试图用"墙"来抵制变革。

今天的重大经济变革有两个:技术进步和全球化。从计算机到人工智能和机器人,新技术创造了全新的工作岗位类别(如编程和数据分析)和行业(如网络社交媒体),提高了生产力和收入。全球化为消费者带来了巨大的利益,从更低价格(想想沃尔玛)和更多种类(想想那些琳琅满目而又价格合理的服装和智能设备)的商品及服务贸易中获益。企业从更高的效率中获益——从与海外其他公司的更大竞争中获益,从具有成本优势的全球供应链中获益。全球化也增强了购买力,提高了生产力。这些力量对经济增长、对机会和对繁荣的影响,很好地印证了斯密关于国民财富的观点。

许多政治领导人愿意接受这种变革,认为对于民众而言,平均来说变革有利于促进繁荣。总体而言,变革带来的巨大收益可以用来补偿那些因变革而遭受重大损失的人。从这个角度来看,有很多收益——也并不必然就有太多的痛苦。几十年来,这一结论推动了美国商界和政策领导层大力鼓励创新和开放,采用积极的、自由放任的方针,让变革在尽可能少的干扰下自然展开。

不幸的是,事实证明这种痛苦是真实存在的——而且比预期的还要严重。用经济学术语说,它是结构性的——所有类型的工作岗位和企业在一段很长的时间内都可能出现衰败。自己的人力资本(职业生涯)或企业资本(公司)的投资可能会遭受巨大的、持续的损失。这些损失可能比过去曾经出现的类似情况发生得更为迅速(想想报纸的式微),并且具有地理集中效应(比如美国中西部地区的钢铁和汽车行业中的就业)。这些损失比经济衰退或经济周期低迷阶段的损失要大得多,在后者那种情况下,一个人可能会失去一份工作,但是几个月后当经济复苏时就能重新获得工作岗位。现在则是这些失去的工作岗位可能永远都不会回来了。

随着经济政策制定者在应对结构性衰退时变得无所适从,"墙"的历史吸引力就又死灰复燃了。如果外国钢铁更便宜(特别是有海外政府的补贴),为什么不征收关税以"创造公平竞争的环境"？如果公司正在逐步淘汰某些工作岗位类别以提高效率,为什么不对这种做法征税呢？如果机器人正在取代人工工作,那就让机器人的使用成本变得更高吧。让我们结束我们的货物贸易赤字,防止把我们的财富转移到其他国家吧。让我们保护美国人已经习惯于拥有的工作岗位和生意吧。让我们"筑墙"吧。

亚当·斯密理解这种相互作用的方式。他反对当时希望管控贸易的那些同时代重商主义者,反对试图维护其既有特权的行会组织。他其实并没有忽视伴随收益而来的痛苦,因为他追求的是大众成功(mass prosperity),是真正的大众繁荣。

斯密和其他苏格兰启蒙思想家明白,经济结构在一定程度上是社会的和政治的结构。国王和王子并没有仅仅因为经济上的无知就干预开放。他们这样做是因为反对变革的"墙"很有吸引力,并可以使当时的重商主义正统观念大行其道。斯密不是一个教条式的自由市场主义者,他希望成功能够广泛传播开来。当人们能够感受到自由市场带来的一些好处时,他们才会最好地理解自由市场。

在斯密去世 150 年后,英国经济学家尼古拉斯·卡尔多(Nicholas Kaldor)继承了这种风格,他主张,开放可以提高总体收入,获益者可以补偿受损者。同样地,我们可以获得很多收益,而不是很多痛苦。这就成了经济学基础理论给出的处方。

但是,获益者真的补偿受损者了吗? 怎么能够实现这种补偿呢?

我热爱经济学,我很自豪能与人合作编写了一本以市场为导向的教科书——《经济学》(Economics),这就是"传说中的"经济学基础教材。①由于编写了这本教材,我经常受邀客座讲授经济学。我总是会遇到这样的学生,他们自己,或者他们的父母、邻居或社区,遭受了技术变革或全球化的不利影响。而且,民选官员似乎并没有去设法解决这一困难。

对于我而言,这些是更接近现实的问题,而不是罕见的问题:是经济学基础理论出错了,还是经济学基础理论已经不适用于今天人们关切的事情了？如果经济学基础理论是错误的,那么为什么不尝试用"墙"来阻隔变革带来的痛苦呢？为什么不选举能这样做的人来当我们的领导人呢？

不仅仅是学生会提出这样的疑问。近来出现的一连串畅销书,将经济学和经济学家视为迷失在自由放任的迷雾之中,他们反对保护工作岗位和企业,这样做是错误的。一些批评者甚至把我们称为"变革获益者在与变革受损者的竞争中被俘虏的女仆"。

但是,经济学基础理论不仅恰恰是国民财富的来源;它还可以提出更好的解决办法来缓解变革带来的伤痛。正如斯密所希望的那样,它提供的答案是大众成功,而不仅仅是平均成功。

答案是"桥"。虽然"墙"对我们有一种直觉上的吸引力,但是"桥"可以带我们去一些地方。这些旅程关于为新机会做好准备和联结。我们如何让个体为这些机会做好准备？个体自己能做些什么？企业能做些什么？政府又能做些什么？

除了培训其他技能之外,准备还包括为如今和未来的工作岗位培训工人。但是要评估的不仅仅是为新事物做准备。破坏性变革将作为个体的劳动者和商人与充满活力的生产性经济隔离开来,虽然这一充满活力的生产性经济总体上会带来巨大收益。我们如何才能将双方重新联结起来？对于经济学家来说,这项探索是与社会保险有关的临时性转移支付,用以帮助个人应对他们自己无法控制的力量。当我们感到无法控制或影响我们的处境时,恐惧是一种自然的感觉,"墙"就会接踵而至。再次考虑一下,社会保险可以提供与经济的有价值的重新联结,是的,而且还可以提供与个人控制感和尊严等非经济因素的有价值的重新联结。

实现联结和重新联结的是"桥",而不是"墙"。正如我们将要看到的那样,经济学基础理论在这里提供了答案。并且,经济学家需要比过去更好地阐明这些问题。右翼政治和左翼政治之间进行的关于"墙"的日益危险的对话,有可能扼杀我们充满活力的经济中那只"下金蛋的鹅"。经济学家——以及真实的人——也有同样的斗争。

扬斯敦的困境

汉堡送过来了,味道很好。我们坐在俄亥俄州扬斯敦一家名叫"联邦"(The Federal)的餐厅里,全神贯注地听着当地报社《辩护者》(*The Vindicator*)的一名记者介绍情况。当时我和另一位教授雷·霍顿以及来自纽约哥伦比亚大学商学院的 24 名 MBA 学生在一起。

霍顿和我认为,我们的学生除了经常去伦敦、硅谷和新加坡外,还可以去美国的工业心脏地带看看,也能从中得到很大的助益。那是 2017 年 11 月,也就是特朗普总统赢得大选一年后,他开始让政策制定者将注意力集中在经济破坏(economic disruption)造成的损害上。

我们度过了忙碌的一天。在走过历史悠久的米尔克里克公园大桥(Mill Creek Park Bridge)时,霍顿和我谈到了这座桥对于这座城市来说是多么有用和有吸引力的联结点。然后,我们在接下来的行程中一直苦苦思索这个问题,它为这次行程和本书的写作锚定了框架:扬斯敦及类似的社区是否可以有经济上的"桥"来帮助它们获得振兴的机会?

扬斯敦坐落于匹兹堡和克利夫兰之间,几十年来一直都是制造业成功地带的一个中心。但是，随后由变革带来的影响就不紧不慢地出现了。开放和贸易对创新和效率的好处，霍顿和我都教给了我们的学生，而且，这个故事触及了事情的另一面。

1977 年 9 月 19 日，"黑色星期一"，扬斯敦薄板和管材公司（Youngstown Sheet & Tube Company）宣布关闭坎贝尔工厂（Campbell Works），那个时候学生都还没有出生。这家工厂的历史可以追溯到 1902 年，这是该公司位于俄亥俄州东北部马霍宁谷（Mahoning Valley）的两家工厂中规模较大的一家。5 000 人突然失去了工作。随后又发生了更多的工厂关闭事件，并且通过钢铁行业供应链的变化，在当地经济中产生了连锁反应。不到五年，马霍宁谷就失去了 5 万个工作岗位。这些丢失的工作岗位不会再回来了。我并不是说当地的商界领导人没有尝试提供帮助，只是这些工厂在经济上已经没有生存能力了。

人们把目光投向政客，把当地的国会议员换掉了。六年后，这位国会议员的继任者在选举中又败给了吉姆·特拉菲坎特（Jim Traficant），吉姆·特拉菲坎特在该地区服务了 18 年，直到被联邦政府以腐败罪定罪。全国的政界人士每四年都会来此地一次，高谈阔论有关保护就业的问题。但 2001 年加征钢铁关税并没有使当地工业复苏。

2016 年，共和党总统候选人唐纳德·特朗普来到扬斯敦，呼吁用"筑墙"的办法来恢复扬斯敦的工作岗位。他的民主党竞争对手希拉里·克林顿（Hillary Clinton）也同样承诺要恢复过去的荣耀，她的丈夫比尔·克林顿（Bill Clinton）在 1992 年的竞选中也是这样承诺的。在当选总统后和我们到访扬斯敦之前的几个月时间里，特朗普总统重申了他那令人熟悉的保证话语:"我们会让那些工作岗位回归,我们会让那些工厂人满为患。"

然而,美国经济持续复苏和总统就职演说后实施的大幅削减公司税这两个充满希望的重大利好,在扬斯敦却仍然没有达到预期目标。接受我们访谈的记者格雷戈里·格拉齐奥西(Graig Graziosi)指出了一个十分明显的衰败兆头:2016 年,扬斯敦每套房子的房价中位数仅为 4.3 万美元。不止一名来自房价超级昂贵的纽约的学生闻声站了起来,他们关注到了这一点。一种可能的解释是,扬斯敦家庭年收入中位数为 2.4 万美元,比美国平均水平低 29%。

2016 年特朗普华而不实的言论重新燃起了社区对政治变革的希望。克林顿竞选总统时,尚且可以在马霍宁县勉强获胜,与之形成鲜明对比的是,2012 年巴拉克·奥巴马(Barack Obama)竞选总统时,在马霍宁县惨败给共和党挑战者米特·罗姆尼(Mitt Romney)。特朗普事实上赢得了附近的特兰伯尔县(Trumbull County)的支持,这是自 1972 年理查德·尼克松(Richard Nixon)总统寻求竞选连任,在美国大选中大获全胜以来,首位赢得该县支持的共和党领导人。特朗普还赢得了整个俄亥俄州的选举胜利。他在中西部工业州的声望对他的意外胜利至关重要;他在 2020 年总统大选中再次赢得了马霍宁县和俄亥俄州的选举胜利。*

从"黑色星期一"开始到特朗普当选总统的四十年历程,激发了我们去总结破坏的受损者积累的教训。与我教给学生的四十年来的

---

* 在美国总统大选中,俄亥俄州是决定胜负的关键摇摆州之一。1904 年以来,赢得俄亥俄州选举胜利的总统候选人绝大多数赢得了全国选举而入主白宫。——译者注

开放所带来的成功相比,扬斯敦的苦苦挣扎有着明显的不同,这应该让我能够更早地、更加认真地思考。在这次访问中,商界人士、教育工作者和社会服务领导者给我们上了一堂社区课程,他们试图应对经济破坏带来的后果——并且我们也感悟到美国人"在一起"需要做些什么。

大事正在发生:为什么没有引起我们的关注?

我们不需要特朗普总统的胜利来告诉我们,我们在推崇开放的时候,做错了什么。2016 年总统大选投票的前五天,哥伦比亚大学商学院尤里斯大楼(Uris Hall)的礼堂里人山人海,挤满了听众。我和雷·霍顿主持了一场市政厅式的对话会,讨论技术变革和全球化带来的经济破坏。虽然学院会定期举行师生对话会,但是之前,也就是2008 年全球金融危机期间,在围绕"到底发生了什么"出现的市政厅式对话会之后,我从未见过这么多人参加对话会。

我们讨论了文化和经济因素,但是对话集中在一些令人感到意外的大事件上。为什么英国在几个月前通过全民公决退出了欧盟?唐纳德·特朗普是一位持有非正统和民粹主义政治观点的非传统候选人,他是如何顺利击败一群传统的、资深的共和党对手,成为共和党领导人的? 而且,不可思议的是,他会在总统大选中击败美国前第一夫人、参议员和国务卿希拉里·克林顿吗? 后者可是在美国国家政治生活中担任过一系列显赫职务的精英。

霍顿和我解释了由于英国对欧洲开放和对全球金融市场开放而被抛在时代后面的那些人相对不太好的处境。虽然与欧洲和世界更紧密的融合提高了英国人民的平均收入,但是相当一部分收益流向了伦敦的精英阶层,把曼彻斯特和伯明翰的工人排除在外,他们感觉与外部融合获得的经济收益跟他们无关——而且让英国太接近那些未经选举的欧洲官僚,那些人动不动就施加监管义务要求。我们还解释了唐纳德·特朗普在一个候选人众多、竞争激烈的共和党党内提名战中进行了有效的初选,因为他在贸易、移民和精英等方面使用民粹主义信息(他的说法都很负面),从而获得了令人满意的民意基础。

我们在理解破坏发生之后力量如何汇聚起来方面做得不是很好,这些力量汇聚将有助于特朗普竞选获胜。我尤其做得不够,我本应该做得比许多人好:我的兄弟是一名西部地区乡村艺人,他曾经向我说明特朗普在美国心脏地带获得支持的强大力量,包括在传统上被认为是共和党难以取胜的那些州。

那天的市政厅式对话会、扬斯敦之旅,以及本书,都是围绕这个故事展开的,也与它的基础背景,以及从经济角度该怎么理解它有关。美国总统选举结果出人意料,英国脱欧出人意料,后来法国发生的黄背心运动出人意料,这些应该令我们感到担忧。

回溯到 2008 年 11 月,英国女王曾经前往伦敦政治经济学院,为新落成的经济系大楼剪彩。我不知道女王陛下对经济学有多偏爱。在与那些知名经济学家交谈时,针对正在快速蔓延的全球金融危机,她问道:"为什么没有人提前预测到它的爆发?"

她问了有关这场危机的最清晰、最切中要害的问题之一:如此惊天动地的事情,怎么会让这么多专家感到这是一件意料之外的突发事件呢?我没有幸灾乐祸的意思;如果女王向哥伦比亚大学经济系提出这个问题,她同样会让我和我的同事们感到无比尴尬。

类似的令人尴尬的问题也可能会被问及,那就是特朗普在2016年的选举胜利。在某种程度上,我们并没有能够提前预测到这个结果,这对经济学家、商界领导人和政客来说意味着什么? 我想到了三点。首先,高频率出现的新闻和事件往往会主导严肃的讨论和鸡尾酒会式的讨论,而低频率出现但又是大的变革则往往会不受重视。其次,需要关注人们渴望得到的那些东西,而我们过去却过于热衷于欣赏开放带来的积极的一面。最后,我们还没有形成成熟的思想观念来适应这些缓慢发生但具有破坏性的力量。

我们去扬斯敦是为了关注到这些,我们听到了很多——失去的工作岗位和获得的机会,失败的教育和阿片类药物成瘾,以及当权者很少尊重社区尊严的感受。这些都是自1977年"黑色星期一"以来破坏造成的结果。

暗流就在那里——那些拥有与技术变革和全球化紧密相关的技能的人,比如我和我的学生,收入增长要比普通工人快得多,但数百万美国人收入的阶层流动性实际上正在下降。这枚硬币的另一面是,开放为整个国家带来了巨大的经济收益。

对贸易和创新的开放平均来说会带来收益,给其中一些人带来财富,给另一些人带来风险。这些风险——类似于一个人的人力资本可能会被抹去,原有技能变得无关紧要或价值降低这样的前景——用经济学的术语说,是无法克服的,超出了个人的控制范围。再加上对2007—2009年金融危机的政治回应,政府救助银行,而房主面临丧失抵押品赎回权,无法以现在较低的利率再融资。如果朝这个方向思考,出现焦虑情绪似乎就不那么令人难以理解了。

更糟糕的是,特朗普或其他国家或地区的一些领导人呼吁发起的民粹主义行动并不新鲜。受经济破坏影响的人的数量有所增加。与其说是一个新剧本,不如说这是一场真正的大辩论。

与此同时,对于所有关于教育、培训、社会保险和地域流动性的论文和智库会议,严肃认真讨论政策制定的内容并不多。公共援助仍然侧重于帮助处于经济衰退中的人们,而不是应对经济破坏对人力资本造成的彻底的结构性打击。

这就是扬斯敦之旅。来自艾奥瓦州锡布利(Sibley)的霍顿和来自佛罗里达州阿波普卡(Apopka)的我,认为我们应该关注这些情况。我们带着学生这样做是为了拓宽学生对经济形势的理解,是的,但更多的是为了奠定他们未来的商业领导力的社会背景。

没有人必须告诉扬斯敦人关于大变革的情况。工厂倒闭发生得很快,几乎没有来自公司或公共的援助。我们在旅途中遇到的任何一名年长的市民都可以绘声绘色地讲述那些关于灾难的故事。这座城市的人口从 1950 年的 10 万人下降到那次旅行时的 6.5 万人。人口的减少并没有使"这条船"恢复正常,因为为扬斯敦需要继续与工作岗位流失作艰难斗争,更不用说解决薄弱的公立学校教育和阿片类药物成瘾等问题了。

尽管如此,我们的旅行还是令人兴奋的。从一家钢铁厂到当地的商界领导人,再到扬斯敦州立大学的师生和社区领袖,我们看到了一个城市和一个地区遭受重创并奋起反击的画面。格拉齐奥西说,这座城市遭受了一次又一次的经济打击,而政界人士的夸夸其谈并没有转变成行动。我们与热爱特朗普总统和鄙视他的公民都进行了交谈。四个晚上,学生每天都去城里;相比之下,我是个煞风景的人,不太愿意参加聚会。

这所大学与扬斯敦企业孵化器(Youngstown Business Incubator)一起为当地居民提供教育和培训。我们听到了很多关于创业精神和新技术的消息。钢铁制造又回来了——我们看到了瓦卢雷克之星钢铁厂(Vallourec Star mill),它位于一座历史悠久的厂区。但是它的楼层里有工程师和机器人,而工人却很少。自动化提高了钢铁制造的生产率,尤其是在企业适应外国竞争和新炼钢方法的时候。扬斯敦的工作岗位增长现在不再来自制造业,而是来自医疗保健、教育、零售和艺术。那里和美国其他许多地方都在发生着重大变化。

"墙"与"桥"

在扬斯敦的那次旅行中,我与学生主要讨论了四个主题,而在一年后的回程旅行中,我又与另一组学生讨论了这四个主题。首先,他们开始关注了——他们将经济变化与个人和社区的生活联系起来。特别是对于来自美国以外地区的学生而言,他们曾经认为纽约就是美国,这次经历让他们大开眼界。其次,他们想弄清楚为什么政治和商界领导人——甚至是经济学家——看起来并没有关注这些。再次,他们意识到"修复扬斯敦"(fix Youngstown)并没有什么灵丹妙药,这与政治上视而不见的"鸵鸟"政策联系在一起。最后,他们感到怀疑,有如此多的人受到自己无法控制的经济力量的重创,这些人是否还会支持使这种破坏得以发生的市场经济和政治进程。

这些讨论在各个方面都是很有见地的,但最后一个主题让我印象最为深刻,一直萦绕心间。我们的经济体制对变革持开放态度,是我们"下金蛋的鹅"。生活水平的提高和机会的出现不会发生在一个静止不动的经济中。混乱的，甚至是破坏性的变革推动着增长。只有当人们相信"我们都在一起"，相信我们都能从中获益或至少能够调整适应时，才会支持这种变革。纽约市和扬斯敦之间的差异让这种信念受到了质疑。

最简单的解决办法是阻止变革，用"墙"把事情变得像以前一样。但我们真的能对贸易、自动化和技术进步设置壁垒吗？"墙"能保证工作岗位和社区的安全吗？这是个棘手的问题，但是"筑墙"是一个简单而有说服力的口号。

2018 年秋天，我们再次来到扬斯敦，我与另外一组同事和学生进行了让人感觉更有希望的对话。市中心一家舒适而时尚的商务酒店开业了，我参加了一个负责当地经济发展的官员和学者共同参与的座谈会，讨论"未来"以及如何才能实现这一目标。也许让人感觉最有希望的是与购物中心巨头西蒙地产集团（Simon Property Group）的首席运营官里克·索科洛夫（Rick Sokolov）共进一顿美味的墨西哥午餐。几年前，西蒙地产收购了扬斯敦的迪巴托罗（DeBartolo）购物中心。索科洛夫喜欢这个地区的生活方式，并选择搬到那里：他是在赌它的未来。

索科洛夫的乐观态度将希望和战略结合起来。他希望马霍宁谷丰富的经济历史能为其他像他一样喜欢该地区的人指点迷津。他身上具有的商业战略师的眼光让他看到了与扬斯敦企业孵化器合作的机会，从外包制造业到技术中心都是如此。他认为，在克利夫兰和匹兹堡之间可以选择一个低成本地点，开设面向退休人员的医疗保健中心。

在"筑墙"之外,最好的替代选择是"架桥",来推动这些可能性变成现实。就如同跨越米尔克里克公园的那座桥一样,"桥"可以给类似扬斯敦这样的城市带来新的机会,同时又能保持它与过去的联系。一座桥必须有一个基础和一条穿过基础的路。并不是每个人都需要同一座桥,但这座桥是一种公共服务,因此类似于"我们都在一起"。我们这里的主题是弄清楚如何"架桥",并让人们通过,而不是奏起"筑墙"的陈词滥调。

以"桥"为导向管理经济变革和破坏不仅仅是地方、州和中央政府的一系列计划和干预措施。它需要重新思考经济政策,建立更公平的资本主义,确保更多人的参与和成功——也就是古典经济学家的"大众繁荣"目标。

这种反思需要政策制定者、商界领导人、经济学家以及我们所有公民共同努力。我们必须以这样的理念为中心:充满活力的资本主义既是一种经济建设,也是一种社会建设,它的目标是大众繁荣,而不仅仅是"更高的 GDP"。我们必须采取与古典经济学家的漂亮言辞相匹配的政策和行动,让个人与成功重新联结起来。

政策制定者需要对公共产品和社会保险进行盘点优化,以便做好准备和重新联结。这一政策清单很可能意味着需要增加税收,并重新调整纳税人上缴的收入在各方面的优先分配方式。

对于商界领导人来说,有三个评论观点是正确的。第一,需要记住的是,对活力和创新的社会支持并非既定的、天然存在的,但对于民主社会却是必不可少的。第二,要遵循"女王之问"和"关注":要清醒地意识到经济转型带来的破坏会影响到雇员和社区——尤其是当这些转型提高了商界领导人的企业利润时。第三,商界领导人必须侧重于最大限度地实现企业的长期价值，这将揭示许多投资对当地社区是否真的合适。

至于经济学家，我在这里要用文字对我们的职业加以批评。我们也必须注意到经济转型带来的各种潜在影响。我们必须超越对变革的自由放任式支持(种瓜得瓜，种豆得豆)。我们需要重新聚焦大众繁荣，聚焦如何让更多的人融入经济活力之中，而不是让他们在破坏的冲击下处于苦苦挣扎的境地。目前许多针对经济学家的批评，从"亚当·斯密以来的经济学基础是错误的"到"经济学家是自私的、冷漠的看客"(哎哟!)，都是站不住脚的，在后文中我们将会看到这一点。事实上，许多经济学家正在探索跨越破坏冲击的"桥"。当然，更应该警惕的是，"为什么没有人提前预测到它的爆发"仍然是真实存在的问题。

特别是，经济学家需要认识到，呼吁"筑墙"具有道德绑架的分量，足以说服人们牺牲经济效率来帮助受到破坏影响的个体社群。因此，主张"架桥"不仅需要效率分析，还需要与个人尊严和大众繁荣建立道德联系。

我们所有人都有责任，通过迫使政治选择和预算优先顺序做出调整优化，来帮助实现这种经济的大众繁荣。如果我们不能"架桥"，那么蛊惑民心的政客和鲁莽的政策野心家们借机兴风作浪，煽动民众"筑墙"，就不会让我们感到惊讶了。

当然，2021 年 1 月，特朗普总统已经卸任，离开了白宫办公室，一位经验丰富的政治家乔·拜登接任美国总统。新冠疫情蔓延已经从根本上扰乱了经济、就业和企业。但是，这些变化并没有减缓技术进步和全球化带来的结构性转型所产生的经济、政治和社会后果。拜登总统试图加强美国与全球的紧密联系，却面临着公众和政治上对对外贸易的普遍怀疑；他不大可能像克林顿、乔治·沃克·布什和奥巴马三位总统曾经做的那样，轻易地对付阻碍开放的"墙"。新冠疫情蔓延扩大了技术变革带来的结构性转型，打乱了工作安排，在扩大新的工作岗位前景的同时，削弱了一些旧的工作岗位前景。这也导致一部分人呼吁在全球供应链中"筑墙"，并且对特定的工作岗位和企业采取保护措施。

在这种社会背景下，保守派政界人士不太可能对新自由主义所持有的对外开放正统理念加倍下注。"变革是好事"（Change is good）会让人不由自主地联想起 1987 年的电影《华尔街》（*Wall Street*）中的"贪婪是好事"（Greed is good）的台词。与此同时，左翼人士主张为许多美国人提供以平等为基础的更大规模的公共援助，其后果是筑起一堵"墙"，阻止公众参与充满活力的经济。现在比以往任何时候都更需要"桥"，让承受着重大变革带来的宏观经济风险的美国人更加做好准备，再次与经济更紧密地联系起来。

探讨那些"桥"及其经济根源，正是我们这本书的主题。

注　释

① Glenn Hubbard and Anthony Patrick O'Brien, *Economics*, 8th edition, Hoboken, NJ: Pearson, 2021.

第2章

我们怎么成了现在这个样子：
倒下的"墙"和错失的"桥"

"墙"倒塌了

"戈尔巴乔夫（Gorbachev）先生，请推倒这堵墙！"1987年，罗纳德·里根（Ronald Reagan）总统在西柏林发出强烈呼喊。"柏林墙"是铁幕（Iron Curtain）的象征，将人、思想和商品禁锢起来。它终于在1989年11月11日倒塌，两年后苏联也解体了。这些崩溃开启了未来一段时间对劳动力、资本和商业开放的新时代。

当时，乔治·赫伯特·布什任美国总统，我在美国财政部任职，在华盛顿看到了人们对于一个美国式民主和美国式商业大行其道的世界的普遍的乐观主义，很少有"墙"。一个完全全球化的市场带来了减少冲突的希望，正如1957年欧洲经济共同体（European Economic Community）的成立消除了成员经济体之间的贸易壁垒，达到了用贸易和繁荣取代战争的目的。

不幸的是,政策制定者们几乎没有注意到这么做会对美国工人产生什么影响。

四年后,墨西哥、加拿大和美国在欧洲经济共同体的启发下签署了《北美自由贸易协定》(North American Free Trade Agreement, NAFTA)。该协定承诺逐步降低关税和减少其他贸易壁垒,同时致力于保护知识产权和解决跨境争端。一些批评人士声称,《北美自由贸易协定》的开放性对跨国公司比对劳动人民更为有利。独立总统候选人罗斯·佩罗(Ross Perot)警告说,协定会产生巨大的虹吸效应,导致工作岗位大量离开美国迁往墨西哥。然而,支持该协定的比尔·克林顿在那年的总统选举中获胜,而且,他获得了共和党议员的跨党派支持,抵消了部分持怀疑态度的民主党人的反对,签署了该协定。*

大多数经济学家对于《北美自由贸易协定》对美国和整个北美经济可能带来的好处持积极看法。[1]就连特朗普总统本人,虽然坚持重新谈判《北美自由贸易协定》,将协定修改为《美墨加协定》(United States-Mexico-Canada Agreement, USMCA),但是也并没有理会在《北美自由贸易协定》中绝大多数已经被摧毁了的"墙"。

对世界商品市场和劳动力市场来说,更为重要的变革是中国于2001年加入世界贸易组织(World Trade Organization, WTO)。中国制造业出口在20世纪80年代略有增长,在90年代较快增长,2001年后出现爆炸式增长。中国人民的生活水平,以及中国最终作为全球经济和政治大国的国家地位和力量得到显著提升。

同样地,印度经济因为在独立后的几十年里一直受到官僚管制

* 克林顿总统是民主党人。——译者注

和保护主义的限制而步履蹒跚。在世界银行（World Bank）和国际货币基金组织（International Monetary Fund，IMF）的推动下，印度在 20 世纪 90 年代开始实行经济自由化。政府努力使经济运行更加市场导向和服务导向，并努力增加国内外的私人投资。它还于 1994 年加入了世界贸易组织的前身《关税及贸易总协定》（General Agreement on Tariffs and Trade，GATT）。"墙"倒塌了，印度经济得以与世界其他地区相融合，人民生活水平得以提高。

在 20 世纪 90 年代和 21 世纪头 10 年，与这些"墙"的倒塌同时出现的是技术变革带来的破坏。通信、计算技术和自动化的成本都急剧下降，使得商业领域出现"距离之死"（death of distance）。事实上，这些变革可以追溯到 20 世纪 70 年代，例如，这些变革使更灵活的工厂能够与扬斯敦的一体化综合钢铁企业竞争。距离遥远的供应链变得更容易管理。这些新技术往往会大大提高整体生产率，进一步促进世界经济增长。[2]

不幸的是，伴随着这些宏观层面的收益的是给老工业区低技能工人造成的损失。这些工人中有许多人丢掉了自己的工作或是工资下降；还有一些人从此完全退出了劳动力队伍。1977 年在扬斯敦发生的事情，当时归咎于日本产品的出口冲击和当地技术陈旧过时，而现在在美国发生的类似情况，规模要大得多。

到 2019 年，在新冠疫情蔓延之前，74% 的大学毕业生加入了劳动力队伍，并且只有 2% 的人失业——这是经济健康的表征。但是，对于高中毕业生来说，这两个数字则分别为 58% 和 4%，而对于那些只受过部分高中教育的人来说，这两个数字分别为 46% 和 5%。[3]2020—2021 年新冠疫情蔓延一方面加剧了这种差异，另一方面也引发了其他各种有益的力量在不同群体间造成显著的分配问题。

贸易全球化和技术性破坏这对"双生子"的进步对就业和劳动所得产生的影响实际比许多评论人士预测的更为严重。最令人担忧的是25—54岁男性(经济学术语中的"黄金年龄男性",primeage males)的就业率和劳动参与率在下降,两个指标也同样存在地区差异。④本杰明·奥斯汀(Benjamin Austin)、爱德华·格莱泽(Edward Glaeser)和劳伦斯·萨默斯(Lawrence Summers)发现,这些差异反映了长期GDP增长率方面存在的差异,在被他们称为"东部心脏地带"(eastern heartland)的地区(包括扬斯敦在内)尤为明显。⑤

除了就业率下降和劳动参与率下降之外,低技能工人在工作时还受到工资下降和幸福感下降的较大影响。更糟糕的是,普林斯顿大学的经济学家安妮·凯斯(Anne Case)和安格斯·迪顿(Angus Deaton,2015年诺贝尔经济学奖得主)研究发现,自20世纪90年代末以来,白人的中年死亡率有所上升,与之前出现的改善趋势正好相反。尽管可以将这一上升与更高程度的酗酒、药物滥用和自杀等因素直接联系在一起,但是他们进一步将这些"绝望之死"(deaths of despair)与当地劳动力市场疲软、劳动参与率下降和结婚率下降等因素联系起来。⑥

经济学家和政策制定者采取了令人印象深刻的措施来释放贸易和技术进步的潜力。但是,他们迟迟没有意识到这些措施存在的弊端,也没有运用具有同样创造性的措施来切实帮助这种开放体制中的受损者。

"墙"倒塌后的挑战

让我们来深入探究活力和破坏产生的这些构造性力量是如何为整个经济和具体个人带来机会与挑战的吧。机会是众所周知的由贸易和更高的生产率带来的基于市场的收益。专注于生产我们擅长的商品和服务,购买我们不擅长的商品和服务,我们会从中受益。当机器替代劳动力为我们承担更多的工作任务时,我们通常也会过得更好一些,能腾出时间从事回报更为丰厚的活动。

我们面临的挑战则包括为适应不同的做事方式(由技术变革造成)和更激烈的客户竞争(由贸易全球化以及一些技术变革造成)而额外产生的成本。相对于古典经济学家倡导开放时简单得多的经济环境,这些挑战在今天的经济环境中要更为复杂。

在类似美国这样的工业经济体中,有三个因素使许多人适应起来比较困难,而且代价高昂。第一个因素是这种变革的长期性特征,这种变革的持续时间一般是超越经济周期的。如今,绝大多数技术变革被经济学家冷静地(如果准确的话)称为"技能偏向"(skill-biased)型——利益回报主要流向高技能工人。机器和计算机设计、机器人和人工智能方面的进步提高了对设计、编程或操作这些技术的人员的需求,同时却减少了对低技能人员进行大量重复性任务的劳动需求。让我们回忆一下第 1 章提到的由一家法国公司的子公司瓦卢雷克之星在扬斯敦经营的钢铁厂吧。它在一家钢铁工厂的旧址上开办,但是它强调的是使用机器人,而不是如许多政客的花言巧语里提到的健壮的钢铁工人。它生动地表明,往昔的工作岗位和技能组合模式消失了,不会再回来了。

其结果就是,用临时失业福利等短期措施来解决问题是无济于事的。我们主要的劳动力市场政策是失业保险,目的是当工人遇到临时裁员而不是结构性变革时为他们提供支持帮助。美国贸易调整援助(Trade Adjustment Assistance)等更进一步的援助尝试一直不够有力有效(见第6章)。[7]

同样地,美国大多数制造业活动在地理上是集中分布的,特别是在其中西部地区,这造成了区域性冲击——这就是第二个因素。在19世纪和20世纪早期,当农业变得更有效率时,大规模的人口从以农业为主的农村迁移到城市和工业区。但是,与过去几十年相比,现在跨地区移民的美国人要少得多。限制跨区域流动的障碍措施包括职业资格注册法律,这些法律迫使流动的工人经过漫长的流程才能获取相应资格进入各种职业。另外一个原因是,由于严格的土地使用管制规定,高增长地区的住房成本往往很高。这些壁垒对低技能工人带来的伤害最大。

很多时候,工人只是试图在同一个熟悉的行业中找到一份新工作。几十年来,两党总统候选人在扬斯敦的竞选演讲中反复出现的政客们的吸睛口号"让工作岗位回来"(bring the jobs back)——鼓励了这种不可能实现的想法。工人与新兴的、成长中的行业缺乏联系,也缺乏从事新兴工作岗位的技能,因此需要培训和技能开发。

由于过度依赖停滞的行业,以及技能较低的工人过多,这些地区受到的打击尤其严重。它们的税收收入正在下降,这意味着能够用于培训和收入支持的资金帮助在减少。在那些结果不妙的地方,他们或我们应该怎么做,才能改善当地的经济机会和劳动力流动性?

第三个因素是变革的速度在加快。自更多国家和地区加入全球市场以后,美国制造业就业和收入前景黯淡下来。这意味着这些国家和地区的工人的收入潜力会更快增长,有助于当地人摆脱贫困。它还导致满足许多中低技能任务需要的全球劳动力供应更快增长,尤其是在制造业,从而降低了雇主的成本。在中国开始现代化十年之后,印度进入现代世界经济,同样通过工作外包迅速改变了全球商业服务业的劳动力市场格局。但是,这一快速变革,再加上决定劳动力市场变化长期特征的前两个因素,以及其许多影响在地理分布上的集中,只会让适应调整变得更加困难重重和成本高昂;它也让许多政策制定者,尤其是国家层面的政策制定者感到意外。

造成这种破坏性变革的所有三个因素——持久的特征、区域集中度和速度——解释了为什么它损害了许多工人的就业和收入前景,而同时又使整个经济受益。这些工人遭受着超出他们个人控制能力的来自国内的和全球的经济力量的影响,承担着无法通过个别机构帮助或更加努力地工作来克服的风险;他们只是没有准备好在突然改变的经济中竞争。如果没有解决长期的工作岗位流失问题的政策,倒塌的"墙"就会使许多工人容易遭受市场经济活力的冲击。与其他工业经济体一样,美国一直强调社会保险计划的作用,以应对在工人无法控制的经济周期中出现的工作和收入风险。例如,失业保险为个人在临时失业期间提供短期的收入支持。

在技术变革和全球化中,经济转型整体上是积极乐观的,但是这些工人置身其中,却要承受前景黯淡的风险,他们需要得到帮助支持,以便做好准备(新技能培训)和重新联结(在接受培训以便返回经济参与的过渡期提供帮助支持)。美国的经济政策未能解决——

或者,有时甚至未能关注到——这一需求,这种政策失败助长了民粹主义的怒火。

与观察到的劳动力需求的主要不利变化密切相关的这些因素,会对劳动参与率、工作时间、失业率和平均周工资等变量产生重要影响,更不用说非自愿失业本身会大大降低幸福感了。⑧

"中国冲击"

来自中国出口的影响在这些讨论中占据着重要位置,因此值得受到高度关注。让我们首先把这一因素放在美国制造业就业长期趋势的背景下加以讨论。

在中国加入世贸组织之前,美国制造业就业在周期性衰退和进口浪潮中已经历了一段时间的下降。最值得特别关注的是,由于来自其他亚洲国家的竞争(回想一下扬斯敦钢铁厂关闭事件)和美元的高汇率估值,美国制造业就业人数从 1977 年的 1 370 万人下降到 1986 年的 1 180 万人。但是,每一次下降之后,工作岗位都在接下来的十年里出现大幅反弹,就算不是在扬斯敦,也至少在全美范围内如此。⑨到 1999 年,美国制造业就业人数达到 1 730 万人。

来自中国出口的影响则不同。到 2019 年,尽管国民经济整体势头强劲,但是美国制造业就业人数已经稳步下降至 1 280 万人,十年净损失 450 万个工作岗位。⑩2000 年后的一段时间里,蓬勃发展的房地产行业带动了建筑业和其他领域就业岗位的增长,抵消了制造业就业岗位的这些流失。但是,2007 年后房地产泡沫破裂,让所有人都清楚地看到了制造业就业岗位的流失。⑪由于地理分布集中和流动性较低,这些失去的制造业工作岗位进而对美国整体经济的劳动力市场产生巨大的影响。[12]

虽然来自中国的进口商品的泛滥远不是唯一原因(自动化也很重要),但是一些经济学家特别强调了它的超常规作用。戴维·奥托(David Autor)、戴维·多恩(David Dorn)和戈登·汉森(Gordon Hanson)描述了所谓的"中国冲击"(China shock):由于这种"冲击",早在 20 世纪 90 年代初,美国的来自中国的进口就开始不断上升,直接减少了一些地区市场的就业、工资和劳动参与率,这些地区市场比较依赖与进口相竞争的行业。[13]这样的影响是持久的,对新加入劳动力大军或者初始工资较低的那些工人更是如此。[14]"中国冲击"的劳动力市场效应也可能对整个经济造成损害,因为制造业的衰退减少了对美国制造的中间投入品的需求,而且地理分布集中限制了非制造业就业岗位替代制造业就业岗位。[15]

通过聚焦这一影响,我们不仅可以揭示贸易的得失,还可以揭示经济政策如何影响贸易得失的规模和分布。随着中国向现代世界经济开放,其制造业产品增加值及生产这些产品对原材料的需求占世界的份额增长了六倍。[16]政府的政策制定者将发展制造业作为参与世界贸易中更高附加值产品竞争的一条途径。

中国贸易经济的这种突然崛起,换个角度折射出的是对包括美国在内的中国各贸易伙伴的影响。这引发了一系列问题:对美国劳动力市场产生了什么样的影响(谁受到影响),对其他领域产生了什么样的连锁效应(市场力量如何调整适应这种影响),以及政府可以做些什么来抵消这些影响(哪些公共政策有效)? 从 2017 年到 2019 年,我在美中经济与安全委员会(U.S.-China Economic and Security

Commission)任职,这一影响耗费了我们很多时间。但是,克林顿总统政府和小布什总统政府虽然力挺中国加入世贸组织,但是却没有给予"中国冲击"足够重视,包括由我领导的小布什总统政府的经济顾问委员会也是如此。*

首先,中国的出口贸易通过低价制成品让美国消费者受益,也让一些使用中国供应商的产品的美国生产商得到了好处。这些收益是真实的,而且是广泛分享的;它们在经济学家对"贸易收益"(gains from trade)的解释中占有显著地位。这是经济学基础理论的教授教给你的。

至于给美国其他生产商和许多美国国内工人带来的损失,经济学基础理论的教授也的确告诉过你。他们和整个经济损失了多少,取决于他们从制造业转移到其他生产性活动和工作岗位的难易程度。当然,还取决于从"重灾区"迁移到更有希望的地区的难易程度。

奥托和他的合著者确实强调了失业和工资下降的区域集中,尤其是低技能工人的区域集中。[17]这些影响是持久的,往往更多的是导致工人享受残疾福利和提前退休,而不是调整适应不同的工作岗位。[18]总的来说,社会保险体系因此变得脆弱起来。

奥托比较了 1991—2007 年间,贸易风险敞口第 75 百分位和第 25 百分位区域的利益补偿情况。他得出的结论是,在进口竞争中每增加 100 美元的本地区风险敞口,收入援助、医疗补助以及残疾津贴和社会保障退休福利等方面的公共支持仅仅增加了 45 美元。至于

---

* 2001 年 9 月 17 日,世贸组织中国工作组通过了中国入世议定书及附件和中国工作组报告书,中国复关与入世谈判全部结束;2001 年 11 月 10 日,中国被接纳为世贸组织成员;2001 年 12 月 11 日,中国获得世贸组织成员待遇。——译者注

贸易调整援助计划,风险敞口较高的地区给予的抵补仅为 23 美分,这与风险敞口较低的地区相比,已经算是较高的补偿了。[19] 正如我们将在第 6 章中看到的那样,只有在寻求新的贸易扩张时,贸易调整援助计划才会成为一个政策话题——增强它的作用几乎没有得到持续的关注,没有人感兴趣。

为什么没有更多的工人转换到新的行业就业? 在一个工作岗位类别和地区的范围内,突然的工作岗位替换可能会让一些工人在很长的一段时间内处境变得更糟糕。如第 1 章所述,一种解释是,工人更喜欢在他们已经具备所需技能的行业中找到一份新工作。这种偏好深深植根于政客们"让工作岗位回来"的呼声中。当然,鉴于劳动力市场转型是长期的,等待观望策略不太可能产生好的效果。

另一种可能性是技能与可以获得的工作机会不匹配,这突出了培训和技能开发的重要作用。如前所述,在一个新的领域,工作岗位流动的实际障碍和感知到的障碍都会延长工作调整过程,并使其成本更高。低水平的教育和技能可能是主要问题。凯瑟琳·亚伯拉罕(Katherine Abraham)和梅利莎·卡尔尼(Melissa Kearney)研究了 1999—2018 年美国就业与人口比率的下降情况,发现这一下降大部分发生在拥有高中学位的人身上,或者至多在一些获得过大学学历的人身上。他们将贸易模式(尤其是"中国冲击")和技术变革(尤其是机器人)与就业率下降联系起来。第三个较小的促成因素是社会保障残疾保险(Social Security Disability Insurance)个案总量的增长。[20]

经济学家还将"中国冲击"与政治结果联系起来。奥托的研究小组发现,2016 年唐纳德·特朗普的得票率与来自中国的进口造成的经济损失之间存在着强烈的相关性。[21]一个社区因来自中国的进口而失去的工作岗位越多,对特朗普的支持就越大,这是他赢得总统职位的关键所在。如果 2002—2014 年间的进口产品市场渗透率只有实际水平的一半,那么希拉里·克林顿将赢得在密歇根州、宾夕法尼亚州和威斯康星州乃至在全美的选举胜利。其他研究人员也发现,来自中国的进口与英国支持脱欧和欧洲民族主义政党的兴起之间存在类似的联系。

新自由主义的兴起和"墙"的倒塌

20 世纪 80 年代到 21 世纪初,由于新自由主义的兴起,"墙"倒塌了。各国政府拥抱开放和活力,同时忽视伴随这种开放而来的破坏性力量。这种在经济学界长期盛行的对开放的偏好,已经融入时代精神。与亚当·斯密的古典自由主义和之后 19 世纪的自由市场资本主义一样,20 世纪的新自由主义也是由于对国家干预私营产业和贸易的应激反应才出现的。

从我们的研究目的来理解,新自由主义本质上是一种政府不干预经济运行的思维方式。新自由主义者是"凯恩斯主义共识"(Keynesian consensus)的积极批评者,凯恩斯主义共识的宏观经济政策未能克服 20 世纪 70 年代的滞胀。虽然新自由主义者将重点放在规制和其他国内政策上,但是他们也提倡对贸易的开放。

弗里德里希·哈耶克和米尔顿·弗里德曼(Milton Friedman)等经济学家作为学者、诺贝尔经济学奖获得者和公共知识分子,其所做的研究将这一领域的重点转向了市场,并且对政府干预持怀疑主义态度。罗纳德·里根总统和英国首相玛格丽特·撒切尔（Margaret Thatcher）夫人等中右派政治领导人通过自己的名字传导了这些学者的影响力。* 比尔·克林顿总统是一位中间偏左的领导人，在公开场合显示出对哈耶克或弗里德曼并不那么着迷，尽管如此，他仍然是新自由主义开放思想的拥护者，支持技术变革和全球化。

哈耶克是奥地利经济学派的杰出成员、投资学者，也是凯恩斯在商业和知识问题上切磋的对手，他在1944年出版的《通往奴役之路》（The Road to Serfdom）一书有力地推动了新自由主义的发展。[22] 该书在《读者文摘》（Reader's Digest）上连载，它认为，有的政府搞的没什么实际作用的修修补补和计划不仅降低了经济效率，还削弱了个人自由权利。此外，这还会产生道德伦理问题，因为一个能够收集计划经济所需信息的政府必然会侵夺个人自由。

《知识在社会中的运用》（The Use of Knowledge in Society）一文是哈耶克最著名的经济学著作，他的观点在这篇文章中得到强有力的阐述。[23] 他认为，由于信息是通过经济中的工人、消费者和企业得到传播的，所以我们需要价格机制，以便分享和同步传播当地存在的个体知识。人们可以使用价格来发现他们并不拥有的信息。如果政府不干预复杂的经济运行价格，人们就能够根据价格迅速调整适应不断变化的市场。剩下的可替代选择要么是假定所有的个体都拥有完整的、正确的信息——这是不可能的——要么是由政府计划当局强制收集信息，代价就是丧失个人自由和"通往奴役之路"。这是一场新自由主义观点大辩论的博弈、集合、比赛。

---

* 指里根主义、撒切尔主义都体现了这些学术大家的新自由主义思想。——译者注

类似地,米尔顿·弗里德曼对消费、货币政策和失业问题进行了广泛深入的研究,他不仅在学术上取得巨大的成功,而且还经常出现在报纸杂志和电视上,成为外向型公共知识分子。他成为新自由主义限制国家干预经济的"吹鼓手";他的一些观点时常会被里根总统这样的保守派政治家引用。1962年,他出版了一本通俗易懂的著作《资本主义与自由》(Capitalism and Freedom),主张建立轻度干预的政府,主张消除阻碍市场机会的障碍,但是对可能产生的不平等却很少关注。[24]

哈耶克和弗里德曼并没有呼吁政府完全不干预经济。两个人都主张政府在创造公共产品、保护产权和维护公平竞争方面发挥作用。但是,他们很少提到政府帮助个人做好准备,以便在充满活力的市场经济中开展竞争,或者当结构性变革破坏了工人的经济参与时,为他们提供社会保险。这种对结果的缺乏关注,以及经济学家对任何限制开放所持的怀疑态度,巩固了他们作为变革捍卫者的地位,而不管变革的后果是什么。

反过来,保守派政治家拥抱这些思想,将其视为有益于整体经济,能够激发创业机会或创新的思想,然而真实的情况却是,他们几乎没有同时考虑到全球化市场和技术变革导致的近期的经济受损者。他们的这种忽视,危及了对资本主义"下金蛋的鹅"的广泛的社会支持。激进的政府干预很可能会榨干经济效率和个人自由。但是,这是否必然意味着市场本身就能保证对资本主义市场经济的参与机会,并赢得广泛的社会支持?正如我们将在接下来的两章中看到的那样,这个重要的问题在亚当·斯密这样的古典经济学家的头脑中占据着重要的位置。

"墙"的历史

虽然新自由主义者满怀信心地庆祝开放，但是受到破坏波及的工人则希望返回过去。2017 年和 2018 年，我和我的学生在扬斯敦收集到了这方面的第一手信息。那里和其他地方正处于苦苦挣扎之中，作出回应的公共政策却苍白无力，这导致了民众对心脏地带的精英的不信任不断积累。如果有那么多人正在经历经济趋势带来的苦难，那还怎么用集体利益来说服人们支持经济趋势呢？

这种不信任早在 2016 年总统大选之前就开始发挥重要影响力了。在 1992 年的总统选举中，共和党人帕特里克·布坎南（Patrick Buchanan）发起了声势浩大的党内反对运动，反对时任总统乔治·赫伯特·沃克·布什，这种不信任愈演愈烈。布坎南强烈反对全球化和技术变革（以及移民）的破坏性力量，并给布什总统贴上"全球主义者"的标签（听起来很熟悉吧？），布坎南的"让美国再次成为第一"（Make America First Again）运动打动了许多受到破坏冲击的工人的心。布坎南最终遗憾落选，当年晚些时候，罗斯·佩罗的独立竞选挑战也没能成功。也就是说，后来推动唐纳德·特朗普最终赢得总统大选的选民力量暂时还不足够强大。

"筑墙"是一个相当古老的故事。公元 117 年，哈德良接管了开放和扩张的罗马帝国。哈德良倾向于保护已经得到的东西，将帝国政策转向内部发展，并筑起了一堵很出名的墙，将罗马帝国下属的不列颠与现在的苏格兰地区分隔开。为了控制贸易，隔离墙封锁了不列颠这片领土——但是却加速了衰落。

让我们快进到中世纪末期,这是真正的快进。当时绝大多数欧洲国家信奉重商主义,即最大限度地扩大出口,最小化进口。重商主义思想家和领导人用黄金、白银和人口来计算财富;所有这些财富都是通过高关税和非关税壁垒实现贸易盈余而增长的。英国强加给它的美洲被殖民者的重商主义《航海法》(Navigation Acts),反而刺激了美洲殖民地人民反抗英国王室,争取独立。亚当·斯密这样的经济学家一开始是反对(参见第 3 章)这样做的,但是,只要当时的经济仍然主要是农业经济,反对就没有什么效果。

例如,1815 年英国限制进口廉价谷物(玉米)和其他食物。《谷物法》(The Corn Laws)有助于土地所有者和农场主维持农作物高价格,但是提高了家庭的生活成本,阻碍了新兴制造业的发展。随后非农业资本家力量增强,该国普遍转向开放,的确导致了《谷物法》的废除,但是一直拖到 1846 年才实现。事实上,经济史学家指出,罗伯特·皮尔(Robert Peel)首相后来转向了支持对外开放的经济思想,但是这一转变仍然代价高昂,让他的政府输掉了一次选举。随着时间的推移,这种转变的成效越来越显著,其他地方对英国制造业产品更加开放,使英国走上了成功之路。

"墙"的观点长期以来也曾在大西洋彼岸的美国占据主导地位。1789 年,新成立的联邦政府创制了关税,既是为保护国内新兴产业,又是为自己创造财政收入。㉕南北战争(Civil War)之后,美国政府严重依赖关税来保护国内产业,从钢铁到羊毛不一而足。当时来看,与19 世纪的世界工业巨头英国相比,这些都是美国当时和未来的新兴幼稚产业。因此,关税并不是在保护正在衰落的产业。这种保护政治上在工业兴盛的东北部地区很受欢迎,但是在南部和西部则不那么受欢迎。1896 年，威廉·麦金利（William McKinley）以保护主义和繁荣为竞选纲领，赢得了美国总统大选；四年后，他却凭借推进互惠贸易协定的承诺赢得竞选连任，根据这类协定，美国将减少贸易壁垒，以换取其他国家对美国削减贸易壁垒。

到 20 世纪 20 年代末，世界上大多数工业经济体都大幅降低了自己的进口壁垒。但是，当经济开始下滑，"大萧条"来临的时候，美国国会通过了 1930 年《斯穆特-霍利关税法案》（Smoot-Hawley Tariff of 1930）。我们如今知道，经济学家不大可能在任何问题上达成集体一致。可是事实并非如此：当时有 1 028 名经济学家签署了一份请愿书，要求赫伯特·胡佛（Herbert Hoover）总统否决该法案；亨利·福特＊（Henry Ford）和托马斯·拉蒙特＊＊（Thomas Lamont）等企业高管也加入了反对该法案的行动。然而都无济于事：胡佛签署了该法案，随后激起了大规模的国际报复，最终导致全球贸易量断崖式下降。虽然加征保护性关税不是导致持续长达十年的经济崩溃的唯一罪魁祸首，但是它确实对疲软的经济造成了负面的供应冲击。在经济和政治紧张局势加剧之际，它还进一步削弱了国际经济联系。关税之墙代价高昂。

第二次世界大战结束以后，许多领导人将当时的经济崩溃和社会混乱至少部分地归咎于关税。为了促进贸易，缓解国际政治紧张局势，美国一马当先，于 1947 年推动各国达成了《关税及贸易总协定》。随着"柏林墙"的倒塌，这种推动开放的努力获得全球范围的大力支持，关税在美国和其他地方逐渐下降，于 1995 年取代渐

＊　福特汽车公司创始人。——译者注
＊＊　当时的美国摩根财团合伙人。——译者注

趋过时的《关贸总协定》。

　　然而,在开放的最初几十年里,几乎不需要在政治上关注可能对工人产生的负面影响。在第二次世界大战结束以后的 25 年里,随着外国竞争对手从战争废墟中得到重建,美国的产业和工人都过上了好日子。1944 年通过的《退伍军人安置法案》让联邦政府筑起一座桥,这也起到了帮助作用。由于担心战争结束后会再次出现萧条,美国国会通过了这项法案,鼓励复员回国的军人上大学读书。㉖

　　那个"美好的旧时光"时期是一段罕见的平安幸福的时期。全球竞争在 1970 年后开始变得激烈起来,美国许多社区(比如扬斯敦)感受到了钢铁、电视机和服装鞋帽等行业逐渐衰落带来的痛苦。美国不可战胜的"三巨头"汽车制造商 * 感受到了来自日本丰田(Toyota)汽车和日产(Nissan)汽车的新竞争压力,它们呼吁"筑墙",对日本汽车建立进口配额制度。甚至在表面上实行自由放任政策的里根总统执政时期,这些呼声也愈演愈烈。

　　然而,多亏了新自由主义思想,即使在这些行业苦苦挣扎的时候,美国仍然保持甚至扩大了开放,同时鼓励世界其他地区也那么做。麻烦的是,新自由主义不仅不鼓励加征关税,而且不鼓励实施任何实质性干预来帮助受到破坏影响的工人。新自由主义者对政府持高度怀疑态度,以至于美国国会过去通过的为数不多的事项,比如贸易调整援助计划,从来没有获得足够的资金或其他支持来缓解开放带来的负面影响。

---

　　* 指美国通用汽车、福特汽车、克莱斯勒汽车。——译者注

回顾技术之墙

随着时间的推移,人们对技术进步也产生了类似的反应。在 19 世纪早期,内德·卢德(Ned Ludd)据说激发了英国人对手摇织袜机的抗议运动,这种手摇织袜机是一种纺织机,发展得更早,是在伊丽莎白女王一世统治时期出现的。该运动的追随者,或者说"卢德派"(Luddites),对他们当时发现的自己难以管控的风险极为担忧(并非没有理由)——他们担心自己会被生产纺织品效率越来越高的机器所取代。内德·卢德被证明是难以捉摸的,可能是因为他这个人压根就没有真的存在过。虚构的卢德是根据 20 年前莱斯特(Leicester)发生的一件事的细节编造出来的,当时一个名叫卢德姆(Ludham)的学徒毁坏了一台纺织机。[27]

公元 1 世纪,罗马皇帝韦帕芗(Vespasian)因担心劳动力被取代,所以禁止使用机器将柱子运送到罗马的卡比托利欧山(Capitoline Hill)。到了 15 世纪,约翰内斯·古腾堡(Johannes Gutenberg)发明的印刷机让文具商和卡片制作商感到担忧。英国女王伊丽莎白一世因担心破坏就业机会和增加流浪人口,便阻止了威廉·李(William Lee)发明的针织机 1589 年的专利申请。卢德派抗议活动随后很快开始,工人徒劳地试图通过摧毁另一种型号的纺织机来阻止新技术的出现。

在英国,1830 年,工人捣毁了小麦脱粒机以抗议失去工作岗位。一个世纪后的美国,罗斯福总统成立的国家复兴管理局(National Recovery Administration)限制新机器的安装以保护工作岗位,国家复兴管理局很短命*。

尽管如此,大多数人对新技术仍然持积极态度。作为消费者,这些进步通过更好的交流和节省时间改善了他们的生活。机器的改进提高了生产率,增加了许多工人的工资。有时,它们只是逐渐发挥作用,因为企业必须花时间学会适应并使用它们,就像 20 世纪 20 年代的电气化或近几十年的计算技术、互联网、人工智能和机器人技术那样,都有个适应过程。

鼓励新技术和开放贸易两件事也是相互促进的。开放贸易和技术的市场创新带来了生活水平的巨大改善——这是竞争性资本主义(competitive capitalism)的巨大红利。从 18 世纪末开始,人们学会接受经济学家约瑟夫·熊彼特所说的"创造性破坏"这一理念。

西方工业革命造就的经济奇迹肇始于英国,第二次世界大战后在东南亚再次出现。自 20 世纪 70 年代末以来,中国对现代世界经济的开放,以及印度从 20 世纪 90 年代初开始的开放,让数以亿计的人增加了经济财富。

然而,这种极为出色的业绩记录却"亮瞎"了精英们的眼睛,让他们对特定工人和社区所遭受的损害视而不见。贸易和技术变革带来了个体无法独自掌控的巨大的累积性风险,并且由于美国经济更成熟,及时应对冲击的灵活性更差。

也许是由精英们的短视和疏忽造成的,卢德派的技术悲观主义至今依然存在,并不鲜见。甚至就连一些著名的经济学家也担心未来的就业前景,例如我的西北大学前同事罗伯特·戈登(Robert Gordon)等就是如此。虽然戈登的担忧与宏观经济对增长的不利影

---

* 1933 年成立,1936 年被美国最高法院撤销。——译者注

响有关，但是随着时间的推移，其他就业担忧则来自对通用技术的推广应用，这些技术使许多现有工作岗位实现自动化。人们经常想起凯恩斯在 1930 年提出的对技术将大幅减少就业的担忧。再进一步往回看，古典经济学家大卫·李嘉图尽管对开放的优点理解极为正确，但是也清晰地表达了类似的担忧。

对不平等的担忧

"墙"的吸引力越来越大，这也引发了更大的担忧。如今，媒体对心脏地带民粹主义灾难的报道比 20 世纪 70 年代和 80 年代更为广泛深入，因为批评者将这些趋势与深刻的社会变革联系在一起。

在全球化和先进技术出现之前，美国的劳动力就业平均分配在低、中、高薪职业中。戴维·奥托发现，在 1970 年，这一分布比率分别为 31%、38% 和 30%。[28] 美国很自豪地向全世界说自己是一个中产阶级社会。但是到 2019 年，中等收入职业的工人比率下降了 15 个百分点（下降幅度为 40%）至 23%。被创造出来的需要更高技能水平的工作岗位所占份额上升了。

从宏观意义上说，这实际上是个好消息，因为这些工人中的许多人向上流动，进入了高薪工作岗位类别。但是，这种转变使经济变得更为不平等，阶级分化加剧。随着高技能职业带来了更高的收入，而其他所有人的工资水平都停滞不前，收入不平等已经发展到 20 世纪 20 年代以来前所未有的程度。2020 年至 2021 年，新冠疫情蔓延带来了巨大而又突如其来的破坏，这些焦虑加剧了——破坏会不成比例地影响低技能工人的就业和收入。这时，社会上对各种类型的"墙"

的呼吁又开始甚嚣尘上。

错失的"桥"

"墙"的倒塌增加了遍布全球的经济机会——对于许多美国人来说,无论是生产者还是消费者,也都是如此。技术进步和全球化往往是交织在一起的。苹果(Apple)公司极为出色的手机(iPhone)反映了该公司的天才设计和技术诀窍,同时也与中国公司富士康(Foxconn)有密切联系,后者可以以很低成本组装出这款劳动密集型设备。数以百万计的美国人利用数字化和全球化变革改进了他们的职业、收入和休闲机会。

但是,这些成就"亮瞎"了政治领导人和经济学家,他们对数以百万计的美国人遭受的经济破坏视而不见。他们对 2016 年唐纳德·特朗普当选总统感到震惊,这说明他们——我们——都没有关注到并清醒认识到这个问题。难怪各行各业的广大公众普遍不再信任经济和政策精英。忽视被排除在开放经济之外的那些工人的痛苦已经说不过去了——这将不可避免地导致一系列新的"墙"的出现。经济学家、政策制定者和商界领人必须改弦更张,以继续维持广大公众对市场经济的支持。

幸运的是,我们可以让这些工人与充满活力的世界经济重新联结起来。我们可以"架桥",而不是"筑墙",让他们做好准备并重新联结,以便在变化了的竞争格局中开展竞争。这些"桥"需要处理破坏的各种结构性特征、破坏的地理集中性,以及破坏发生的速度。这意味着要"架桥"跨越整个经济周期,为遭受冲击最严重的地区量身定制,并在破坏发生时做好准备,而不是在充分了解局势严重性之后,才花费多年时间拼拼凑凑。在我们的扬斯敦之行中,在埃米·戈尔茨坦(Amy Goldstein)对威斯康星州简斯维尔(Janesville)经济衰退的描述中,都可以发现,当一个大得多、持久得多、快速得多的问题摆在面前时,当地的商业和社区领导人却把它当成一个短期问题去临时应急地加以处理。[29]

通过改善破坏带来的收益的分配,"桥"也可以为结束"我们对他们"(us versus them)式的经济民粹主义带来希望。否则,我们将陷入另一个循环:"筑墙",大张旗鼓地拆除,面对民粹主义者的强烈抗议,然后再重新"筑墙"。"桥"不仅关乎经济效率,而且还能弥补市场的道德缺陷,就连经济学家也认识到了这一点。

注　释

① 例如,可以参见詹姆斯·麦克布赖德(James McBride)和穆罕默德·艾利·塞尔吉(Mohammed Aly Sergie)在《北美自由贸易协定的经济影响》(*NAFTA's Economic Impact*)一文中所作的评论,参见美国外交关系委员会(Council on Foreign Relations)网站于 2018 年 10 月 1 日刊登的内容。

② 参见 Glenn Hubbard,"The $64 000 Question: Living in the Age of Technological Possibility or Showing Possibility's Age?," in John W. Diamond and George R. Zodrow, eds., *Prospects for Economic Growth in the United States*, Cambridge: Cambridge University Press, 2021, pp.115—131。

③ 美国劳工统计局(Bureau of Labor Statistics)数据,2019 年 9 月。

④ 例如,可以参见:Benjamin Austin, Edward Glaeser, and Lawrence H. Summers,"Jobs for the Heartland: Place-Based Policies in 21st-Century America," *Brookings Papers on Economic Activity* 1, 2018, pp.151—232。

⑤ 出处同上。

⑥ 参见 Anne Case and Angus Deaton,"Mortality and Morbidity in the 21st Century," *Brookings Papers on Economic Activity*, 2017, pp.397—443; Anne Case and

Angus Deaton, *Deaths of Despair and the Future of Capitalism*, Princeton, NJ: Princeton University Press, 2020。

⑦《贸易调整援助法》是美国政府援助那些工作岗位前景受到外国竞争负面影响的工人的基本项目;我们将在后面的章节里进一步对其进行讨论。当初约翰·肯尼迪总统提出这一思路,作为增加对自由贸易支持而非对高关税支持的一揽子政策的组成部分,《贸易调整援助法》由 1962 年通过的《贸易扩张法》(Trade Expansion Act) 和 1974 年通过的《贸易法》(Trade Act) 授权的项目组成。但是,直到 1969 年,才有援助申请被接受,从那时起,该项目资金支持不足,官僚主义条条框框多,使得它在解决工人遭遇的因贸易而引起的破坏问题上远远谈不上取得了成功。这个项目并不足以应对技术变革的影响带来的长期的结构性工作岗位损失。在本书第 6 章和第 8 章中,我们将回过来讨论这一政策设计中存在的问题。

⑧ 参见 Andrew E. Clark and Andrew J. Oswald, "Unhappiness and Unemployment," *Economic Journal* 104, 1994, pp.648—659; André Hajek, "Life Satisfaction and Unemployment: The Role of Voluntariness and Job Prospects," SOEP Paper on Multidisciplinary Research No.601, Berlin: DIW Berlin, 2013; and Rainer Winkelmann, "Unemployment and Happiness," *World of Labor* No.94, Bonn Institute for the Study of Labor(IZA) , 2014。

⑨ 参见 *David Koistinen, Confronting Decline: The Political Economy of Deindustrialization in Twentieth-Century New England*, Gainesville: University Press of Florida, 2013, pp.222。

⑩ 参见 Katherine G. Abraham and Melissa S. Kearney, "Explaining the Decline in the U.S. Employment-to-Population Ratio: A Review of the Evidence," Working Paper No.24333, National Bureau of Economic Research, February 2018。

⑪ 参见 Kerwin Charles, Erik Hurst, and M. J. Notowidigdo, "The Masking of Declining Manufacturing Employment by the Housing Bubble," *Journal of Economic Perspectives* 30:2, 2016, pp.179—200。

⑫ 参见 Kerwin Charles, Erik Hurst, and Mariel Swartz, "The Transformation of Manufacturing and the Decline in U.S. Employment," in Barry Eichengreen and Jonathan Parker, eds., *NBER Macroeconomics Annual* 33, 2018, pp.307—372。

⑬ 参见 David H. Autor, David Dorn, and Gordon H. Hanson, "The China Syndrome: Local Labor Market Effects of Import Competition in the United States," *American Economic Review* 103:6, 2013, pp.2121—2168。

⑭ 参见 David H. Autor, David Dorn, and Gordon H. Hanson, "Untangling Trade and Technology: Evidence from Local Labor Markets," *Economic Journal* 125,

2015, pp.621—646。

⑮ 参见 Daron Acemoglu, David H. Autor, David Dorn, Gordon H. Hanson, and Brendan Price, "Impact Competition and the Great U.S. Employment Sag of the 2000s," *Journal of Labor Economics* 34, 2016, pp.S141—S198; Nicholas Bloom, Kyle Handley, Andre Kurmann, and Philip Luck, "The Impact of Chinese Trade on U.S. Employment: The Good, the Bad, and the Apocryphal," Working Paper, Stanford University, 2019。

⑯ 参见 David H. Autor, "Trade and Labor Markets: Lessons from China's Rise," *World of Labor*, No. 431, Bonn Institute for the Study of Labor (IZA), 2018。

⑰ 参见 David H. Autor, David Dorn, and Gordon H. Hanson, "The China Shock: Learning from Adjustment to Large Changes in Trade," *Annual Review of Economics* 8:1, 2016, pp.205—240。

⑱ 参见 Autor, "Trade and Labor Markets"。

⑲ 出处同上。

⑳ 参见 Abraham and Kearney, "Explaining the Decline"。

㉑ 参见 David H. Autor, David Dorn, Gordon H. Hanson, and Kaveh Majlesi, "Importing Political Polarization? The Electoral Consequences of Rising Trade Exposure," *American Economic Review* 110 October 2020, pp.3139—3183。

㉒ 参见 Friedrich A. Hayek, *The Road to Serfdom*, Chicago: University of Chicago Press, 1944。

㉓ Friedrich A. Hayek, "The Use of Knowledge in Society," *American Economic Review* 35, September 1945, pp.519—530.

㉔ Milton Friedman, *Capitalism and Freedom*, Chicago: University of Chicago Press, 1962.

㉕ 事实上,在 1913 年美国实施联邦所得税之前,关税——对个人和企业购买进口商品征收的消费税——是联邦政府到那时为止最大的收入来源。向所得税转变的一个原因是担心关税损害了低收入个人的利益,有利于高收入企业的利益。税制改革的提倡者们认为,关税对实现大众繁荣、争取民众对经济制度的支持来说代价高昂。他们相信,所得税将可以更为循序渐进地稳步增加财政收入。

㉖《退伍军人安置法》还旨在实现经济上的包容。参加过第一次世界大战的退伍军人得到的仅仅是大约 60 美元和一张回家的火车票,这对于让退伍军人为参与他们曾经保护过的经济做好准备,或者让他们与自己曾经保护过的经济重新联结起来而言,远远不足以起到"桥"的作用。1924 年,美国国会通过了

《世界大战调整赔偿法》(World War Adjusted Compensation Act),试图通过发放一笔奖金来安抚处于苦苦挣扎之中的退伍军人,但是他们的困境仍在继续,最终在1932年他们发起的一场向华盛顿进军的喧嚣游行中达到顶峰,当时他们要求提前预付那笔奖金。《退伍军人安置法》强调教育和住房所有权,这实际上是隐含地承认,退伍军人在上大学和拥有住房方面要超出普通美国人平均所能达到的程度。在1600万参加过第二次世界大战的退伍军人中,大约有一半的人参加了教育或培训项目,退伍军人管理局在二战后的第一个十年帮助审批发放了240万份住房贷款。《退伍军人安置法》长期以来被视为一项重要的政策成功,并且在1984年和2008年分别进行了修改更新,以支持退伍军人享受更好的教育福利。2018年,特朗普总统签署《哈里·W.科尔默里退伍军人教育援助法》(Harry W. Colmery Veterans Educational Assistance Act),这是《退伍军人安置法》最近的一次拓展。

㉗ 虽然历史学家一直在争论卢德派运动出现的原因(例如,与当时糟糕的工人阶级经济条件相对应,反对以牺牲人道取得技术发展的愤怒仇恨),但是"卢德派"一词是作为一个描述性单词进入词典的,用来形容那些主张"筑墙"来阻挡新生事物的人,因为这些新生事物威胁到了既有的人和事。这个词现在并没有消失,就说明了"墙"对许多人来说具有强烈的情感吸引力,以便用于对付他们遇到的难以管控的风险。

㉘ 参见 David H. Autor, "Work of the Past, Work of the Future," *American Economic Review Papers and Proceedings* 109, May 2019, pp.1—32。

㉙ 参见 Amy Goldstein, *Janesville: An American Story*, New York: Simon & Schuster, 2017。

第3章

大众繁荣:
亚当·斯密不为人知的另一面

如今,我们都知道亚当·斯密是经济学的奠基人之一,是市场"看不见的手"的伟大倡导者,而不是政府"看得见的手"的支持者。但是,实际上他认为自己首先是一位道德哲学家。1759年,他撰写了巨著《道德情操论》,部分是为了反驳大卫·休谟(David Hume)对个人"效用"(utility)的强调。①斯密着重强调个人和社会之间的道德联系,集中关注"相互同情",即我们所说的同理心。

斯密对经济学产生兴趣,主要是为了回应另一种非常有影响力的思想——重商主义。

"国民财富"是什么?

当我在哥伦比亚大学教授现代政治经济学时,我是从斯密开始教起的,他的《国富论》是现代经济学和资本主义的基础,而现代经济学和资本主义的当代形式在 1776 年都是不存在的。②我向学生展示了这本书的第一版,还有 1698 年出版的《英国得自对外贸易的财富》(*England's Treasure by Foreign Trade*, *or*, *The Balance of Our Foreign Trade is the Rule of Our Treasure*)的第一版。后者的作者是托马斯·孟(Thomas Mun),这本书让斯密产生了很大兴趣。

重商主义是当时正统的经济学观念,托马斯·孟的这本小册子对重商主义理论进行了极为聪明恰当的阐述。重商主义特别追求积累贸易顺差,以便国家增加黄金和白银储备,这些在重商主义者眼中都代表着财富。因此,政府可以通过限制进口外国商品来积累财富。正如最近美国的保护主义表明的那样,这种重商主义的零和主义思维在今天是很难消失的,仍然有其存在的市场。

斯密拒绝了这种思维方式,不仅仅因为它在经济上是效率低下的。他观察到,对于重商主义者来说,“国家”意味着王权。王子们使用金银主要是为了获得奢侈品或雇佣兵,而不是为了促进臣民的成功幸福。他对国民财富有着不同的看法,集中关注的是民众个人问题。实际上,对他而言,作为消费者的民众个人就是真正的“国王”。他想要的是促进全国每个人的幸福,而不仅仅是精英阶层的幸福。这一深刻洞见对我们这本书的分析和现代经济学是至关重要的。然而,斯密的分析是不完整的——我们需要添加一些元素,以巩固其与当今更加复杂的经济现实的相关性,进而更好地应对新出现的那些挑战,今天的重商主义“修补匠们”对这些挑战抓住不放。

道德哲学家

亚当·斯密是谁?

1723 年,斯密出生于苏格兰的法夫郡(Fife),父亲是律师,母亲是地主贵族,他很早就开始追逐自己的学术天赋。14 岁的时候,他开始在格拉斯哥大学学习道德哲学,后来又到牛津大学从事研究生学习。他喜欢教学,但对牛津大学教师的学术造诣感到失望,感觉还不如他在格拉斯哥大学的日子。(在《国富论》中,他将教师对教学投入不够归咎于牛津大学各学院都能得到大量捐赠,因此不需要下功夫吸引学生,这也是当今大学一种常见的悲哀。)于是斯密返回格拉斯哥大学教书,并结识了哲学家大卫·休谟,后者是苏格兰启蒙运动(Scottish Enlightenment)时期的一位知识分子旅行家。

他的《道德情操论》很受欢迎,吸引了许多学生跟随这位腼腆的教授学习。但是,他对重商主义越来越不满意,这让他转向了经济学。他辞去了当时的学术职位,去追求一份收入优厚的工作,担任一位年轻贵族的家庭教师。在担任这一职务期间,他有机会前往巴黎旅居,在巴黎,他不仅遇到了本杰明·富兰克林(Benjamin Franklin),还遇到了法国重农主义学者。法国重农主义学派是弗朗斯瓦·魁奈(François Quesnay)创立的一个思想流派,反对重商主义对贸易和经济的微观管理。重农主义学派的座右铭——自由放任,自由通行,让各人自行其是!(*Laissez faire et laissez passer, le monde va de lui-même!*)——给了我们一个熟悉的短语:自由放任(*laissez faire*)。这些话成了一种表达方式,即便没做出实际行动,也成为一种主张,要求政府从经济运行中脱离出来。这句话在经济政策的演变中既提供了指导,也带来了混乱。

随着家庭教师工作任务的完成,他在经济上也更有保障了,斯密返回苏格兰继续从事《国富论》的写作工作。他的划时代巨著一经出版,随即一炮而红,轰动一时。诡异的是,普遍被认为是主张自由放任的斯密却在 1778 年被任命为海关邮政局局长,这一直是一个警示性的故事。这位现在被认为是资本主义之父的哲学家十二年后在爱丁堡去世。③

现在我们转向讨论斯密对重商主义精英的批判。

从黄金到"下金蛋的鹅"

对于重商主义者来说,国民财富(以及主权地位!)可以用它所获得的黄金和白银存量来衡量——而这反过来又来自"有利的贸易差额"。对重商主义者来说,"有利的"意味着一个国家的出口多于进口。(但是,对全球贸易差额进行简单的数学计算表明,并非所有国家都能同时产生黄金和白银盈余,因此,在重商主义贸易体系中,矛盾冲突是不可避免的。)

在实践中,政府通过为某些类型的企业、特定的商人或制造商提供补贴、特许垄断和各种特权来引导商务和贸易,达到干预国际收支平衡的目的。这种修修补补以贸易减少和消费者支付的商品价格上涨为代价,更不用说与殖民地发生对抗了。(1776 年发生的另一件大事表明,斯密反对对美洲殖民地实行重商主义的限制措施确实是有道理的!)

斯密提出了关于国家繁荣的一套新观点,即人民对商品的消费——换句话说,是人民的生活水平。《国富论》中的经济目标是使经济"蛋糕"尽可能做大。他主张自由市场和竞争只是为了刺激人民消费。《国富论》着重强调的是"看不见的手"的作用,而不是"相互同情"的作用,这似乎背离了《道德情操论》。但是他发现,个人主观上为了自身利益而行动,客观上却为社会中的每个人带来了更好的结果,这是更大的"国民财富"。正如他在《国富论》第 1 卷第 2 章中的著名论断那样:

> 我们期待我们的晚餐,不是出于屠夫、酿酒师或面包师的仁慈,而是出于他们对于**自身利益**的考虑。我们要设法解决的不是他们的人性问题,而是他们的自爱问题,我们从不与他们谈论我们自己需要什么,而是谈论**他们拥有的优势**。(加粗为原书所加)

在描述"看不见的手"时,斯密着重强调了竞争的作用。制造商或商家不能对消费者过多收钱,是因为他们担心会因此被聪明灵活的竞争对手以谋略制胜或取代。生产率和效率较高的企业将取代竞争力较弱的企业,从而使社会有更多的商品出现在每个人面前。为了竞争到工人们提供的劳务,工人将获得更公平的工资。消费者将从较低的价格中受益,而价格也不会被享有特权的卖家或政府命令抬高。竞争的市场体系成了经济中的"下金蛋的鹅"。

在企业之间开展的激烈竞争中,个人在追求他们自身利益的同时,通过保持低价及品种多样化的商品和服务,激发出更广泛的利益,从而提高国民的生活水平。斯密并不想要完全的自由放任。他担心价格操纵阴谋、垄断和企业联合会影响政治和立法。一个没有这些阴谋诡计和干预的市场有助于产生繁荣;但是力量过于强大的企业和利益集团不会不搞这些名堂。由于竞争对斯密提倡的市场经济的平稳有效运行是非常重要的,所以他主张对反竞争性的行为进行严格的法律约束,包括我们将要呼吁建立的反对价格操纵的规则和严格有力的反垄断政策。

竞争可能是很难接受的。今天高谈阔论提倡竞争的人往往主要由拥有终身教职的学院经济学家和那些竞争中的富有赢家组成。这显然也肯定不是历史的行为规范。几个世纪以来，政府一直在限制竞争，从中世纪的行会到类似荷兰东印度公司和英国东印度公司这样的国家授权的垄断企业。④重商主义者高度赞赏政府为了垄断进行修修补补，认为这是控制市场力量来积累国民财富的最佳方式。

与这种自以为是的传统观念相反，斯密发现，竞争是一种积极的力量，是成功市场体系的核心要素。正如美国《独立宣言》标志着国家治理体系出现一种相互竞争的新的治理模式一样，《国富论》也在为经济体系寻找相互竞争的新的运行模式。斯密直觉上的"看不见的手"的观点认为，以利润为导向的企业将以尽可能低的价格生产个人想要的商品和服务。与重商主义背道而驰的消费者主权成了一句经典妙语。

两个世纪后，诺贝尔经济学奖得主肯尼思·阿罗（Kenneth Arrow）和杰拉德·德布鲁（Gerard Debreu）用当代经济学专业术语和数学模型将斯密的直觉正式加以定型：⑤当经济中的个体独立行动且相对于市场规模而言充分小时，竞争性市场会带来资源的有效配置。斯密一直关心社会利益，他把这种直觉赞誉为亲市场的（promarket），但不一定是亲企业的（probusiness）。

斯密还鼓励专业化和劳动分工。《国富论》中提到一件事，到现在仍然是很经典的例子：有一家制针的工厂，工人通过专门从事某项特定任务来进行工作分工。被载入书中的这家工厂有 10 名工人，当工人在承担专门化的工作任务的时候，每天能生产 48 000 枚别针，相比之下,当每个工人都要承担所有的工序任务时,10 名工人每天只能生产出 100 枚左右的别针。生产力的这种令人惊叹的显著提高为消费者提供了更低的商品价格,为工人提供了更高的劳动工资。这是斯密式经济的一个重要的隐含意义。市场的不断扩大,劳动任务的不断重组优化,以及对新的生产方式的开放包容,不断激励经济产出更高的产量、更低的价格,从而不断提高社会生活水平。

在《国富论》的导言部分,斯密颠覆了重商主义关于财富的概念:

> 每个国家每年可提供的劳动是为这个国家提供其每年要消耗的所有生活必需品和便利服务的初始基金……这些劳动生产的产品……与要消费它的人的数量成更大或更小的比例……但是,在每个国家,这一比例都必须由两种不同的情况来调节:第一,劳动的技能、灵活性和判断力;第二,从事有用劳动的人数与没有从事有用劳动的人数之间的比例。

斯密的深刻见解为英国随后发生的工业革命提供了经济路线指导,那就是全面实施自由放任政策,对于国内贸易和国际贸易都是如此。后来,经济学家引用竞争的力量来假设工人、土地所有者和资本所有者将以最有利可图的方式使用他们的资源,从而在达到均衡状态时,不同的用途之间会实现同等的回报率。与"看不见的手"理论相结合,竞争还可以实现一般均衡,在这种一般均衡中,商品的价格和数量由市场力量决定。

斯密对关税进行了进一步批评,拓展了有关专业化和劳动分工的论述。虽然是大卫·李嘉图在后来对英国《谷物法》带来的社会成本的分析中提出了"比较优势"(comparative advantage)的概念——这一概念在当代经济学中十分重要,但是斯密对关税带来的高昂成本和效率损失也进行了有力抨击。⑥他发现,苏格兰人可以用温室里种植的葡萄酿制葡萄酒,但是供暖成本会使他们的葡萄酒价格比法国葡萄酒价格高昂一个数量级。开展对外贸易更为有利可图,用优质的苏格兰羊毛来换取法国干红葡萄酒——为什么要限制贸易来保护生产者,却让消费者处于不利地位呢? 说到底,消费者的福祉才是国民财富的核心要义。

政府、市场经济和大众繁荣

这些分析中的许多内容大家都很熟悉,但是斯密赋予了政府除了保护竞争之外的重要职责。斯密并不是没有任何干预的自由放任主义的提倡者。事实上,在斯密看来,政府应该在经济中扮演非常重要的角色,这些角色提示着我们讨论政府在当今经济中发挥的作用。我们可以把斯密的哲学映射到当今更为复杂的经济面临的机遇和挑战上。

虽然斯密有时会被讽刺地描述为是"反政府"(antigovernment)的,但是他主要反对的是为特定企业赋予重商主义特权。他还反对为海外冒险提供资金而欠下巨额公共债务。相反,斯密希望政府提供经济学家今天所说的公共产品,如国防、刑事司法系统、产权和合同的执行等,这些都是开展商业和贸易的制度基础。他还支持公共工程,以提供基础设施,保持商业自由流动。

但是,接下来他走得更远,以一种通常没有得到应有认可的方式深入下去。为了让工人做好准备,让他们的生活过得更好一些,他呼吁政府提供全民普及教育。他将教育与自由以及在自由社会中的工作联结起来。后面我们将回过来讨论这个有关准备的主题。

虽然斯密信奉的是保持低税率,只要足以支付政府开支就行,但是他提倡一个广泛的宽税基,工资、利润、财产和商业交易的各种收入来源都应该被纳入征税范围。他还主张累进税,即收入越高、支付能力越强、从政府行动中获得越多经济利益的个体应该支付越高的税率。

因此,斯密的国民财富概念是以"大众繁荣"为中心的。这一来自启蒙运动的理念既强调提高民众生活水平,还强调全民参与经济。

在这里,斯密提供了清晰明确的政策指导。尽管《国富论》是大气磅礴的理论巨著,但是它有时也会让人浮想联翩。它对至高无上的"看不见的手"的理念十分推崇,但是明确提到这个词却只有一次,而与之形成鲜明对比的是,全书提及 266 项苏格兰议会法案和英国法令!这本书将哲学和政策目的结合在一起的含义是:竞争性的"看不见的手"经济,在政府强有力的支持和执行下,一定会比重商主义产生更繁荣和更高的生活水平,这种繁荣可以促进人类的繁荣。事实上,资本主义和经济自由本身并不是目的;它们是个人和社会实现大众繁荣这一重要目的的手段。

虽然斯密在书中多次提到经济意义上的繁荣概念,但是他很早就在广泛的社会意义上提到了繁荣的概念。他呼吁提高工资,实际着重强调的是"改善下层人民境况"的重要性。

斯密时代的大多数重商主义者反对提高工人的工资,他们提出了几条精英主义的原因——把更多的钱放在工人手中只会削弱他们的勤奋,增加他们对奢侈品的"危险"的品位爱好。斯密反对这种精英主义:"境况的改善"是大众繁荣的一个基本要素,是资本主义经济

"引擎"(该"引擎"本身只是手段)的目的。

> 对于社会而言,这种下层人民境况的改善是该被视为一种
> 优势还是一种麻烦? ……在每一个伟大的政治社会中,从事不
> 同工种的仆人、劳动者和工人都是这个社会绝大多数的组成部
> 分……改善一个社会中绝大部分人的境况,绝对不能被看作社
> 会整体的一个麻烦。如果一个社会中的绝大部分成员都生活在
> 贫穷和悲惨之中,那么这个社会就不可能是真正繁荣的、幸福
> 的。此外,那些为全体人民提供食物、衣服和住宿的人,应该从
> 他们自己的劳动成果中分得一定的份额,使他们自己有说得过
> 去的食物、衣服和住宿保障,这也是公平的应有之义。(第1册
> 第7章)

这段话铿锵有力,对本书论述的内容十分重要,因为它显示了斯
密对包容性的关切,对大众繁荣的关切。他为市场竞争辩护,为会
"下金蛋的鹅"辩护,但并不是基于个人私利,而是基于后两者促进大
众繁荣的机制。"市场"(或现代资本主义)的基本好处不是它可以
比重商主义带来更大的经济蛋糕,而是它提供了一种可能,可以让那
些在成功的市场的边缘苦苦挣扎的人改善处境。[7]《国富论》开宗明
义,点明旨在"使普遍富裕惠及最低阶层的人民",从而"使丰富的财
富在社会的所有不同阶层中传播扩散"。

因此,斯密的第二本书(《国富论》)的观点又回到了他的第一本
书(《道德情操论》)的思想轨道。他将大众繁荣与相互同情有效地
联系起来;社会中的个体在相互的爱和支持中紧密相连。我们将在
讨论现代社会保险概念时回过来讨论这一思想。经济和政治的繁荣
都来自相互包容、相互联系和相互支持。

推进斯密式市场经济：增长、活力、创新和流动

斯密缺乏一个长期的人均经济增长的理论，他是在工业革命使得生活水平大幅提高之前写作出版《国富论》的。1800 年之后，英国（和美国）的人均收入呈现了 30 多倍的爆炸式增长。由于国民收入统计学家无法很好地衡量我们购买的商品和服务的质量取得的巨大进步，人们的境况甚至比这些浮光掠影的数字显示出来的还要好得多。当然，更不要说今天的许多产品——从智能手机到电脑再到空调——甚至在 1900 年都还没有出现，更遑论 1800 年了。

斯密的疏忽部分地反映了对增长问题进行建模处理存在的技术困难。更高的产出可以来自劳动力和资本等投入的增长，但又是什么决定了这些要素投入的增长？今天的经济学家突出强调人口增长和社会对工作、储蓄和投资的意愿所起的作用。无论如何，更重要的都是生产率的增长，或者说是要素投入用于生产商品和服务的效率的提高。斯密的制针工厂的例子将工作方式与生产力水平联系起来。但是，又是什么因素决定了生产率的长期的持续增长，而不仅仅是偶然的一次性提高呢？如今的经济分析侧重于技术和思想产生的过程。既然持续的经济增长对于那些被资本主义边缘化的人来说仍然是至关重要的，那么值得一问的是，在《国富论》中提出来的经济基础概念是否仍然适用于今天。当今的增长从何而来？这些增长源泉是否仍然需要对外开放？

简而言之，答案是肯定的，但是要回答这些问题，我们还需要理解促进增长的两种力量：外生的力量和内生的力量。外生的力量指

的是那些可以对经济施加作用的力量,其本身很少受经济参与者的掌控。常见的例子是技术变革——包括更好的机器和更好的技术。我们工作的方式越好,我们的增长速度就越快——但是我们不能强行控制创新的脚步。而内生的力量是经济中那些我们可以加以控制的力量。⑧

近年来,经济学家发展出内生增长理论来解释经济内部出现的技术变迁。他们的模型表明,与实物资本(机器和工厂)不同的是,某些类型的人力资本和知识可以形成投资回报更高的良性循环。例如,随着美国这样的国家变得更加富裕,它会在教育和在职培训上投入更多资源。这增加了人力资本,进而提高了生产力,并使对该领域的进一步投资成为可能。

出于同样的原因,企业在安装使用新的实物资本时,也有增加在职培训的动力。例如,随着个人电脑的普及,企业会投资于教授办公室员工如何使用它们。类似地,当计算机辅助机器人在制造业中风靡开来时,汽车公司会斥巨资培训使用它们的工人。增长还使各经济体能够投资于创造知识,随着知识的增加,经济能够生产出更好的资本品。比较富裕的企业既有资源,也有动力去增加自己的研发支出。⑨

因此,增长是一件十分神奇的事情,但是真正驱动增长的又是什么呢?是投入,但更重要的是思想。还有“桥”。为了弄清楚原因,我们将重点关注两位著名经济学家的观点,他们研究了1800年之后世界各工业化经济体中个人收入的爆炸式增长——埃德蒙·费尔普斯和迪尔德丽·麦克洛斯基。费尔普斯是我在哥伦比亚大学经济系的同事(也是诺贝尔经济学奖获得者),他做了很多工作,将这种增长与斯密的基本思想联系起来。⑩他从斯密强调许多个体（而不是政府或特权企业）寻求新的更好的工作方式开始研究。这种坚持不懈的探索产生了推动增长的创新理念、流程和产品——但是这只有当政治经济条件允许开放时才有可能发生。这一论点与更为简单的增长模型形成了鲜明对比，在这种增长模型中，科学发现只是外生地拓展了技术可能性前沿。因此，斯密混乱的"自下而上"式的市场模式将大众创新置于经济增长的核心位置。费尔普斯的第二个论点揭示出致力于开放的斯密式社会是如何最能保障繁荣和促进增长的。他甚至将自己的一本书命名为《大繁荣》（*Mass Flourishing*），这是一个受到斯密这样的古典经济学家支持的观点。

　　费尔普斯的论点有两个重要的含义。第一个含义是，揭穿了有时候颇为流行的长期生产率下降的世俗观点——即我们缺乏可开发和利用的新东西。⑪第二个含义是，在技术和全球化带来的结构性变革时期，对一些经济体出现增长困难的问题给出了一个答案；创新放缓可能并不是因为科学的匮乏，而是因为存在反对开放之"墙"。

　　费尔普斯对经济活力的关注让他想起了斯密反对重商主义对经济进行修修补补的那些论点。他认为阻碍变革的政策是创新的主要敌人。和斯密一样，他很担心通过阻止外部变革和允许内部寻租来对竞争进行修修补补而带来的隐性成本。这些"社团主义"（corporatist）政策不可避免地助长了既得利益和任人唯亲，延缓了变革和增长。正如我们将看到的那样，即使是看似微不足道的干预，也会微妙地削弱创新活力。

　　费尔普斯对经济活力的分析蕴含着本书提出的一个论点，这个论点贯穿全书：只要接受反对变革之"墙"，即使是很温和的"墙"，也是会自食其果的。这既阻碍了创新,也会偏向拥有良好社会关系的精英而非普通人。正如斯密看到的那样,重商主义的修修补补限制了经济的可能性和繁荣,费尔普斯从社团主义修修补补中也看到了类似的结果。这种批评,就像古典经济学家对重商主义的抨击一样,揭示出"墙"的代价,但是却几乎没有关注到有什么替代性方案可供选择,去处理因破坏而产生的政治担忧。费尔普斯提到的经济活力必然是杂乱无章的,会创造出累积加总的经济增长,其中不仅有许多个体获益者,也有许多个体受损者。

经济史学家迪尔德丽·麦克洛斯基也同样将持续的、大规模的、自愿的和非强迫性的改善探索视为可以推动创造新思想的动力,并通过商业性测试来检验实现增长的可能性。她将这种"创新主义"(innovism)提升为一种文化力量,她更喜欢这个词,而不是人们更熟悉的"资本主义"(前者强调新思想,而后者强调某人的钱袋子),并将其与经济自由主义联系起来。[12]与斯密的观点相呼应,她强调了开放经济是如何允许个人"试一试"的,从普通人到天才都可以。这种经济自由主义需要竞争来捍卫神圣的自由和大众繁荣。

用麦克洛斯基的话说,增长取决于对变革抱持的自由宽容和开放,这会鼓励许多人特别留意抓住机会。然而,当伴随许多受损者的结构性转变发生时,要维持这种宽容,需要的不仅仅是对斯密的赞歌。

今天的国民财富

我们现在已经做好准备结束这个循环,根据亚当·斯密对于当今经济和经济政策的建议，区分出破坏带来的获益者和受损者。我们已经看到，斯密着重强调对用新方式组织任务和商业（专业化和劳动分工），以及对新市场（国内的和国外的）持开放态度，是繁荣的关键——并且与正确的管理组织一起，也是实现大众繁荣的关键。他对重商主义之墙的反对不仅仅是，甚至主要不是因为它们对贸易的限制，而是因为这样的"墙"不可避免地鼓励政府为自己喜欢的且特殊的利益进行修修补补。这种修修补补不仅限制了经济蛋糕规模做大，而且限制了个人自由和繁荣。

我们要再一次指出，斯密和其他古典经济学家都没有建立关于经济增长和生活水平提高的正式理论。但是，斯密对竞争和开放的价值的直觉与现代经济增长模型高度契合——包括技术变革、新的业务流程和新市场的可得性等带来的生产率的不断提高。增长本身受到创新、组织和经营企业的方式的至关重要的影响，而这些反过来又具有破坏性。必要的破坏为整体经济，尤其为许多个人和企业创造了巨大的收益。它还给经济中的一些个人和企业造成了损失，至少在短期内如此。这一过程对于实现成功和大众繁荣是至关重要的——用费尔普斯的话来说，这一过程具有寻找新的思想、商业手段和市场的"动态活力"，用麦克洛斯基的话来说，这一过程具有对这类新事物的文化开放性的"创新主义"。

动态活力和创新主义都依赖于对变革的容忍。它们在斯密写作《国富论》之后如火如荼的工业革命中起到了关键作用，在此期间，技术变革和开放取代了早期资本主义对"低买高卖"的商业机会的追求。

对斯密来说，"墙"干扰了竞争，对市场进行了没有效率的修修补补,并且偏袒特定群体,而不是促进大众繁荣。再考虑到增长的动态活力和破坏的活力,可以清楚地看出,在现代经济中,"墙"的成本仍然更高。这些干预措施误导或限制了创新及其带来的收益的传播。

正如我们将要看到的那样,即使是为了保护社会利益而竖起一堵小小的"墙",也是缺乏远见卓识的短视行为。保护主义"筑墙者"所期望产生的收益其实是虚幻的,并不存在。他们这是牺牲成功和大众繁荣来换取改良的幻觉。

心理学家通过强调努力奋斗的价值,回应了这种对大众繁荣的推崇。他们主张,幸福不仅取决于(被动的)物质和社会财富的富足程度,而且取决于积极参与其中的创造过程。人们寻求的是经济独立和获得成功的感觉,喜欢亲身参与和"尝试",追求在职业生涯中不断取得进步的良好前景。从这个意义上讲,繁荣就像是充满活力的经济正好处于"最佳状态"。

心理学家使用米哈里·契克森特米哈赖(Mihaly Csikszentmihalyi)的专业术语,将这种参与称为"心流"(flow)。[13]心流状态,就我们在这里要讲的目的而言,不仅是关于持续参与的,而且是关于调整适应活动所需的技能和复杂性的——平衡任务带来的挑战及任务执行者所具备的技能之间的关系。随着任务变得更加复杂——由于经济和工作岗位的结构性变革——个人需要新的技能才能恢复到心流状态*。市场经济为参与其中提供了基础,但是在这种破坏发生的

---

* 心流是将个人精神力完全投注到某种活动上的感觉。心流产生时会有高度的兴奋感及充实感。当一个人深深地沉浸在具有挑战性,但又没有超出自己技能范围的活动时,就会经历心流状态。——译者注

时期,实现繁荣还需要对准备和重新联结给予更多的关注。

准备和重新联结的经济基础

　　政治思想家往往对加强准备和重新联结的提议持怀疑态度,理由是这些提议不可避免地会干扰基于市场的竞争。但是,斯密看到了政府在促进这种竞争方面可以发挥的重要作用。他所进行的思考包括四个步骤。第一,直接从这种直觉出发,国民财富集中表现为生活水平和消费可能性。第二,通过竞争这只"看不见的手",提高了某一时间点上的生活水平,促进了大众繁荣。第三,让个人为投身竞争做好准备,也是竞争的组成部分。因此,能否自由地"试一试"取决于是否准备好竞争。第四,如果有许多人正在脱离经济参与,我们需要通过公共的(和私人的)努力把他们重新联结起来,并让他们做好准备。如果不能做到这一点,就不可能实现斯密设定的包容性——这是他的经济体系的终极目标。

　　通过透视当今更为复杂的经济,我们可以看到,斯密并不担心政府提供的教育会削弱竞争的基础,我们当然也不应该担心准备和重新联结会削弱竞争的基础。政府和企业角色的扩大并不必然会重蹈重商主义的覆辙。而且,幸运的是,我们拥有的许多工具可以促进培训(为现在和将来的工作岗位对技能进行投资)和重返工作岗位。[14]我们将在第6章至第8章中探讨这些工具。关于大众繁荣的经济学思考并没有在 1776 年结束!

　　然而,我们千万不能忘记,斯密帮助创立现代经济学,主要是他拓展自己有关道德哲学的成果的一个结果。在斯密非常有说服力的摧毁重商主义的观点之后,呼吁"筑墙"的声音至今依然此起彼伏,原因很简单:现代资本主义中存在的巨大的结构性力量正在迫使个人、企业和社区进行艰难的适应调整。经济学不可避免地受到社会条件的制约。并不令人感到奇怪,这些大变革滋生出呼吁"筑墙"以反对破坏的声音。

因此,"桥"的重要性就显现出来了,斯密只是以一种笼统的方式进行阐述,但这显然源于他对大众繁荣的道德关切。对斯密观点的一项重要更新是明确了清晰的"桥"式政策导向。斯密敦促政府提供全民普及教育,以此让人们做好准备充分参与到经济中去。而今天的政策"急转弯"则是着重强调更广泛地做好准备。正如斯密指出的那样,公共产品和教育对经济的价值很大,今天的"桥"必须让个人做好准备,在一个充满活力的、不断变革的经济中参与竞争,而不是在过去那种简单的经济中竞争。

对斯密建议的第二个"桥"式政策"急转弯"更为复杂。"准备"取决于联结之桥。但是,结构性变革可能会让某些工作岗位类别或商业活动与经济"一刀两断",无法生存,同时又创造出新的工作岗位和商业机会。因此,政府必须提供重新联结之桥——在一个漫长的变革时期提供支持,帮助人们为参与现在的和将来的经济做好准备。

我们将在下文对社会保险进行分析时重新讨论准备和重新联结。准备和重新联结讲的都是关于参与的内容——关于每一个人都积极投身到经济中去,实现大众繁荣。虽然费尔普斯和麦克洛斯基的研究有助于将斯密的思想与经济增长联系起来,但是他们对个人在社会中的真实处境却不太清楚。结果,他们和其他经济学家让这个领域变得十分脆弱,很容易被指责为助长了社会不平等和精英主义——从而出现修筑保护主义之墙的呼声。

现在让我们来讨论另外一位思想家,他没有斯密那么有名,但是他的著作有助于我们推进"架桥":卡尔·波兰尼(Karl Polanyi),他将"桥"与市场和社会联系起来。他于 1886 年出生于维也纳,后来被各种各样的人描述为一名经济社会学家或政治经济学家。在他 1944 年出版的鸿篇巨著《大转型》(*The Great Transformation*)中,波兰尼不仅将市场与经济学联系起来,还将市场与历史和社会支持都联系起来。[⑮]波兰尼说,现代社会依赖于通过社区和协会建立起来的联系网络,而不仅仅依赖于通过个人之间的交易才建立起来的联系网络。"看不见的手"的非人格化运作需要这些联系纽带来实现斯密所期望的大众繁荣。

如果说费尔普斯和麦克洛斯基发展了《国富论》中的市场概念,那么波兰尼的"嵌入式"(embedded)经济秩序法则来源于《道德情操论》中的相互同情概念。在波兰尼看来,19 世纪非嵌入式的自由放任模式破坏了社会,从根本上削弱了对市场的支持。他列举了从中世纪封建主义到新兴社会主义等更多互惠互利的嵌入式模式,然而,这两种模式都没有能够促进斯密式市场和大众繁荣,尽管存在相互同情。于是,他呼吁以更宽松的、非结构性的方式在社会中产生同理心。

虽然波兰尼的著作中缺乏斯密、费尔普斯或麦克洛斯基那样的政策理念,但是它确实解释了"桥"是怎样为市场的社会支持提供基础的。实行有限程度的社会保险可以让个人与工作重新联结起来,同时又不会从根本上削弱变革和活力。我们不需要求助于会破坏大众奋斗和经济参与的"墙"。正如我们将要看到的那样,与斯密式市场谱系中的经济活力相伴随的,是斯密式相互同情谱系中的社会保险。

到底谁才是精英主义者?

第2章描述了经济学家如何庆祝20世纪70年代至21世纪初发生的"墙"的倒塌,但是却迟迟没有意识到由此带来的破坏的负面影响。他们只是虚情假意地试图补偿受损者。本章描述了做出这种糟糕的反应的根源,是更深层次的才智见识的不足。在帮助创立现代经济学的过程中,亚当·斯密强调了它对整个社会的好处。他不是主张通过自由市场实现宏观经济成功的头脑简单的最大化者*。他抨击重商主义是因为重商主义中的精英主义将少数人的利益凌驾于大众利益之上。然而,太多的经济学家忽视了斯密的道德关切,而把注意力集中在神奇的"看不见的手"上。于是,就出现了多么讽刺的一幕:当年斯密曾经指摘重商主义者们,而许多资本主义的观察家却对斯密的知识体系当今的继承者们提出了类似的指摘。[16]

斯密强调包容性,不仅是为了创造出一个更富裕的经济,也是为了实现大众繁荣。自斯密以来,资本主义的活力和经济增长——以及生活水平的提高——一直是由创新和开放所驱动的。但是要在面临结构性变革时依然维持这种开放性,我们需要架起准备和重新联结之桥。我们还需要清楚地阐明,这些"桥"与那些听起来似乎有道理的"墙"有什么不同,善意的观察家已经越来越频繁地呼吁"筑墙",这是下一章要讨论的主题。

---

　　* 指在现代经济学模型中得出最优化解。——译者注

注　释

① 参见 Adam Smith, *The Theory of Moral Sentiments*: *An Essay Towards an Analysis of the Principles by Which Men Naturally Judge Concerning the Conduct and Character, First of their Neighbors, and Afterwards of Themselves*, London, 1759。我把《道德情操论》用作简写的书名。

② 参见 Adam Smith, *An Inquiry into the Nature and Causes of the Wealth of Nations*, London, 1776。我把《国富论》用作简写的书名。

③ 他被安葬在爱丁堡坎农盖特(Canongate)教堂的墓地。前些年,雷·霍顿曾经去爱丁堡旅行,寻找斯密的墓地。他发现这里杂草丛生,年久失修,他在一封旅行长信中向我表达了他的沮丧。我写信给教堂的长老们,提出愿意筹集资金来整修斯密的墓地。长老们告诉我不需要我的帮助。无论是巧合还是天意或者是受到激励,当地的一位捐赠者挺身而出,斯密的墓地得到了修缮,如今看起来很体面。

④ 斯密在《国富论》第 5 卷第 1 章中对英国东印度公司的低效率大加抨击。

⑤ 参见 Kenneth J. Arrow and Gerard Debreu, "Existence of an Equilibrium for a Competitive Economy," *Econometrica* 22, July 1954, pp.265—290。

⑥ 就这一点而言,斯密已经预先提示了李嘉图,要对后来的《谷物法》进行批判。如本书第 2 章所述,这些限制措施保护了英国的农业利益,但是却受到工人(他们反对食物价格上涨)和新兴的工厂主(他们不得不支付更高的工资来作为补偿)的反对。《谷物法》最终被废除,但是却引发了托马斯·马尔萨斯(Thomas Malthus)(支持采取限制措施)和李嘉图之间的一场政治辩论。

⑦ 斯密还发现了在影响市场规模方面全球化的重要性。他特别指出,1492 年,克里斯托弗·哥伦布(Christopher Columbus)对美洲的"发现",以及瓦斯科·达·伽马(Vasco da Gama)对通向印度的新航路的开辟,都是重大的商业事件。他还评论了正在发生的从农业向制造业和贸易的结构性转变所具有的巨大潜在意义。参见 Adam Smith, *The Wealth of Nations*, Book II, Chapter 7, Part III。

⑧ 麻省理工学院的经济学家、诺贝尔经济学奖获得者罗伯特·索洛(Robert Solow)在增长核算(在投入增长之后)中估计出一个残差,来衡量劳动增进型(labor-augmenting)技术变革的贡献,这种技术变革在模型中是外生出现的。虽然该模型说明了更快的技术变革速度会提高经济增长率,但是该模型无

法解释为什么技术变革速度会随着时间和国家的不同而不同。参见 Robert M. Solow, "A Contribution to the Theory of Economic Growth," *Quarterly Journal of Economics* 70, February 1956, pp.65—94。

⑨ 参见诺贝尔经济学奖获得者保罗·罗默(Paul Romer) 的大作；特别是 Paul Romer, "Endogenous Technological Change," *Journal of Political Economy* 98, October 1990, pp. S71—S102。

⑩ 参见 Edmund Phelps, *Mass Flourishing*, *Princeton*, NJ: Princeton University Press, 2013; Edmund Phelps, Raicho Bojilov, Hian Teck Hoon, and Gylfi Zoega, *Dynamism*, *Cambridge*, MA: Harvard University Press, 2020。

⑪ 参见格伦·哈伯德所作的评论："The $64,000 Question: Living in the Age of Technological Possibility or Showing Possibility's Age?," in John Diamond and George Zodrow, eds., *Prospects for Economic Growth*, Cambridge: Cambridge University Press, 2021,pp.115—131。

⑫ 参见 Deirdre N. McCloskey, *The Bourgeois Virtues: Ethics for an Age of Commerce*, Chicago: University of Chicago Press, 2006; *Bourgeois Equality: How Ideas, Not Capital, Enriched the World*, Chicago: University of Chicago Press, 2016; and *Why Liberalism Works*, New Haven: Yale University Press, 2020。

⑬ 参见 Mihaly Csikszentmihalyi, *Flow: The Psychology of Optimal Experience*, New York: Harper Penguin Modern Classics, 1990。

⑭ 例如，可以参见 Edmund Phelps, *Rewarding Work*, Cambridge: Harvard University Press, 2007; and Glenn Hubbard, "Supporting Work, Inclusion, and Mass Prosperity," in Michael R. Strain, ed., *The U.S. Labor Market: Questions and Challenges for Public Policy*, Washington, DC: AEI Press, 2016, pp.96—105。

⑮ 参见 Karl Polanyi, *The Great Transformation: The Political and Economic Origins of Our Time*, New York: Farrar and Rinehart, 1944。该书与弗里德里希·哈耶克的《通往奴役之路》同一年出版发行，但是受到的赞誉和关注却少得多，部分原因是它没有像哈耶克的经典著作那样在《读者文摘》上面连载。

⑯ 斯密在《国富论》中扔掉了"防护手套"，向当时十分盛行的正统经济观念发起了挑战。他主张，重商主义者的理论基础是错误的——"国民财富"不在于黄金和白银，而在于其人民的生活水平。他抨击重商主义所推崇的经济引擎——政府保护主义之墙，以及针对特殊利益进行的修修补补——并用竞争和"看不见的手"取而代之，由政府来保障市场力量能够完整发挥作用。

第4章

亚当·斯密学派今天的评论员

从 20 世纪 20 年代到 60 年代,早在扬斯敦的"黑色星期一"发生之前的很长一段时间里,马萨诸塞州就面临着自身发展缓慢的危机。其一度占据主导地位的纺织厂正逐渐地、彻底地败给南方各州成本较低的竞争对手。企业和政府领导人最初采取的是基于"墙"的战略,该州的国会议员试图说服其他联邦议员,要求南方工厂支付与新英格兰地区* 相当水平的工资。但是国会拒绝这么做,而是让马萨诸塞州人民在紧缩(接受较低工资水平以继续保留旧产业)和经济发展(架起通向新的经济机会之桥)之间作出选择。马萨诸塞州最终选择了后者。

该州当时拥有规模很小但是很有前途的电子产业,领导者想方设法为现有企业和新企业提供资本融资支持。其中一些资金来自州政府和联邦政府的少量援助,但是大部分来自创造性的风险融资(venture financing)。该行动计划与其说是政府主导的产业政策,不

---

* 指美国东北部包括马萨诸塞州在内的六个州。——译者注

/ 069

如说是帮助小型电子企业顺利起步的商业融资。主要参与者是通过新英格兰委员会(New England Council)和波士顿第一国民银行(First National Bank of Boston)发挥作用的当地商界领导人。

随着时间的推移,公私合作和商界领导人的组织管理将电子产业提升到了一个很关键的临界水平,使其既能提供高技能的工作岗位,又能竞争大型联邦国防项目。在没有"筑墙"或紧缩的情况下,马萨诸塞州恢复了其工业生机,并重新成为以人均收入衡量的美国最富有的州。①

虽然马萨诸塞州拥有一些内在的固有优势,比如拥有稳固的金融服务产业和强大的教育传统,但是其基于"桥"的路线也是可以在其他地方推广应用的。亚当·斯密的深刻见解可以为我们指明方向——但是前提是我们要坚决抵制"筑墙"的诱惑。

亚当·斯密的《国富论》在经济和道德两方面的论点都引起了巨大轰动。如前一章阐述的那样,他集中关注的是普通人的生活水平。财富——国家的经济蛋糕——可以通过竞争和对新的工作方式、新市场和新思想的开放来做大。作为一名经济学家和道德哲学家,他的思想为资本主义的前进道路提供了新鲜的深刻见解,并有助于我们认真评估最近甚嚣尘上的"筑墙"呼声。最近几十年来,随着自由主义对动态活力和创新主义欢呼雀跃,《国富论》提倡的市场资本主义得以发扬光大,然而,我们仍然面临着需要将更多的人与经济联结、重新联结起来的挑战。

斯密的目标是大众繁荣——大众广泛参与生产性经济并分享其产出的成果。实现大众繁荣需要确保最不富裕的人随着时间的推移能够与经济联结起来,这反映了斯密在其早期著作《道德情操论》中阐述的相互同情的纽带作用。作为道德哲学家的斯密所说的这些纽带作用(我们将会看到这一点)需要有"桥",斯密只是简单地勾勒了这些想法,但是它们在今天却非常重要。

斯密抨击了垄断特权和效率限制之墙。在今天的话语体系中,这些"墙"仍然是过于真实的存在。在这里,我们探索三种类型的"墙"——保护工人之墙、限制进口之墙和加强社会(strengthen society)之墙。在每一种情况下,支持者都声称,他们提议设立的"墙"只会降低那么一点点的效率,但是却可以实现大得多的利益。

然而,在这样做的过程中,这些"墙"可能会像洗澡的孩子倒掉洗澡水一样把国民财富倒掉,而不仅仅是让国民财富稍稍缩减。而且,这些"墙"分散了我们的注意力,使我们无法创造性地"架桥",将人们与未来的工作联结起来。

在每一个领域,政客们进行了大量的恶作剧,其表面上都有着善意和清晰明了的解释。但是,对于托马斯·孟的重商主义,斯密式的反驳是毫不含糊的,虽然现在对此又出现了一些扭曲。

国民财富是什么?

奥伦·卡斯(Oren Cass)是一名认真而聪明的撰稿人,他撰写了一份关于为萧条行业和地区的工人提供机会的材料。他曾经担任《哈佛法律评论》(*Harvard Law Review*)的编辑,还曾担任管理顾问,共和党总统候选人米特·罗姆尼的顾问(和我一样,我当时是小布什总统的顾问),曼哈顿研究所(Manhattan Institute)的学者,现在是一名政策咨询企业家,拥有一家名为美国指南针(American Compass)的智库。该智库的宗旨是"美国工作复兴的愿景",这也是他 2018 年出版的《曾经和未来的工人》(*The Once and Future Worker*)一书的副标题。②

卡斯没有像一些反对开放的政治人士经常会做的那样夸夸其谈地煽动民情。事实上,他的书对激发结构性变革和民粹主义抗议的那些更大的社会和经济问题提供了有趣的诊断。在支持低薪工作的同时,他还提出了培训和再培训工人的政策思想,这是值得注意的观点,也与本书第 6 章和第 8 章讨论的政策是类似的。

但是——并且,这是一个很重要的"但是"——卡斯的论点是建立在一个直觉的却具有致命破坏性的概念之上的。他认为,从亚当·斯密开始,经济学家就犯了个根本性的错误,"国民财富"不在于消费或者生活水平,而在于工作岗位、好的工作岗位,甚至是特定的工作岗位,他把制造业工作岗位作为"好的工作岗位"的象征。如果这是真的,那么经济学家关于从市场经济中获益的根本性观点,以及它为我们带来的"动态活力"和"创新主义"(最后一章我们将集中关注)都是不合时宜的。如果是那样,我们就需要重新开始。引起斯密愤怒的对市场经济的修修补补,实际上可能就是解决方案的组成部分,通过重新让有关就业岗位和工作尊严的政策居于中心位置,使经济恢复正常。而且,如果一些政策类似于主流经济学家的建议,那么为什么还要对政策的理论基础钻牛角尖,不依不饶、吹毛求疵呢?

亚当·斯密抨击重商主义,因为重商主义出于特殊的商业原因对经济进行修修补补,导致收入和生活水平下降,从而使公民境况恶化。对新思想和商业方式的开放是经济成功的关键,也是大众繁荣的必要条件,如果不是充分条件的话。后来的思想家看到,随着时间的推移,开放导致了一个持续的破坏过程,带来了更多的机会和"国民财富"。是的,对开放的赞歌往往跳过了破坏的尾声,一些企业和工人被变革抛在了后面。但是,我们是只纠正一下前进方向,还是需要建立一个新的经济框架和体系?

卡斯建议选择后者。他从一个简单的想法开始,他称之为"工作假说"(Working Hypothesis),即工人能够支撑起家庭和社区的劳动力市场是长期繁荣最核心的决定性因素,并且应该成为公共政策的关注重点。

作为一个假说,这个目标在直觉层面具有描述性意义,因为工作机会及其带来的尊严肯定是很重要的。卡斯提出的论点既是经济上的,也是道德上的,他坚持认为,当更多的人拥有稳定而有意义的就业时,社会会运转得更好。从长远来看,一个更强大的社会反过来会产生一个更强大的经济。

卡斯的说法当然是很有吸引力的,正如他观察到的那样,无论是右翼还是左翼的政客都声称要维护"好的工作岗位",赞成据说可能支持这些工作岗位的政策,从减税和放松管制到新的公共支出和应对气候变化,不一而足。他还正确地指出,在捍卫工作岗位的同时,这些领导人往往提高了低薪工作的成本,通过初衷良好的社会福利鼓励不工作,并对在动荡不定的经济中进行培训的必要性视而不见。

那么,我们应该重新把就业和工作政策作为中心吗?这立刻引出了几个经济问题。斯密重点关注的是消费和开放竞争,这带来了快速的经济增长和令人惊讶的高生活水平及机会。对创意及其商业应用的探索,而不必顾虑要保护工作岗位,大大推动了现代经济的发展。变化很大的美国劳动力的总流动——创造或摧毁的工作岗位的总数——远大于备受关注的月度就业情况(Monthly Employment Situation)中报告的净流动,月度就业情况由美国劳工统计局(Bureau of Labor Statistics)在每个月第一个星期五发布。

如果工作岗位应该成为政策关注的中心,那么又是哪些工作岗位呢?与其他发达经济体一样,美国的就业分布经历了从农业到制造业再到服务业的演化。农业生产率的大幅提高将劳动力释放到不断增长的制造业部门。近几十年来,工厂生产率的显著提高腾出了大量劳动力到服务业部门寻求就业机会,从技术服务到医疗保健、旅游娱乐、金融服务、教育等领域。

随着时间的推移,谁来决定这种工作岗位组合呢?回到古典经济学家(比如斯密)的说法,消费者通过市场竞争表达自己的愿望。他们的品位和收入构成企业的机会,并决定了员工招聘。③竞争确保了企业效率,对于消费者来说,可以享受到商品的低价格和丰富多样的品种。开放的市场允许个人"试一试"——是的,可以作为重要的创业者、作为小企业主,或者作为技能投资者,实现发展进步,或改变个人的职业生涯。

按照卡斯的说法,政策不应该只重点关注工作岗位,还应该重点关注制造业工作岗位。他继续批评那些经济学家,如总统经济顾问委员会前主席格雷戈里·曼昆*(Gregory Mankiw)和克里斯蒂娜·罗默**(Christina Romer),因为他们忽略了这一点。为了给自己的批评提供支撑,他指出,制造业工厂为技能较低的工人提供较高工资的

---

* 2003—2005 年担任乔治·沃克·布什总统的经济顾问委员会主席。——译者注
** 2008—2010 年担任奥巴马总统的经济顾问委员会主席。——译者注

工作岗位,比如说,工厂的工资水平明显高于家庭医疗中心或沃尔玛(Walmart)。我们在扬斯敦采访过的许多人可能会同意这一看法。

从上文的论述得出最后的结论,卡斯展示了制造业的高工资是如何提高社区的收入和支出的,这些社区支出支持着服务业的工人和企业,是他们的收入来源。而且,实际上许多美国人对他们想要的商品并不满意。为什么不生产更多呢?为什么不就地生产更多呢?那不是会产生更多的工作岗位吗?产生更多好的工作岗位吗?

制造业部门拥有相对较高的工资,反映了该行业的生产率较高(你的经济学基础理论教授告诉过你这一点)。近几十年来,美国制造业就业人数有所下降,但是,这不仅仅是因为公司将工作岗位转移到了海外。随着制造业生产率提高和消费需求转型的双重力量驱动经济向前发展,全球范围的工厂就业岗位也出现了下降,现在甚至在中国也是如此。就连卡斯也承认,由于自动化,今天的美国工厂只需要更少的工人。随之而来的就业机会转移是一个全球性的故事,而不仅仅是美国资本主义带来的灾难性后果。

从一个非常实际的角度来看,过去投资于特定工作岗位的做法是愚蠢的,原因在于经济中可获得的工作岗位已经发生了重大变化。一百年前,我们不会谈论计算机、太阳能或航空旅行方面的就业市场。到 1940 年,美国人口普查局(U.S. Census)在新职业类别中增加了"自动焊接机器操作员",在 1990 年增加了"认证医疗技师",在 2010 年增加了"风力涡轮机技师"之类的岗位。事实上,经济学家戴维·奥托、安娜·所罗门(Anna Salomons)和布赖恩·西格米勒(Bryan Seegmiller)估计,2018 年实际存在的全部工作岗位中,有足足

60%的工作岗位类别在1940年的时候还没有被设计或发明出来！[④]新工作岗位包括工程、信息技术和替代性能源等领域的与技术密切相关的职业。但是新兴的工作岗位类别不仅仅都是那些与技术密切相关的工作岗位，还有例如家庭健康助理、健身教练或聊天室主持人等新职业。过去我们并没有试图保护"1940年"就存在的全部工作岗位——现在我们也不应该想要过于关注"今天"已有的工作岗位。

工作岗位和行业的演变是由更大的结构性变革促成的。旧的工作岗位会减少，可能会被淘汰，但是新的工作岗位也会成长起来，而且往往会超过旧的工作岗位。[⑤]总体而言，技术变革不一定是就业杀手。事实上，在整个20世纪，尽管许多工作岗位实现了自动化，但是美国成年人工作的比例仍在上升。[⑥]虽然有许多因素在这里起作用，但是自动化使工人在核心的非自动化工作任务中变得更有效率，从使用医疗诊断机器的医生到使用电子工具的家庭维修专家都是如此。稍后要讨论的一个更紧要的问题是，工人是否为明天的工作岗位做好了准备。

正如第1章解释的那样，在担任总统经济顾问委员会主席期间，我曾就钢铁关税问题与小布什总统进行了深度讨论。当我给他看1900年至1940年农业就业下降的图表时，我问他是否想让更多的工人回到农场就业。他说不，当然不想。但是，像卡斯这样的努力不可避免地试图要去做类似的事情，要去限制因应消费者需求变化而出现的工作演化。第二张图表是按县划分的美国地图，显示了其他行业因保护钢铁行业而失去的就业机会。世上没有免费的午餐。

我在与总统的辩论中失败了，因为他认为，加征关税带来的经济效率损失将会被美国炼钢地区带来的经济(和政治)收益所抵消。但是,卡斯对经济学家的观点进行了冷嘲热讽,认为我们必须在纯粹的自由放任和广泛的政府参与之间作出选择。正如斯密指出的那样,政府在提供公共产品、为产业基础设施提供融资支持和确保市场竞争方面发挥着重要作用。斯密提到的最后一点,意味着政府应该消除国内的竞争壁垒。它还应该坚决反对国外的不公平贸易行为。打击知识产权盗窃或非法的出口补贴是完全合法和可取的政府行动。

当政府保护一个特定的部门、行业或企业时,对于我们国民的生活水平来说就是危险的,并且最终是代价高昂的。这种保护主义减少了"国民财富"。而且,国内的管制和税收政策不应该让我们的企业在国外处于竞争劣势,这一观点肯定会得到卡斯特别不喜欢的那些经济学家们的高度认可。

这些论点并不抽象。虽然一些制造业就业岗位获得的工资收入确实像卡斯强调的那样处于更高水平,但是因为技术变革,随着时间的推移,会有多少这样的工作岗位是可获得的? 它们是否就一定比那些未来可能出现的工作岗位更好? 毫无疑问,在 20 世纪 50 年代,马萨诸塞州的许多纺织工人认为他们当时拥有的工作岗位是再好不过的了,但是随着他们后来进入电子行业,该州的工人总体上肯定比之前过得更好。今天的许多工作岗位类别在一两代人之前并不存在。再说一次,在卡斯的想象中,在推动公共政策转向干预经济的过程中,应该由谁来决定要创造哪些"好的工作岗位"呢?

卡斯的看似温和的产业政策建议,是在担忧工作的社会科学家的指导下提出来的。但是它导致了更糟糕的结果,一种为了特殊利益而由政府出面进行的修修补补,精确地说,正是这种修修补补曾经

引发了斯密对重商主义的批评。二十年前,芝加哥大学布斯商学院
经济学家拉古拉姆·拉詹(Raghuram Rajan)和路易吉·津加莱斯
(Luigi Zingales)就卡斯的观点撰写了一篇非常引人注目的评论文章:
正如斯密所主张的那样,虽然政府应该是裁判员,以确保竞争和市场
力量正常发挥作用,但是,私人利益不可避免地会以自利的方式在幕
后进行竞争以影响结果。⑦拉詹和津加莱斯尤其担心陷入困境的现
有企业(无论出于何种原因)与失业或不满的工人之间形成联盟。与
小布什总统的辩论涉及的钢铁企业和工人让我对他们的观点有切身
体会。一旦我们开始像卡斯建议的那样破例,他们的联盟就可以把
"裁判员政府"变成"保护主义政府",产生一些赢家,同时又产生更
多的受损者——经济整体也是受损的——大多数人要降低生活
水平。

　　这些想法激发出很大的政治兴趣,证明了这种担忧并非杞人忧
天。唐纳德·特朗普总统到处大声呼吁"筑墙"——有形的和比喻性
的——来保护美国工人免受破坏性结构性变革的负面影响,这种变
革是由贸易或技术引发的。但是,现在年轻一代的共和党民选官员
的看法也越来越接近这个方向了。佛罗里达州参议员马尔科·鲁比
奥(Marco Rubio)曾经是开放的拥护者,现在他却认为市场低估了美
国工人对生产的贡献。密苏里州参议员乔希·霍利(Josh Hawley)希
望解决企业精英碰到的问题,并重新聚焦为劳动者保留工作岗位的
问题。阿肯色州参议员汤姆·科顿(Tom Cotton)信奉经济民族主
义。这些想法与米尔顿·弗里德曼给罗纳德·里根总统所在的共和
党提出的建议相去甚远——这些想法是要"筑墙"。

　　参与这场辩论的每个人肯定都是致力于大众繁荣的,都希望让

更多工人充分参与到经济中去。那么,到底该怎么办呢? 我们不需要退回重商主义式的对市场的修修补补;我们可以集中大量帮助个人提高竞争能力。对培训、准备和低薪工作的支持——卡斯也给予了有益的强调——是完全恰当的,我们将在后文充分讨论。将这种支持与产业政策结合起来是弄巧成拙。

　　这种避免政府修修补补的做法不仅是实践上的需要,也是道德上的需要。斯密对重商主义进行了充满智慧的抨击,部分原因是反对特殊利益集团的霸蛮。拉詹和津加莱斯更进一步地阐明了这一点:一旦政府开始明目张胆插手具体的商业运营,各种企业或行业就将联合起来,将政府作为工具,以牺牲公众的利益为代价,将收入重新分配给自己。在美国国会和拜登政府的支持下,2021 年年度预算恢复了专项拨款,加剧了这一担忧。正如诺贝尔经济学奖获得者詹姆斯·布坎南和乔治·施蒂格勒(George Stigler)以不同的方式所描述的那样,这些利益集团让经济学家的怀疑油然而生,许多形式的经济管制是为了照顾特殊利益群体,而不是主要有益于广大公众。斯密认为,要依靠竞争的过程来驱动"看不见的手",而不是依靠单个竞争者。(回想一下我们在第 3 章中的讨论,他认为如果任由商人自己作决定,他们就会有采取反竞争行为的自然倾向。)斯密为企业辩护说,企业是一个积极利用新机会、市场和各种工作方式的组织,但是他的工作——以及后来涌现出来的那些经济学家们工作——是"亲市场的",而不是保守派政客有时候鼓吹的那样冠以"亲企业的"名义。

　　这就是为什么哪怕只是对一点点特殊利益稍加修补都是很容易失控的。如果政策制定者帮助汽车业及其工人,那么为什么钢铁业、纺织业,甚至计算机芯片业不能获得这种帮助呢?我们已经看到在2007—2009年金融危机期间发生的事情,当时对金融机构的大规模紧急财政救助表明,政府"支持"了大型关联企业。与此同时,在危机期间,数以百万计的房屋所有人仍然被昂贵的抵押贷款牢牢困住——无法再融资,尽管在房利美(Fannie Mae)和房地美(Freddie Mac)两家公司被置于联邦监管之下时,美国财政部已经承担了抵押贷款的信用风险。快进至2020年,新冠疫情蔓延后的实际情况表明,美联储对遇到信贷紊乱(the credit dislocations)的大企业所采取的应对措施力度要大得多,而对处于困境中的中小型企业则有些心不在焉。

因此,真实存在的或者主观感受到的政府为了特殊利益实施的干预不仅会导致经济效率低下,还会导致社会不信任。竞争是斯密式市场经济中的经济收益的源泉,通过限制竞争这只"看不见的手"进行的修修补补,造成了更小的经济蛋糕。它有一种腐蚀性的影响,许多人因此认为一些"蛋糕"的分配是不公平的,普通人不应该再努力奋斗去"试一试"。

后一种担忧推动了拉詹和津加莱斯的研究分析。在那之后,津加莱斯又做了进一步的研究,将政府的修修补补与裙带资本主义联系起来。津加莱斯的著作《为人民的资本主义》(A Capitalism for the People)描述了一个恶性循环,而不是大书特书、虚构出一个世界,在其中通过修修补补能够帮助社会中的个人。[8]保护主义确实可以给一些人带来好处,但却要以牺牲另一些人的利益为代价。如果有人认为经济体系腐败,缺乏广泛的合法性,那么这个体系及其产权和经济活力也将受到攻击。虽然政府已经进行干预,提供公共产品,补贴有价值的产品（比如教育），但是卡斯提倡的那种修修补补针对的是特定的行业、企业和工作岗位——这恰恰是斯密非常担心的问题。一点点的修修补补最后就会变成很多的修修补补，这将是一件危险的事情，任何不能证明自己应该享有这种特权的人都会被排除在外。

因此，我们原则上应该避免针对特殊利益进行修修补补，不要考虑卡斯提出的那些社会理由。否则的话，其结果必然是各行各业都以各种理由公然要求享受政府补贴、优惠税收或贸易安排，跟斯密的主张大相径庭。在实践中，我们不能指望在保留卡斯提出的看似"好的"干预措施的同时，根除针对特殊利益进行的修修补补。政策制定者是否应该密切防范限制所有的大企业，因为它们更有可能为自己的利益进行游说？不——这样的企业可能只是因为效率更高才变得规模庞大。我们是否应该利用监管来限制寻求保护的政治权势？如果是，应该怎么做？谁又会监督监管者的动机？这是什么样的监管权？（也就是说，谁来监督监督者？）

与其把所有这些努力都用于"筑墙"，不如让我们把重点放在值得信赖的准备和重新联结之桥上。我们可以大张旗鼓地建立起对竞争和经济活力的支持，同时限制民粹主义对"墙"的诉求。自私自利的行业会为它们的特殊诉求提出一个卡斯式的论据，但是，如果有对"桥"的强有力的支持，公众对这种"筑墙"诉求的支持就会大大减少，"筑墙"诉求需要通过民主程序才能取得成功。

这就是为什么卡斯在其他方面即便是合理的权衡论据也会变得毫无价值。他问道，为了确保广泛的社会团结一致，我们难道不应该在"一美元"的效率中主动放弃"几分钱"吗？这难道不是"大众繁荣"应该付出的代价吗？毫无疑问，这不是。在反国民财富的逻辑中,这种微小的利弊权衡并不是真实存在的情况。

一旦修修补补被用来保护一个职业类别或行业,那么为什么不能被用来保护另一个,然后就是保护更多的职业类别或行业呢?斯密提倡的竞争性经济仍然需要政府充当裁判员角色。相反,作为教练的政府就会提出截然不同的问责问题。而且,因为效率降低,我们为卡斯提倡的其他政策创造的可用资源也会减少,包括他主张的通过提供工资补贴支持工作的政策。正是市场经济本身的成功为支持之桥的融资提供了必要的资源条件。"墙"只会收缩,而不是扩张以用于这一目的或任何其他有价值的目的的资源。

相比之下,卡斯关于工作尊严的论点更应该引起我们的注意。能够广泛参与社会是大众繁荣的一个核心要义,而大众繁荣反过来又是市场经济能够获得持续的政治和社会支持的先决条件。由政府提供部分支持的"桥"促进了这种社会参与。正如我们将在后文看到的那样,把人和地方联结并重新联结起来,是补充并完善政府角色的十分明智的切入点,可以创造出一个成功和大众繁荣的良性循环。

诚然,在这里,斯密对大众繁荣的呼吁需要进行一些调整优化。斯密概括和描述的经济比今天的经济要简单得多,那时工业和金融资本主义尚未大规模兴起,结构性转型进展缓慢,人们有的是时间进行调整适应。现在随着我们面临快速而持久的技术变革和全球化,"试一试"要求具备必备的技能,以及在需要时为获得新技能提供支持。虽然斯密在对经济或政府角色的描述中并没有详细列明具体事项,但是现在这种支持对于维持"看不见的手"和大众繁荣是非常重要的。

如今,我们需要允许出现大的工作岗位变化,同时要积极培养与这些工作岗位的联结。一个很重要的例子是数据分析和人工智能是如何创造出许多新的商业机会并改变工作岗位的。科技巨头国际商用机器公司（IBM）的前首席执行官吉尼·罗梅蒂（Ginni Rometty）强调，对于没有四年大学学历的人来说，"新领"（new collar）工作岗位是 21 世纪的追求目标。随着数字技术正在改变制造业和其他行业，我们将需要大量具备这些领域技术技能的人。从 2019 年开始，IBM 在美国 20 个州与消费者技术协会的学徒联盟（Consumer Technology Association's Apprenticeship Coalition）开展合作。该计划重点覆盖从堪萨斯州到明尼苏达州再到路易斯安那州的区域，而不仅仅是沿海的科技中心——开辟了这些新的就业途径。保护现有的制造业工作岗位之"墙"只会阻碍这一充满希望的未来成为现实。正如我们稍后将要看到的那样，政府和企业在让工人和未来的工人做好准备以适应工作岗位方面都可以发挥作用，而不是去想方设法保护公司和产业。

贸易保护主义之墙错在哪里？

彼得·纳瓦罗（Peter Navarro）清瘦结实、精力充沛，是哈佛大学培养的经济学家，在唐纳德·特朗普总统领导的政府中，他强烈质疑自由贸易给美国带来的好处，对中国的经济政策持严厉批评态度。[9]纳瓦罗来自加州大学尔湾分校，从事教学和研究工作；2017 年，纳瓦罗成为新设立的总统助理和贸易及制造业政策主任（Director of Trade and Manufacturing Policy）的首任人选。在那里，他与经济学家和"全球主义者"（globalists）展开了辩论，他主张修修补补，认为这可以温暖托马斯·孟的心,让重商主义重新焕发生机。特朗普总统任期的结束并没有终结华盛顿存在的这种新重商主义对"墙"的忸怩作态的虚伪主张。

纳瓦罗看到的是赢家(他说的是中国或墨西哥)和输家(他说的是美国),这反映了特朗普总统的关于贸易是零和游戏的论点。2017年,在特朗普政府初期,纳瓦罗在华盛顿特区的首都希尔顿酒店向全美商业经济协会(National Association for Business Economics)发表了一次演讲,他当时面对的是一群不好打交道的人。(我当时就在那里,他演讲完了就是我发言。)他对贸易赤字和为其辩护的经济学家发起了攻击。虽然纳瓦罗对经济学家的猛烈抨击言过其实——在庆祝贸易取得了总体胜利的同时,许多经济学家多年来一直在讨论全球化带来的破坏所产生的代价——但是,他确实成功诱导了许多公众人物和新当选的总统去质疑这些贸易赤字是否明智。

纳瓦罗的零和逻辑令经济学家和许多商人感到不安,因为它意味着一方只有在另一方受损时才能获益。这与几个世纪以来发现的一个事实形成了鲜明对比,即贸易通常会使各个国家的境况都得到改善,总体来说各国都能受益。按照纳瓦罗的逻辑,对中国进口产品征收高额关税就能够将生产从中国转移回扬斯敦(这是他举的一个例子)——对中国不利,但对我们有利,即零和。[10]

但是,这种零和逻辑对贸易在有利于促进包括美国在内的全世界经济发展方面长期存在的经验事实却视而不见。它还忽略了其他国家会针对美国出口商采取反击政策的现实,想想通用汽车(General Motors)或波音(Boeing),甚至好莱坞(Hollywood)吧。如前所述,它追寻的是无法重现的过去,这样做也并非人们所期盼的。而且,它忽略了这样一个事实,即利用国际供应链现在在美国制造业中是一件很普遍的事情。随着公司从生产低成本商品转向生产飞机和医疗器械等复杂且成本更高的产品,它们从中国(或墨西哥、越南)采购了成本更低的商品组件。所以,威斯康星州医疗设备产品的盈利能力在一定程度上取决于从全球供应链获取的廉价零部件。

因此,即使像正在做的那样,对中国出口产品征收高额关税,美国企业也没有什么理由将所有制造业都"带回家"。通过教育和培训、投资基础设施和改善基于地方的援助,更好地帮助受全球化和技术变革冲击影响的工人,才是我们该做的,也是比加征关税效果好得多的举措。

不过,为什么纳瓦罗的思想在政治上还是那么具有吸引力? 难道是经济学错了吗?

不是的。纳瓦罗和许多保护主义者一样,认为以牺牲进口为代价在国内生产更多的商品和服务,会让国家变得更好。与重商主义逻辑一致,他补充了 GDP 的宏观经济核算,即一段时间内生产的所有最终商品和服务的价值:

$$GDP = 消费 + 投资 + 政府购买 + (出口 - 进口)$$

消费代表家庭在商品和服务上的支出价值;投资代表居住(住房)投资和企业对未来的支出(设备、建筑和软件投资)的总和;政府采购代表政府在商品和服务上的支出(不含转移支付);出口和进口分别是国内企业和组织向其他国家的销售和从其他国家的购买。从算术上讲,保持所有其他条件不变,出口的增加或进口的减少都会提高 GDP。发现窍门了!

但是,这种重商主义逻辑事实上仅仅停留在过去的算术层面,原因有二。第一,无论在哪里生产,家庭支出或投资支出对生产效率最高的商品和服务的满意度是最高的。这一简单的观察结果反映了开放市场的价值。保护主义将降低消费者支出,因为人们可以选择的商品和服务将减少。第二,GDP 算术或"国民收入核算"暴露出侧重于把贸易顺差或赤字作为经济福祉的基本衡量标准是极为愚蠢的。与所有商业交易一样,跨越国界将商品和服务从卖方转移到买方需要进行融资——即支付这些商品和服务的费用。如果我们重新安排上述核算恒等式中的项,将重点放在商品和服务进出口的"经常账户"(current account)余额上,我们就会得到:⑪

出口–进口=(GDP–消费–政府购买)–投资=储蓄–投资

也就是说,经常账户余额——纳瓦罗和贸易鹰派,无论是共和党人还是民主党人,都非常关注这一点——反映了国家(家庭、企业和政府)支出和储蓄之间的差额。如果我们想结束有形的(实物)商品和服务的贸易逆差,就必须增加储蓄,减少投资。

这种简单的重新安排(到目前为止仍然只是算术和国民收入核算)广为经济学家所接受,大多数经济学家重点关注的是储蓄和投资之间的差距。让我们看看德国的情况,它的储蓄大于国内投资。多余的储蓄流向国外,为其他地方的支出提供资金。德国从其他国家积累债务作为金融债权,这意味着它别无选择,只能维持出口超过进口的顺差状态。与此同时,在美国,国家投资超过国家储蓄,与德国正好相反。为更高的投资提供资金需要美国从国外(德国和其他国家)借款融资。这些反映在金融账户盈余中的金融交易,换个角度看就是反映在经常账户赤字中的商业交易。因此,对美国来说,商品和服务的进口价值必须超过其出口价值。

经济学家通常会从这种算术和核算转向重点关注经济解释,强调国家储蓄和投资的更加缓慢的变化。一个国家可以通过刺激投资(降低余额)或保持政府预算盈余(提高余额)等政策来改变其金融账户余额。因此,作为金融账户基础的储蓄和投资决策是一系列家庭、企业和政府支出决策的副产品。如果美国的金融账户因投资高于储蓄而出现盈余,它就必须维持经常账户赤字,进口价值超过出口价值。

所有这些都使新重商主义贸易政策的实施变得困难。第一,我们在考虑解决"贸易赤字"问题时,不能不考虑储蓄和投资决策的决定因素和后果。第二,重点关注与单一国家的双边贸易顺差或逆差不会影响一国总的贸易平衡——总的贸易平衡源于国家储蓄和投资所处的特定水平。具体地说,只要美国全国投资持续超过全国储蓄的状态不变,即便与中国保持较低的贸易逆差,也只是意味着美国与其他国家或地区的贸易逆差更高,比如与越南的贸易逆差。因此,我们不应该把一个国家对外贸易整体上存在的问题简单归结为与个别国家发生的某些贸易纠葛。

在集中关注贸易总体情况的时候,我们尤其遗漏了市场给个人带来的破坏。经济学家对增长的长期决定因素的分析没有错,但是在开放的市场经济中,如果没有个人的参与和重新联结,就很容易出现卡尔·波兰尼式的担忧,破坏支持这种开放的基础,从而导致一些负面的社会和政治后果。⑫

反贸易的无休止聒噪确实提出了一个明显存在的,也非常重要的附带问题,经济学家和政策制定者必须认真面对。一些国家采取了一些不公平的贸易做法,严重违背了当初加入世界贸易组织时做出的承诺。一些国家给予国有企业大量补贴,在某些时期操纵货币汇率,或鼓励从外国投资者和合资伙伴那里窃取知识产权。不管有没有贸易逆差,贸易逆差有多大,都应该对这种行为采取应对措施,在这一点上,纳瓦罗说得对。

经济学家谴责"中国关税"*,谴责美国单方面干预,经济学家这样做是公正的,尤其是当他们主张对不愿意遵守世贸组织规则的国家进行多边对抗时。但是,即便如此,还有一个问题是经济学家无法回避的,他们之前主要关注的是经济学基础理论兜售的关于贸易的那些"狗皮膏药",对除此之外的话题相对而言都不是很感兴趣。更为重要的是,贸易和全球化给美国劳动力市场结构带来了潜移默化的影响。几十年来,贸易,甚至是技术变革已经破坏了制造业就业。从扬斯敦的钢铁业到附近的俄亥俄州洛兹敦(Lordstown)的汽车业,以及整个工业心脏地带,许多城镇遭受了严重的工作岗位损失,工业就业正在经历结构性下降。正如我们将要看到的那样,民众对帮助这些工人做好准备和重新联结的政策反应是不温不火的,与签订贸易自由化协定相比较,他们投入的热情要低得多。再加上第 2 章描述的"中国冲击",难怪扬斯敦和其他地方的民众愿意接受针对贸易赤字的憎恶谩骂,呼吁筑起保护主义之墙。

特朗普政府的任期结束,以及彼得·纳瓦罗作为白宫重商主义者的离任,并不意味着经济政策要重新回到克林顿时代,甚至回到奥巴马式的全球化。简而言之,太多的政治和经济现实让这种政策的突然反转变得不太可能。然而,我们可以从这几年发生的事情中吸取一些经验教训,用于指导政策反思。这些教训向我们说明了经济

---

* 指美国总统特朗普针对中国进口商品加征的特别关税。——译者注

学基础理论关于贸易及其影响的论述是很有价值的。

　　首先,特朗普总统大肆鼓吹的钢铁、铝和其他产品的关税并没有减少美国的贸易赤字。2019 年(新冠疫情蔓延之前)的商品贸易逆差实际上高于 2016 年的逆差。特朗普政府的减税提振了过度支出而非储蓄,加剧了全国投资超过储蓄,这样就必然导致贸易赤字上升。对中国出口商品征收特别关税,确实在一定程度上改变了贸易,但只是使得买家转而向越南或其他海外生产商购买。

　　其次,在这些关税没有改变贸易的情形下,它们导致美国消费者和工人面临商品价格上涨。最近发现的事实支持了这样一个简单的经济观点,即"中国关税"被转嫁给了美国消费者,降低了他们的购买力。钢铁产品的关税可能保护了美国钢铁行业的一些工作岗位,但是它们却导致汽车企业和农业设备企业失去了更多的工作岗位,由于投入供应成本更高,这些公司现在的竞争力更加衰弱。

　　再次,虽然贸易协定并不完美,但是出于种种原因,它们维护了良好的全球经济联系。纳瓦罗和特朗普政府最初反对《北美自由贸易协定》,该协定实际将北美经济联系在一起,实现了它们的共同利益。重新以《美国-墨西哥-加拿大协议》出现的自由贸易协定实际上变化不大,继续保留了废除三国间关税的制度安排。

　　最后,尽管特朗普政府声称中国的一些贸易做法违反了世界贸易组织的规则,但是它基本上忽视了对中国采取多边行动。因此,中国可以对其购买的美国出口商品进行"报复",尤其是在农业方面。

　　我们可以采取一项更好的经济行动,包括联合我们的盟友(主要是欧盟、日本、澳大利亚和加拿大)采取一致行动,在世界贸易组织范围内对抗中国,并设计出一个接替《跨太平洋伙伴关系协定》(Trans-

Pacific Partnership，TPP）的新合作机制,以加强美国与亚洲的经济关系。我们与《跨太平洋伙伴关系协定》的尴尬分离,使中国得以有机会考虑加入后续的《全面与进步跨太平洋伙伴关系》(Comprehensive and Progressive Agreement for Trans-Pacific Partnership，CPTPP),从而推动其作为地区领导人的地位的形成。

正如卡斯曲解了国民财富一样,纳瓦罗对托马斯·孟的思想虽进行了拓展延伸,但是却忽略了一个关键点。在重商主义游戏中,一个人不能只筑一面"小墙"而不产生其他影响。重商主义的修修补补限制了竞争和"试一试"的能力。对进口的偏见限制了专业化和比较优势带来的收益,造成更高的商品价格和更有限的选择,损害了消费者的利益,并且降低了美国国内企业的生产率。它不仅"烤出了一个更小的蛋糕",而且限制了在充满活力的经济中为大众繁荣做好准备的可能性。

企业保护主义之墙错在哪里?

科林·迈耶(Colin Mayer)是牛津大学一位非常受人尊敬的学术大家,他研究的是金融及其在社会中的作用,几十年来已经出版了大量关于公司金融中的信息问题的著作。他和我曾经多次在大西洋两岸愉快地见面,在公司金融和公司治理方面交流分享学术兴趣。

2018年,迈耶作为英国国家学术院(British Academy)关于公司未来的研究项目的学术带头人完成了一项研究。这类研究之所以重要,是因为大公司在经济活动、就业和创造财富等方面具有显著意义。迈耶在他的著作《繁荣》(Prosperity)一书中呈现了研究结果,他主张,公司不应该只是单纯地追求为投资者实现价值最大化。[13] 相反,他希望公司能够积极应对更广泛的挑战,不仅是经济挑战,还包括政治和社会挑战。如果说卡斯和纳瓦罗的目标朝向的是产业资本主义的核心,那么迈耶的目标就是金融资本主义,以及公司如何分配它们的盈余。迈耶的努力并不是独一无二的:在美国,著名的公司律师马丁·利普顿(Martin Lipton)以他的"新范式"(New Paradigm)名义领导进行了一项类似的任务。[14]

亚当·斯密将企业视为繁荣的引擎,但是他很少关注企业的组织。在《国富论》出版的时代,特许经营的"公司"确实存在,但是大多数企业都比随后不久到来的工业资本主义中的企业要小得多,也简单得多。在斯密的论述中,重要的是竞争及对新市场、新思想和新工作方式的开放。利用政府提供公共产品,制定游戏规则——当然,到了今天,最重要的是让所有个人做好参与竞争的准备——完成了这一循环,就可以实现大众繁荣了。

关于公司在社会中作用的观点随着资本主义的发展而演变。许多观察者重点关注的是公司所有者(股东)和控制公司战略或公司资产配置的人(经理人)之间的权力分配。当公司从较小的所有人管理的企业(从结构上就决定了公司在权力分配上没有冲突)发展到雇用高管领导的更大的公司,并拥有许多个人股东,公司治理冲突也随之产生。法律学者和金融学者都广泛深入地研究了这种演化,将其视为"委托人"(股东)与其"代理人"(经理人)之间的一种竞争制衡。

现在,繁荣超越了对委托人和代理人的重点关注。它呼吁将员工和当地社区等其他利益相关者纳入公司决策范围之内。它接着还提出,公司要帮助减轻全球化和技术变革带来的冲击。

迈耶描述了公司作为一个企业组织的丰富历史,他认为目标驱动型公司恰恰与公司的起源相匹配,就像政府为了给特定的、具有社会重要性的活动授予特许经营权而成立公司一样。诚然,"股份制公司"是政府为了给特定活动授予特许经营权而创建的,例如,为了开发对外贸易——荷兰和英国分别成立了东印度公司。与家族拥有的创业企业或个人合伙企业大不相同,公司可以从股东那里筹集永久资本,股东对公司负有限责任,如果公司经营失败,投资者的损失只会以个人出资的资金为最高限。社会授予公司这些权利,以换取公司追求其特许经营目标。

公司当然需要一个目标,就像任何成功的组织一样。在当今的实际公司运营中,即使是知名投资者也会提出这样的担忧。全球最大的资产管理公司贝莱德集团(BlackRock)首席执行官劳伦斯·芬克(Laurence Fink)曾经向各大公司首席执行官发送年度信函,询问他们公司的目标是什么,他的这一做法当时引起了轰动。首席执行官们自己已经进行了权衡,他们参与了商业圆桌会议(Business Roundtable, BRT),并于2019年发表了《关于公司目标的声明》(Statement on the Purpose of the Corporation)。在该声明中,181名圆桌会议成员公司的首席执行官指出,公司确实需要有目标,公司不仅需要考虑投资者的福祉,而且还需要考虑包括工人、供应商、当地社区在内的所有利益相关者的福祉。

但是,这里需要谨慎,首先是亚当·斯密自己对公司的反感。他担心,在他那个时代处于领先地位的英国东印度公司享有的特权会阻止极为重要的竞争。斯密想让人们自由地追求各种机会,他不信任给予任何企业特权。

相反,他希望包括股份制公司在内的所有公司在追求机会的过程中能够作为竞争性力量发挥作用。通过"看不见的手"追求机会,没有特权,在开放的支持下,将为企业带来成功,为整个经济带来繁荣。这种竞争还要求劳动力供应者(工人)和资本供应者(贷款人和股东)获得竞争性的回报。[15]他所寻求的大众繁荣不仅要求充分竞争,而且隐含着这样一种理念,即每个人都有能力竞争,没有特殊的公司特权阻碍竞争。

尽管如此,为什么不要求企业关注投资者之外的利益相关者呢?迈耶指出,"公司"(company)一词来自拉丁语,意思是"一起(打碎)面包"。在非拉丁语族中,"公司"这个词与集体行动(collective activity)的概念是一致的。在我们前文已经讨论过的结构性变革发生时,企业难道不应该抵制这种变革对员工和当地社区带来的破坏吗?为什么企业没有提供更大的支持?

特拉华州最高法院前首席大法官小利奥·斯特林(Leo Strine, Jr.)进一步回答了这个问题和迈耶之问。[16]他认为,有竞争力的公司降低了工人工资,提高了利润,并提高了高管薪酬。在他看来,公司原本可以为工人及其工资做更多的事情。

这些观点不禁让人反问:如果经济活力和破坏是同一枚硬币的两面,那么企业能否让工人或社区免受变革的伤害,并仍然让那种变革产生经济和社会效益?也就是说,我们能否在推动企业确保其利益相关者利益不受损的同时,让经济活力带来的市场经济"蛋糕"保持规模不变,或者几乎不变?

在斯密的竞争性市场的世界里,它们不能。将工资提高到竞争水平以上的企业会发现很难与其他企业竞争。即使一家企业拥有超额利润——想想 20 世纪 50 年代和 60 年代的美国汽车制造商或钢铁公司——试图保护工人不受全球竞争和技术变革的负面影响,最终也会使企业和工人都处于脆弱的境地。而像亚马逊(Amazon)或Alphabet(美国谷歌公司母公司)这样的科技型企业,是当今拥有超额利润的大企业,却也恰恰是员工和社区最不可能受到结构性变革冲击的公司。

在当今复杂的经济形势下,美国的政策制定者和商界领导人在评估保护工作岗位,尤其是"好的"工作岗位不受破坏冲击的可取性时,可以从哪里寻求指导呢? 空中客车公司(Airbus)在欧洲的经历就是一个发人深省的、活生生的现实例子。

1967 年,空中客车公司由欧洲的产业政策催生,当时几个国家的政府联合起来生产商用飞机,与美国航空业巨头波音、洛克希德(Lockheed)和麦克唐纳·道格拉斯(McDonnell Douglas)竞争。它们的联营企业最终在 20 世纪 80 年代末获得成功,引起极大关注,当时空中客车公司推出了很成功的 A300 系列喷气式飞机(英国企业 BAE系统公司是其合作"僚机",负责设计和建造机翼)。* 到 20 世纪 80年代末,空中客车公司在全球赢得巨大胜利,其 A320 飞机成为波音公司最畅销的 737 喷气式飞机的有力竞争对手。

尽管如此,空中客车公司一直受到较低的盈利能力的困扰。凭借其强烈的社会责任感,加上派驻董事会的政府代表的进一步加持,公司领导人试图保护欧洲相关国家的工作岗位。2012 年,一位来自德国的名叫托马斯·恩德斯(Thomas Enders)的新任首席执行官开

---

* BAE 系统公司于 1999 年由英国航空航天公司(BAE)与马可尼电子系统公司(Marconi Electronic Systems)合并而成,是世界第三大军品企业。——译者注

始直面这一问题,办法是寻求与一家大型国防公司合并,同时努力应对该公司内部因实施工作岗位计划所带来的高昂的成本问题。由于十分在意"工作岗位",当时空中客车公司股份的多数持有者,如英国、法国和西班牙政府,终止了此项合并。

针对这种情况,恩德斯努力扳回局面,他认为,由于该公司在欧洲多个经济体已经重复设置了许多工作岗位,负担很重,企业无法再继续作为工作岗位保障者而生存下去了。鉴于空中客车公司作为美国波音公司的竞争对手,当时的生存能力已经岌岌可危,恩德斯努力说服政府股东将其集体所有权削减为少数股权,并授权公司管理层设法拯救该企业。恩德斯的全系统成本削减做法终于让空中客车公司走上可持续发展的道路,消除了不必要的重复运营和就业。让受影响的工人为转向更加可持续的工作岗位做好准备,就成为所在国家政府需要承担的任务了。[17]

空中客车公司是第一个向迈耶等人发出警示的企业实例,这些人是企业社会责任的倡导者。要求企业改变公司治理以保护工作岗位的呼声,无论其出发点听起来是多么善意,实质上都只是呼吁建立另一种类型的"墙"——这种"墙"既不可能逆转历史潮流,也不会促进经济成功或大众繁荣。事实上,单靠企业无法做到万无一失,无法完全应对全球化的市场力量,基于技能的技术变革,或者新的工作类别的兴起或旧有的工作类别被破坏带来的挑战。因此,此类呼吁可能会让受到影响的企业和工人聚集在一起,进行游说,以阻止这种变革。[18]这样的利益集团联盟将会从根本上破坏通往更富裕经济的道路,从而无法支持大众繁荣。

但是,空中客车公司也给经济学家上了一课。对经济活力的公共支持最终需要社会和工人广泛的、高瞻远瞩的认同。而且,公司可以或应该采取一些行动来造福员工。就连米尔顿·弗里德曼在其为公司重点关注股东价值最大化所做的冠冕堂皇的著名辩护中,也期望追求利润最大化的企业会投资于员工的技能和培训,以提高员工对企业所做贡献的价值。[19]迈耶或斯特林等改革者提出的要求企业报告对劳动力队伍的投资的治理建议是一个有益的步骤,不会削弱竞争。但是,同样地,企业面对市场力量带来的挑战无法确保万无一失。

企业也可以出于自身利益向社区提供资金帮助,因为这些捐款有助于提高企业周边的公共价值和员工的生产力。并且,一家以自身长期利益为出发点的企业可以,也应该投资于修复适应能力建设,而不是像斯密式针工厂那样狭义地集中全力推动形成自身生产和供应链的超级效率。[20]这样的投资可以包括对员工或企业附近的社区的支出,以确保全球生产条件发生重大变化时有可替代的生产能力,这是新冠疫情蔓延带给我们的一项沉痛教训。只是商业公司呼吁或竖起反对竞争之墙来保护工人或社区,无论在经济上还是在道德上,都是不会成功的。

每个人都听说过这句古老谚语:"如果你这么聪明,为什么不富有呢?"套用这句谚语的逻辑,如果说亚当·斯密在两百多年前提出了反对重商主义之墙和修修补补的致命论点,那么为什么"墙"和修修补补在今天的经济和政治话语中还是那么突出呢?经济学家,如果你们像斯密那样聪明,那为什么没有赢呢?

斯密对这些问题的回答,以及随后根据形势变化所作的一些当代的调整优化,仍然是正确且有效的。国民财富隐藏在其人民的消费和生活水平之中。重商主义者对开放和市场的修修补补缩小了"蛋糕"的规模。如果将企业的目光从竞争和效率上移开,也会缩小"蛋糕"的规模。与这些观点相左的想法就是"墙",那些想法将无法实现。它们带来的生产可能性缩小限制了大众繁荣,既直接削弱了经济,又间接限制了人们"试一试"的可能性。经济学家在公开辩论中进退维谷,是因为我们没有能够解释清楚公司和政府可以做些什么,来帮助受到破坏冲击的工人和社区。

接下来的两章将更深入地探讨为什么政策中"筑墙"的诱惑力至今仍然如此强大,以及为什么经济学却指向"桥"——今天的政策制定要体现斯密的相互同情。那些"桥"是国民财富与大众繁荣之间联系的现代版调整优化。

注　释

① 参见 David Koistinen, *Confronting Decline: The Political Economy of Twentieth Century New England*, Gainesville: University Press of Florida, 2013。到本书第 8 章的时候,我们会回过来讨论马萨诸塞州所做的努力尝试。一个值得警惕的情况是:几十年后,由于纺织制造业在美国南部各州经历了很大的竞争压力,这些州在抛弃财政紧缩政策和"筑墙"的经济论点,并架起经济发展之桥方面的历史记录变得更加复杂。

② 参见 Oren Cass, *The Once and Future Worker: A Vision for the Renewal of Work in America*, New York: Encounter Books, 2018。

③ 最近已经有经济学家强调,这种分散化的机制在促进经济增长的同时,也促进了自由。例如,参见 Friedrich A. Hayek, "The Use of Knowledge in Society," *American Economic Review* 35, September 1945, highlighted in Chapter 3。

④ 参见 David H. Autor, Anna Salomons, and Bryan Seegmiller, "New Frontiers: The Origins and Content of New Work, 1940—2018," Working Paper, MIT, 2020。

⑤ 参见 Daron Acemoglu and Pascual Restrepo, "The Race Between Man and

Machine：Implications of Technology for Growth, Factor Shares, and Employment," *American Economic Review* 108, 2018, pp.1488—1542。

⑥ 参见 David H. Autor, "Why Are There Still So Many Jobs? The History and Future of Workplace Automation," *Journal of Economic Perspectives* 29, 2015, pp.3—30。进入 21 世纪,美国就业人数占总人口的比率出现下降趋势,相当大一部分原因在于人口老龄化和退休人口的增长。

⑦ 参见 Raghuram Rajan and Luigi Zingales, *Saving Capitalism from the Capitalists*, Princeton, NJ：Princeton University Press, 2003。

⑧ 参见 Luigi Zingales, *A Capitalism for the People：Recapturing the Lost Genius of American Prosperity*, New York：Basic Books, 2012。另参：Luigi Zingales, "Capitalism After the Crisis," *National Affairs* 1, 2009, pp.22—35。

⑨ 我曾经和纳瓦罗合作写过一本书,我们对美国最近遇到的经济挑战有着些微不同的看法。参见 Glenn Hubbard and Peter Navarro, *Seeds of Destruction：Why the Path to Economic Ruin Runs through Washington and How to Reclaim American Prosperity*, Upper Saddle River, NJ：FT Press, 2011。

⑩ 我的继任者是美国总统经济顾问委员会主席格雷戈里·曼昆,他指出："有大量的证据表明,将一个国家与世界其他地区隔离开来的内向型经济政策对该国而言是糟糕的政策。你可以列出一个长长的清单,将世界上前 100 位最杰出的经济学家纳入其中,彼得·纳瓦罗肯定不会出现在名单上。他的观点与主流观点相差甚远。"[莫莉·鲍尔(Molly Ball)引证道："彼得·纳瓦罗过去是民主党人。现在他则是特朗普发动'贸易战'的幕后策划者。"《时代周刊》,2018 年 8 月 23 日]。但是,这是最好的经济回应吗? 两个世纪前,亚当·斯密粉碎了托马斯·孟的重商主义,但是没有进行个人谩骂攻击。

⑪ 再多运用一点代数就可以对此进行分解。家庭收入等于从商品和服务销售中获得的资金量(GDP),加上从政府获得的转移支付等收入,如社会保障支付或失业保险支付。考虑到这一细分,让"税收"代表家庭(作为家庭自身和作为企业所有者)的税收缴纳,国内储蓄就可以通过以下方式给出：

国内储蓄=家庭储蓄+政府储蓄=[(GDP+转移支付-税收)-消费]+[税收-(政府购买+转移支付)]

外国人提供的储蓄=(出口-进口)。

因此,外国人提供的储蓄等于国家投资超出国家储蓄的部分。

⑫ 例如,在当代广受欢迎的评论员当中,本雅明·阿佩尔鲍姆对经济学家观点的批评可供参考,参见 *The Economists' Hour：False Prophets, Free Markets, and the Fracture of Society*, New York：Little Brown and Company, 2019; Nicholas Lemann, *Transaction Man：The Rise of the Deal and the Decline of the American Dream*,

New York：Farrar, Straus and Giroux, 2019。

⑬ 参见 Colin Mayer, *Prosperity：Better Business Makes the Greater Good*, Oxford：Oxford University Press, 2018。

⑭ 参见 Martin Lipton, "The New Paradigm：A Roadmap to an Implicit Corporate Governance Partnership Between Corporations and Investors to Achieve Sustainable Long-Term Investment and Growth," World Economic Forum, 2019。

⑮ 在第 7 章,我们将会回过来讨论这一思想,我们将再次讨论米尔顿·弗里德曼的论点,即公司的目标应该是实现股东价值的最大化。

⑯ 参见 Leo Strine, Jr., "Corporate Governance 'Counter-narratives'：On Corporate Purpose and Shareholder Value(s)," Remarks at Columbia Law School, March 1, 2019。

⑰ 参见"Tom Enders," European CEO, January 28, 2013。

⑱ 参见 Rajan and Zingales, *Saving Capitalism from the Capitalists*。

⑲ 参见 Milton Friedman, "The Social Responsibility of Business Is to Maximize Its Profits," *New York Times Sunday Magazine*, September 13, 1970。我们将在第 7 章返回讨论弗里德曼的这些观点。

⑳ 管理学思想家、多伦多大学荣休教授罗杰·马丁(Roger Martin)在其著作中有力地阐述了这一点。参见 Roger Martin, *When More Is Not Better：Overcoming America's Obsession with Economic Efficiency*, Boston：Harvard Business Review Press, 2020。

第 5 章

为什么"墙"依然富有吸引力

1980 年 10 月,也就是"黑色星期一"发生三年之后,共和党总统候选人罗纳德·里根来到扬斯敦。在参观关闭的钢铁厂时,他告诉以前的工人:"我们必须保护这个产业和所有产业不受(低于成本的外国商品)低价倾销的影响。"[1]四年后,里根总统强制实施了"限制协议"(restraint agreements),将钢铁进口限制在美国市场的 19% 之内——与此同时,他正在取消国内经济中大部分领域存在的管制。虽然他的继任者放弃了这些限制,但是在小布什总统(见第 1 章)的领导下,对钢铁业的保护再次浮出水面。小布什是继里根之后另一位看起来似乎致力于开放市场的共和党人总统,最近几年在共和党人总统特朗普的领导下,对钢铁业的保护又一次提上议事日程。[2]

我们在第 2 章中讨论的"墙"的倒塌为企业、工人和整个经济创造了巨大的机会。我和我的大多数学生都受益匪浅。但是,这些"墙"的倒塌也给许多人的经济未来带来了巨大的风险。不足为奇的是,他们在遭遇破坏的冲击之后,产生了对"筑新墙"的呼吁。

在扬斯敦,哥伦比亚大学的学生和我都听到了对钢铁业采取保护措施的绵延不绝的要求。特朗普总统当然响应了这一清澈响亮的吁求。但是即使是告诉苏联"拆掉这堵墙"的领导人,有时也会发现这堵"墙"很有吸引力。与后来的乔治·沃克·布什总统一样,里根总统知道保护主义在政治上的吸引力。随着多年来经济没有实现复苏,许多遭受重创的美国制造业社区的人们开始普遍不信任政府精英和资本主义。他们质问道:"如果我们中有这么多人都在遭受经济趋势带来的痛苦,我们为什么还要支持这些本该用来改善我们的集体命运的经济趋势?"

在第 2 章中我们提到,这些问题促使帕特里克·布坎南在 1992 年的总统大选中奋起反对乔治·赫伯特·布什总统。让我们穿越回 2016 年,那时特朗普总统(他自诩为"一个关税主义者")用对钢铁和其他商品采取保护主义措施来奖励他的"美国优先"(America First)的支持者。

在深入研究"桥"之前,我们需要更好地了解阻碍贸易和技术之墙。长期以来,经济学家都有充分的理由谴责这两种类型的"墙",但是"墙"却依然能够持续受捧,这告诉我们一些关于政治学和经济学的重要信息。没有正确认识它们的危害,会对我们的生活水平和社会结构造成非常严重的破坏。

贸易之墙的前世今生

总起来说,直到 19 世纪中叶,英国一直对其不断壮大的帝国积极实行重商主义的保护措施(参见第 3 章)。尽管亚当·斯密、大卫·李嘉图和其他经济学家指出了这样做会带来的损害,但是英国直到成为全球制造业第一强国之后才改变了政策方针。这些古典经济学家大力谴责的贸易开放的缺失,为一些人竖起了保护主义之墙,并且增加了更多人承担的成本。重商主义是一种努力使国家出口最大化、进口最小化的政策,从15世纪到18世纪在欧洲经济中占据主导地位。重商主义政策高度重视经常账户盈余,其背后是对进口商品施加高关税和非关税壁垒。

重商主义思想家和领导人用黄金、白银和人口来计算财富。他们认为,保护主义之墙将确保这些储备的安全,繁荣也将随之而来。就连英国的政治精英也对斯密思想的重要含义熟视无睹,以至于他们将重商主义的《航海法》(Navigation Acts)强加给美洲殖民地,从而助长意在脱离英国统治的美国革命(American Revolution)的爆发。

对新活动、新市场和新消费方式持开放态度是件可取的好事,这种认识在当时——并且一定程度上在今天仍然是——令人惊讶!重商主义的早期批评者用资源的生成来衡量财富,资源能为消费提供资金,并强调对贸易和技术开放带来的收益——我们再一次看到,这些论点在今天的辩论中也是经常出现的。在斯密看来,如果资本主义经济体系对竞争开放,并通过专业化实现高效率的生产,就会促进消费和繁荣,这两者都与重商主义的意见相矛盾。

继斯密之后,另外一位古典经济学大师大卫·李嘉图着重强调,根据比较优势进行专业化分工,就能从贸易中获得收益——他将贸易视为正和(positive-sum)活动,而不是重商主义传统观念中的零和博弈。按照李嘉图的说法,两个国家开展贸易,两国都会因为这样做而变得更好:假设英国生产布匹的效率高于葡萄牙,而葡萄牙生产葡萄酒的效率高于英国。葡萄牙专业化生产葡萄酒,英国专业化生产布匹,同时开放贸易,就可以大大改善各自的福祉,因为两个国家在绝对效率("绝对优势")或相对效率("比较优势")方面都存在差异。

其他古典经济学家也从不同角度向重商主义思想殿堂发起了进攻。约翰·洛克(John Locke)的《政府论下篇》(Second Treatise of Government)强调了劳动力与一国真实财富之间的联系。大卫·休谟着手攻击的是重商主义目标的核心,即努力保持进出口贸易盈余。他指出,金本位制或银本位制的机械运作将意味着金银流入重商主义经济,从而抬高商品价格,降低金银的价值(即重商主义者眼中的财富)——相对于其他商品而言。

19 世纪末,大英帝国在世界上大部分地区都占据了主导地位,直到那时才开始积极拥抱自由贸易。同样地,美国在第二次世界大战后才实行贸易自由化,也是因为它当时已经摧毁了其大多数经济竞争对手。直到 20 世纪 70 年代,美国的产业发展和劳动就业都呈现出一片繁荣景象,几乎没有什么外国竞争压力。这一成功使美国更容易在倡导全球化和贸易开放方面发挥全球领导者的作用。但是,正如我们前面提到的那样,联邦政府也通过了 1944 年的《退伍军人安置法》,旨在促进从部队复员转业人员的教育和技能提升。

随着战后经济的平稳顺畅发展,美国为《退伍军人安置法》提供的资金最终逐渐减少,美国是二战期间唯一一个未受战争破坏的主要经济体。20 世纪 70 年代,全球工业竞争加剧,美国工人和许多社区(如扬斯敦)都感受到了钢铁、汽车、电视机、服装鞋帽等行业衰落带来的痛苦。

根据经济学家的建议,在 1970 年后,虽然许多行业处于非常艰难的时期,但是美国继续保持并增加了开放度。乔治·赫伯特·布什总统的政府大力倡导《关贸总协定》的开放和低贸易壁垒理念。与加拿大的自由贸易开始于 1987 年里根总统任内,最终进一步发展成为 1993 年比尔·克林顿总统任内批准的《北美自由贸易协定》,该协定遭到了美国工会组织的强烈反对。克林顿总统和乔治·沃克·布什总统力挺中国加入了世贸组织,美国向中国承诺提供同样低的关税,与世贸组织其他任何成员经济体享受一样的待遇(即所谓的贸易最惠国待遇)。

精英阶层对"墙"的反对

从重要性上说,21 世纪的到来代表着美国经济和政治精英对开放和未来经济的乐观主义结果的期许达到了一个新的高度。在这一高水位线的期许下,人们更多地强调的是未来的产业和工作岗位,以及对于消费者来说更低的商品价格和更多的选择,而不是对许多人而言从开放到技术变革和全球化带来的难以承受的风险。但是,即便如此,乔治·沃克·布什总统还是对进口钢铁产品加征了关税(尽管我作为他的经济顾问作出了反对努力),巴拉克·奥巴马总统对中国产轮胎进口加征了关税(也同样没有接受他的经济顾问的反对意见)。他们逐渐屈服于日益增长的"筑墙"压力,传导这种压力的人们的生计和前途都已经被超出他们自身掌控能力范围的风险所颠覆,1980 年,里根作为当时的总统候选人看到了这一点。

由于缺乏像《退伍军人安置法》这样有效的"桥",人们有点"病急乱投医",急于抓住手头边任何可能的解决方案。我们在第 2 章中介绍了贸易调整援助计划等"桥",并将在下一章中进行评估,它们更像是摇摇晃晃的 T 型走秀场。回想起来,现在改头换面出现的"筑墙"呼吁,虽然是在各种表象掩盖下的"文火慢炖",但是看起来似乎是我们应该早就预料到的事情。

正如亚当·斯密所认识到的那样,"墙"是代价昂贵的。贸易限制会抬高价格,降低生产率增速、工资和利润。为了避免"墙"的出现,我们需要为机会做好准备并重新联结,今天的情形比斯密当时设想的更为复杂。

失败是显而易见的。从 2001 年对进口钢铁产品加征关税到 2017 年对墨西哥糖出口加以限制,保护主义措施给不受保护的下游企业和消费者带来的损失远远大于政府选择优先照顾的少数对象所获得的暂时利益。在 20 世纪 80 年代限制日本汽车进口的案例中,经济学家罗伯特·克兰德尔(Robert Crandall)估计,美国每挽救一份工作岗位付出的成本是一个受到保护的工人工资的十倍。[③]

保护工作岗位带来了并不希望出现的意外后果,它客观上阻止了劳动力市场的新进入者,尤其是年轻人和弱势群体。在一些欧洲经济体中,让解雇变得昂贵的政策很常见,一些政客也为美国提出了这样的政策建议,这种政策实际上反而会提高失业率。它们还创造出受政策保护的内部人和不能找到工作的外部人的差别。保护主义者听到了"筑墙"的呼声,但是毫无疑问,随着时间的推移,被丢弃在"墙外"无法受到保护的人会逐渐多于躲在"墙内"受到保护的人。

套用特朗普总统的话说,如果关税是"墙",那么谁将会为为此付出的代价买单?最近开展的几项研究表明,我们大家都会买单。

特朗普总统的经济团队坚持认为,关税对美国国内价格没有影响——外国人为加征关税买单,他们要么降低出口商品价格,要么让本国货币贬值。可惜的是,美国的"免费午餐"并没有成为现实。

经济学家估计,最近美国与他国的关税争端让美国人付出了巨大的代价。金伯莉·克劳辛(Kimberly Clausing)得出的结论是,它平均使美国每个家庭每年增加400美元的成本付出。④玛丽·阿米蒂(Mary Amiti)、斯蒂芬·雷丁(Stephen Redding)和戴维·韦恩斯坦(David Weinstein)发现,加征关税导致商品价格上涨,给消费者造成巨大的福利损失,使商品种类减少,许多商品的成本加成大幅度提升。加征关税还造成了成本更高、更为复杂的供应链,给美国企业带来伤害。⑤尽管夹杂着政治主张,但阿米蒂、雷丁和韦恩斯坦,以及经济学家帕布罗·法杰格尔鲍姆(Pablo Fajgelbaum)、佩妮洛皮·戈德堡(Pinelopi Goldberg)、帕特里克·肯尼迪(Patrick Kennedy)和阿米特·坎德瓦尔(Amit Khandelwal)还是发现,是美国人而不是中国人正在为美国向中国加征的关税买单。⑥痛苦没有就此结束。美国联邦储备委员会的经济学家阿伦·弗莱南(Aaron Flaanen)和贾斯汀·皮尔斯(Justin Pierce)得出结论,加征关税导致的价格上涨使得制造业就业减少了1.4%(而这些工作岗位恰恰是加征关税旨在保护的对象)。⑦结果居然变成了这样。

精英们——经济学家、商界领导人和政界人士——对保护主义之墙带来的成本的看法是正确的。尽管如此,由于"桥"的缺乏,这些论点似乎并没有在政治上"兜售出去"。反对技术变革之墙的真实状况也是如此。

回顾技术之墙

在 18 世纪 10 年代,内德·卢德激发了英国人对自动纺织机和手摇纺织机的抗议。我们看到他的追随者——卢德派——担心自己正在被生产效率更高的纺织机器所取代。

从卢德派到现在,许多人都反复尝试"筑墙"来对抗技术变革。但是,绝大多数人,更不用说那些经济学家了,对于技术进步都能秉持积极的态度。技术进步通过提供更快更好的沟通方式改变了我们作为消费者的个人生活。机器人提高了生产率——而且提高了工资。随着企业调整其组织以使用技术,技术进步逐渐通过提高生产率和工资水平发挥自己的作用,就像 20 世纪 20 年代以电气化为代表的技术进步,或近几十年发生的计算机、互联网和人工智能技术进步一样。

对新技术和贸易的开放也会彼此相互促进。技术和某些技能的互补性在全球市场上更有价值。想想一个全球市场的重要性,其中有一个唱片艺术家、一个电影明星、一个关键软件开发人员——或者甚至一个经济学基础理论教科书的作者!

贸易和技术市场的创新带来的破坏性变革已经极大地提高了生活水平——这是竞争性资本主义带来的巨大红利。但是,在历史上,愿意接受熊彼特提出的"创造性破坏"只是最近的事,而且到现在都还不是很巩固。西方工业革命创造的经济奇迹开始于英国,二战后在东南亚重现。自 20 世纪 70 年代末以来,中国对现代世界经济的开放,以及印度从 20 世纪 90 年代初开始的开放,改善了数以亿计的人民的经济财富。

再次强调一下,这种大规模经济改善指向大众繁荣,基本不能算作储蓄和资本积累的副产品,尽管这一过程可能是良性的。实现生活水平的持续改善不仅仅靠努力工作和积累。这种改善需要生产力、创新和创新主义(回到麦克洛斯基使用的恰当说法)以及随之而来的变革作支撑。正如我们现在已经十分清楚地认识到的那样,新技术也带来了恐惧。它们产生的风险是个人无法独自应对的。虽然保护主义吸引了更多的政治关注,但是技术进步赫然出现带来的工作岗位的剧烈变动造成的影响要大得多——在扬斯敦的"黑色星期一"事件中,这是一个远比钢铁进口冲击重要的因素。

这种担忧甚至延伸到了经济学家,从大卫·李嘉图到约翰·梅纳德·凯恩斯,再到罗伯特·戈登都是如此。如今,这种恐惧是否应该让我们担忧民粹主义的崛起? 我们可以自信地说不:HAL——《2001 太空漫游》(*2001: A Space Odyssey*)中的流氓计算机,不会出现来抢走我们所有的工作岗位。过去发生的历次技术变革浪潮,从蒸汽动力到汽车再到电气化,都产生了许多全新类别的工作岗位,即便它们也让其他一些工作岗位湮灭了。但是,许多美国人是否准备好接受这些工作岗位,如果失去现有的工作岗位,他们是否准备好与工作重新联结起来——以及是否支持提供那些工作岗位的经济体系——都是至关重要的。

一个充满活力的经济体,无论过去还是现在,都一直在高速地创造和破坏工作岗位。在新冠疫情带来的劳动力市场灾难发生之前,美国经济平均每月损失 170 万个工作岗位(美国总共有约 1.6 亿个工作岗位)。但是,美国经济每月也会增加 185 万个新的工作岗位,两相抵扣,每月净增加15万个工作岗位。这些创造工作岗位和破坏工作岗位的总流量才是真实的情况。它们的大小表明,为保护现有工作岗位而"筑墙"完全是愚蠢的。

尽管如此,我们仍然需要解决谁在社会中承担哪些风险的问题。技术变革确实会对弱势工人造成长久累积的结构性冲击。我们可以在不削弱技术活力的情况下降低这种风险。

经济活力确实带来了发展进步

重要的是要记住,开放经济产生的社会财富是多么巨大——这样我们就可以利用其中的一些来帮助遭受损失的失败者。破坏性资本主义制度带来了巨大的社会繁荣(big time,这不是《国富论》中的用语!)——正如亚当·斯密早期见到的那样。开放贸易和技术的市场创新带来了破坏性变革,这是生活水平大幅提高的原因。最近唯一一个愿意接受熊彼特创造性破坏理念的情形是工业革命。这场革命使费尔普斯提出的"自主创新"(indigenous innovation)成为可能,在开放经济中,各类创新相互促进。亚当·斯密亲历了创新勃发的时代,他正确地观察到,这一过程带来的经济发展与其说取决于国民财富,不如说取决于创新潜力,创新潜力为提高生活水平提供源源不断的资源支撑。而且,这种创新需要变革,需要破坏性变革。

尽管社会上对此有一些华而不实的激烈言辞,但是创新带来的巨大好处并不只让精英阶层受益。正如美国企业研究所经济学家迈克尔·斯特兰观察到的那样,自1990年经济周期峰值以来,美国典型的工人(而非经理或主管)的真实工资水平已经上升了三分之一。[8]收入最高的那些人获得的好处要多得多,但是普通工人的收入增长幅度也是很大的。在对税收和政府转移支付进行调整之后,大多数工人的收入表现甚至变得更好。近年来,从特朗普总统提出的"美国大屠杀"(American carnage)到参议员伊丽莎白·沃伦(Elizabeth Warren)提出的"空心化"(hollowed-out)中产阶级,美国出现了许多耸人听闻的政治话语,但是,美国普通工人的生活实际上并没有经历这些政治话语所聒噪的尖刻滑稽的经济停滞。

事实上,"墙"的吸引力很大程度上源于人们对中产阶层状况不断恶化的恐惧,以及就业机会收缩和向上的阶层流动性下降。中产阶层正在萎缩,"受到挤压",甚至"消亡"。[9]这种哗众取宠的言论形塑了时代思潮,在皮尤研究中心(Pew Research Center)2018年的一项民意调查中,61%的受访者表示,联邦政府对正在苦苦挣扎的中产阶层提供的援助太少。[10]

数据比这类华而不实的聒噪所描述的情况要积极正面得多。中产阶层的所谓"空心化"实际上更多的是因为收入水平向上移动的人在增加,而不是收入水平向下移动的人在增加。麻省理工学院经济学家戴维·奥托、哈佛大学经济学家劳伦斯·卡茨(Lawrence Katz)和马里兰大学经济学家梅利莎·卡尔尼观察到,技术变革压缩了常规的行政管理和生产任务,同时产生计算机编程或管理等高技能的、非常规的工作岗位,以及在食品和零售服务方面的低技能工作岗位。[11]奥托后来补充说,高技能工作岗位的增长最近已经超过低技能工作岗位的增长,这就意味着会有更多阶层跃迁的机会,而不是进一步促使社会向下流动。[12]

犹他大学的经济学家亚当·鲁尼(Adam Looney)、美国联邦储备委员会的杰夫·拉里莫尔(Jeff Larrimore)和美国国会税收联合委员会(Joint Committee on Taxation)的戴维·斯普林特(David Splinter)估计,中等收入家庭已经从累进制的联邦税收和转移支付体系中获益匪浅。[13]1979 年至 2016 年,美国收入分配中处于中间五分之三的家庭(即"中产家庭")的市场收入(缴税前和接受转移支付前的收入)增长了 39%。经过税收和转移支付调整后的家庭收入相对应的增长幅度为 57%,而且,2000 年以来,所有的相对收益都是实实在在存在的,而这一时期人们对结构性经济变革的担忧却大大加剧。

　　这种更加微妙的图景仍然给我们留下了挑战,这些挑战助长了中等收入阶层对结构性变革产生的焦虑感。如果可以通过转移到更复杂的新工作岗位来增加收入,那么人们将如何开发技能来实现向上的社会流动?而且,如果中等收入阶层收入的增长部分依赖于净财政转移支付,那么这种转移支付是否可持续?我们将在本章后文部分以及本书第 6、第 7、第 8 章中回过来讨论这些重要的挑战和问题。

为什么反对"筑墙"的论点没能成功"兜售出去"?

　　将经济推理与民粹主义狂热相提并论,意味着要么这种狂热过度,要么正在发生微妙的事情。答案是两者兼而有之。

　　政客们的评论,甚至商业精英[如对冲基金亿万富翁雷·戴利奥(Ray Dalio)和摩根大通首席执行官杰米·戴蒙(Jamie Dimon)]的观点,都让人深切感受到"有些东西坏了"。如今,与 20 世纪 70 年代和 80 年代相比,关于心脏地带民粹主义的悲惨境遇以及许多中低技能工人的苦苦挣扎的媒体报道更加广泛,当时技术变革和全球化带来的冲击已经真真切切开始了。

随着医疗保健、计算机服务和个人服务等领域出现了新的高薪职位,越来越多工人的工资水平超过中等薪酬水平。这种向上流动是个好消息——如果每个人都准备好参与竞争并应对变革带来的风险。但是,人们并没有做好准备。

这种情况是结构性变革和创造性破坏的结果,有的工作岗位被破坏掉,而其他新的工作岗位也被创造出来。但是,这些话听起来像是技术性的、与具体的人无关的冷冰冰的经济语言,对于许多具体的人来说,他们长远的未来经济前景面临新技术或贸易带来的风险。这些工作岗位变化与我们经常听到的经济周期中失业率随经济萧条和繁荣而上升或下降的说法是有区别的。我们过去熟悉的就业情况随经济周期变动,通常会带来暂时的裁员或离职,这些人会在情况好转时重新就业。

这就是为什么技术变革和全球化带来的破坏滋生了目前的焦虑感——这种情绪因为新冠疫情蔓延造成的破坏而加重了。政策制定者在两个方面存在不足:第一,当结构性力量将人们赶出劳动力队伍时,政策制定者没有足够重视让这些人为新兴技能和工作岗位做好准备,以及使他们与生产性就业重新联结起来。第二,大多数劳动力市场政策都可以追溯到 20 世纪 30 年代,主要是为了应对经济的周期性破坏问题,因此这些政策不足以解决技术和贸易带来的结构性破坏问题。

这些政策漏洞使"墙"在两方面具有吸引力。如果没有准备,人们会恐惧自己和周围的人失去机会。如果没有重新联结,人们会恐惧社会不平等,因为富裕家庭可以更好地经受住收入波动的影响。在政策方面,第一种恐惧呼吁增进机会的政策;第二种恐惧呼吁对社会保险进行反思。这两种政策机制都可以敦促社会作为一个整体来缓解个人面临的结构性冲击风险。如果没有它们,21 世纪的资本主义就无法实现亚当·斯密的大众繁荣。

我们曾经做得更好

在 1848 年发表的《共产党宣言》(*The Communist Manifesto*)中,卡尔·马克思和弗里德里希·恩格斯指出:"资产阶级在它的不到一百年的阶级统治中所创造的生产力,比过去一切时代创造的全部生产力还要多。"他们并不是在赞扬资本主义,而是在表达他们对资本主义的焦虑——这也是我们今天仍在努力克服的恐惧。

一个经济制度必须扮演好多个角色。其中的两个是大家熟悉的:为生产活动动员资源,以及分配产出和收入。就连马克思和恩格斯也观察到,资本主义取得了惊人的成就。(两位作者接受了斯密关于资本主义制度如何运行的许多基础性看法,尽管他们关于其如何演变的观点与斯密存在分歧。)然而,另外两个角色定义了一个成功的、持久的经济制度:随着时间的推移提高生活水平,并将繁荣广泛扩散开来——实现大众繁荣。

在这里,人们可以提出这样的问题:今天的资本主义是否提供了广泛且不断增长的繁荣的基础,而不仅仅是少数个人享有的高层次的平均繁荣。在一个技术变革和全球贸易迅速发展的时代,迫切需要处理这些缺陷。民众对资本主义的广泛支持,尤其是接受推动其进步的破坏的意愿,取决于让人们做好参与的准备,并帮助他们在破坏发生后实现重新联结。

19世纪后期和20世纪30年代的美国面临着严峻的经济压力,这确实让人们对资本主义本身产生了怀疑。这两个时期产生了磨平资本主义尖锐棱角的政策反应,第一个时期的重点是扩大经济机会,第二个时期的重点是拥抱社会保险。

19世纪60年代,美国国会和亚伯拉罕·林肯总统创建了赠地大学制度,以打破个人机会的障碍。然后在20世纪30年代大萧条期间,富兰克林·罗斯福总统推行了全面的社会保险政策。这些改革加强了失业保险,并引入了社会保障。政府的政策旨在保护在资本主义"寒风"中受到超出自身掌控范围的周期性力量冲击的那些工人。

这些政策加在一起——可能被称为"林肯维尔特"*(Lincoln-velt)——对资本主义的调整适应和继续生存至关重要。技术变革和全球化破坏了发达国家的大众繁荣,虽然它们给予了高技能专业人士和企业家慷慨的奖励。与此同时,这些宏观力量导致许多中产阶级工作岗位空心化,这让许多选民感到担忧。这两项孪生的"林肯维尔特"式改革在1944年通过的《退伍军人安置法》中得到了体现,仍然可以指导我们今天的政策制定。在下一章中,我们将回过来讨论这些经济理念,以便寻找更好的前进道路。

这些措施的重要之处在于,它们不会从根本上侵蚀经济活力。人们仍然可以自由地创办新企业或者构思全新的产品——这是将传

---

* 林肯推行的废除农奴制改革和其他社会政治改革在当时都比较温和务实,这里指一系列睿智有效的政策措施。——译者注

统经济(以封建主义或重商主义为特征)与现代工业经济区分开来的分界点。这种开放以推动生活水平提高代替停滞不前。这些措施的确并没有让人们直接从劳动力市场中离开,不参加劳动,比如直接的转移支付就可能会出现那样的情况。拜登政府的措施并不是林肯维尔特式的。

在考虑经济进步时,绝大多数人会想到新技术会带来更高的生产率。但是,只提技术,将其比作来自科学天堂的天赐之物(manna),是不够充分的。尽管一些经济学家,至少自熊彼特以来,一直集中关注科学技术转型带来的创新,但是依然还有一个更大的经济故事要讲。毕竟,苏联拥有大量的新技术,但是它后来依然因为经济停滞而崩溃。对科学和技术提供公共资金支持不是坏事,这是可以肯定的,但是它本身并不会保证创新之"船"行驶在正确的"航道"上。繁荣也主要不是储蓄和资本积累或努力工作的结果。

创新需要有一个由企业家、生产者、消费者和金融家组成的开放的、自由流动的生态系统,并需要有广泛的公众支持来维持它。正是对贸易和新技术开放的这种支持,使创新和增长的良性循环成为可能,而不仅仅依靠来自科学天堂的天赐之物那样的外生技术。对企业和市场机构的支持是有关增长、提高生活水平和大众繁荣的故事的十分重要的组成部分。而且,正如费尔普斯所观察到的,正是创新的良性循环出现衰退,以及对新思想和创新的支持开始下降,驱动了生产率提高的倒退。创新并非必然会带来收益。不过,它们可以通过公共政策来加以培育。

这种对新颖性和创新的集中关注超出了工程突破或将现有技术应用到不同用户的范围。收益来自商界人士的新思想和改良产品、创造新产品的努力——例如,软件、通信、游戏和交通行业。这类思想和产品只有在对它们开放的经济中才会出现,这是费尔普斯自主创新概念的核心要义。当然,在实际经济中,对新市场和新工作方式的开放要求对破坏和破坏带来的影响持开放态度。一旦我们开始认为破坏对许多人来说代价太高,我们就会削弱对开放的支持,阻碍创新和生活水平提高的良性循环。

许多经济生活中的游戏规则改变者更多地来源于一种处理机会的新方式,而不是来源于科学进步。想想印刷机、可互换零部件、灯泡、冷冻食品、收音机和电视,或者水力压裂法("液压破碎法")吧。其中的每一个都依赖于企业家的深刻洞察力和实践的独创性,这方面的要求并不比对新科学或新工程技术的要求少。并且,每一个都导致了对许多人有利的破坏,获得了足够广泛的支持,足以克服对其他人造成代价高昂的破坏所引发的阻力。

现在,我们可以超越对这个问题的简单化处理的框架,不必在自由放任式公共忽视和"筑墙"之间进行二选一。"墙"也往往会降低对贸易或技术的开放程度,或者间接保护现有企业,保护它们使用的技术或它们雇用的工人。即使要求一家具有创新活力的企业或企业家与自己的利益相关者分享创新带来的好处,也相当于是对经济活力课征的一种类似"墙"的税收。事实上,费尔普斯与拉伊乔·博基洛夫(Raicho Bojilov)合作开展的研究得出的结论是,在企业的总体方向及其创新活动由企业所有者自主决策的国家,人们对工作岗位的满意度更高。[14]

我们可以"架桥",而不是在自由放任或"筑墙"之间选择。公共政策可以帮助受破坏影响的工人和社区重新联结,重新参与充满活

力的经济。在最近几十年里,那些充满活力的技术和通信行业经历
了破坏和增长。一些更传统的心脏地带产业试图筑起抵御变革之
墙,收获的反而是停滞僵化。

补偿在这里到底意味着什么?

当然,大多数经济学家对技术变革的巨大好处所作的乐观解读
并没有得到普遍认同。与对贸易的开放一起,对新技术的开放以人
们看得见的、看不见的,甚至可能不被承认的方式改善了我们的生
活。然而,对一些具体的人来说,这种开放是一种超出他们控制范
围的重大宏观风险。受到集中关注的是失业或收入损失——就如
同一句老话说的那样:"当你失去工作岗位时,对你而言失业率就
是100%。"——这一点肯定会引起广泛关注。简而言之,与贸易和
全球化一样,技术变革也创造了"获益者"和"受损者"。与贸易带来
的收益一样,技术变革也产生了巨大的累积收益。当经济学家真的
担忧受到破坏冲击的工人时,他们就会有一个指导思想,设法维持能
够带来巨大的累积收益的政策:获益者补偿受损者,受损者随后会默
许开放技术创新以争取更大的好处。

好吧,但是,对于全球化和技术变革而言,我们所说的"获益者可
以补偿受损者"又是什么含义呢?获益者能够做到这一点,反映了贸
易开放和技术变革给经济和社会带来的正和回报结果。但是,这种
补偿是什么?为了实现经济增长和生活水平提高,它不应该也绝不
能是保护主义之墙,不能是特定工作岗位、企业、行业或生产资料的
保护主义之墙。未来的亨利·福特们不需要给马车鞭子制造商开支

票补偿,未来的比尔·盖茨们也不需要给打字机制造商开支票补偿。这样的"墙"是国家主义的开始,是扼杀带来经济活力的"下金蛋的鹅"的开始。稳步推进经济增长和生活水平提高,需要经济活力及变革带来的影响。

但是,谁又是"获益者"呢?人们自然会想到那些抓住机会进行贸易或实施技术革新并在这个过程中发家致富的企业家。杰夫·贝索斯(Jeff Bezos)、比尔·盖茨或已故的山姆·沃尔顿(Sam Walton)等人的照片会让人联想到他们这些人赚得盆满钵满的情景。然而,他们获得的财富只占他们的聪明才智给社会创造出的价值的很小的一部分。诺贝尔经济学奖获得者威廉·诺德豪斯(William Nord-haus)估计,今天的企业家和创新者只获得了他们创造的社会价值的2%。[15]"筑墙"来保护我们不受这种创新的影响,可能会让这样的少数人获取的财富大大减少,但是,我们其他人就会因此丧失这些少数人创造出的98%的巨额社会财富。开放带来了自由参与,这种道德收益虽然不那么惊天动地,但是同样非常重要。

而且,谁是"受损者"?从字面上讲,并不能认为补偿就意味着一个个体的变革获益者直接拿出部分收益支付给一个个体的变革受损者。如果那么做,那将是另一种"墙"。一家经营成功的新餐馆的老板是不需要赔偿附近另外一家经营不下去的餐馆的损失的。

类似地,直接将贸易或技术赢家的收益用于支付输家也不是经济学家的想法。市场开放带来的收益很大程度上来自市场信号,告诉我们一些活动现在价值更高,而其他活动现在价值更低。直接支付会让这些信号混乱不清。

正如我们在第4章中看到的那样,关于补偿的政策辩论实际在很大程度上是围绕保护主义之墙展开的——保护特定的工作岗位、特定的产业、工人和社区,代价是牺牲企业资本的供应者。表 5.1 梳理了这些"墙"。

表 5.1 "墙"

产业和就业保护	保护特定产业或企业,保护"好的工作岗位",以减缓就业模式的结构性变革
贸易壁垒	保护特定产业或产品,以促进国内生产和就业
利益相关者参与公司治理	削弱公司对股东的承诺,以增加直接支付给员工和社区的资源

这些"墙"保护现状,作为应对影响行业和就业的结构性变革的措施,代价则是牺牲未来可以从经济活力中获得的收益

我们可以通过准备(开发技能)和重新联结(重新构思社会保险,在准备过程中缓冲冲击),提供获取机会的途径,而不是直接支付补偿或建立保护主义之墙。

虽然我们在思想和解决方案上严重依赖经济学,但是这种方法远不是经济学可以涵盖的了(这可能就是为什么经济学家提供这方面的思想比较缓慢的原因)。除了"收入"和"消费"等经济概念,"桥"还能促进社会联结和个人尊严。而且,更为重要的是,它们维护机会的公平自由,压实个人责任,同时承担起许多个人自己无法控制的风险。为了产生替代"墙"的另外一种解决方案,我们需要经济学家提供这种关键的智识和实践支撑。

这里概述的改革措施与美国的传统愿景和美国资本主义是一致的。当然,它们也是必不可少的。如果我们不能正视受到破坏影响的社区面临的问题,或者超越过去在自由放任和"墙"之间非此即彼的陈腐观念,就有可能出现公众对资本主义活力的支持减弱的风险。

如果没有"桥",人们总是会选择"墙"。我们要高度警惕,我们的经济未来危如累卵。

作为"桥"的社会保障

在与同事谈论"桥"的时候,我发现他们很容易理解培训或再培训工人的价值。毕竟,许多再培训项目甚至被冠以"通往工作之桥"(Bridge to Work)的名头。例如,奥巴马总统提出了一个"通往工作之桥"的计划,该计划将覆盖在公司实习的失业人员的工资,政府提供资金支持,但是该计划没有成功。

这些同事对将社会保险作为"桥"的反应不太敏锐。我倾向于将社会保险解释为家庭支出和储蓄的经济概念的延伸拓展,重点放在平滑一个人的生命周期消费[16]和预防性储蓄[17]的理论上。直觉很简单——让我们回头看看你所钟爱的经济学基础理论课程中有关"消费的边际效用递减"的知识。当消费水平较高时,一个人从另外再多花一点钱中获得的价值就会降低,所以储蓄是好事。相反,当消费水平较低时,额外的支出(从储蓄中提取)的价值会更大。"消费平滑"(consumption smoothing)只是意味着个人更偏好稳定的消费,而不是忽高忽低、上下剧烈波动的消费。家庭增加储蓄和动用储蓄提供了实现消费平滑的安全阀。[18]在收入很不稳定的情况下,增强这种预防性储蓄是有意义的。[19]

就我们这里的研究目的而言,一个关键因素是中等收入者个人的收入年复一年处于波动状态。暂且不考虑政府项目,这种波动用经济学术语来说是一种"不可予以保险的特殊风险"(uninsurable idiosyncratic risk），要求个人增加储蓄以缓冲冲击，在困难时期举借债务，或在收入下降时减少消费。即便使用家庭数据，我们也看不到中产阶级收入稳定的画面。事实上，自 1979 年以来，男性就业人员，大约占美国总人口的三分之一，都经历过某年个人年收入增长超过50%，或某年个人年收入下降超过 40% 的局面。[20]将其扩展到以家庭为单位的数据，并不能明显减缓这种波动性，对家庭纳税申报数据的研究表明，这种收入波动性只有轻微的降低。[21]

　　虽然个人和家庭可以将储蓄用作缓冲冲击的手段，但是让每个人自行投保可能是一个成本高昂的解决方案，因为它忽略了风险分担带来的好处。[22]正如私人火灾保险、健康保险或人寿保险可以从风险分担中产生收益一样，政府提供的社会保险也同样可以从风险分担中产生收益。失业保险就是一个明显的例子，出台失业保险是为了应对经济周期中的临时性裁员，从而平滑消费。美国最昂贵的社会保险计划是为美国老年人提供的社会保障，为退休年金收入和老年医疗保险提供强制性风险分担统筹。[23]失业保险和老年人社会保障——都不同于华盛顿当前正在讨论的无确定目标的开放式转移支付——可以使工人更好地承担起参与到充满活力的经济中去的风险。

　　我们需要为受到破坏影响的工人提供额外的社会保险，因为他们的收入下降可能是长期的，而不是经济周期性的。当他们开发新技能的时候，这些额外的社会保险将给他们提供支持。在这种情况下，一个更广泛的社会保险概念将为重新联结提供资金支持（比如通过补贴来提高社会对低技能工人的需求，改善他们的工资待遇）。这种对社会保险的重新构思是"大众繁荣"政策议程的核心要义，我们将在下一章讨论它。因此,它是一种"解毒药剂",可以消解那些呼吁筑起反对变革之墙的声音,这种呼吁会威胁到正常的繁荣。本书的其余部分将探讨这两种"桥"的可能性边界。

墙、桥和国民财富

几十年来,美国中右翼经济精英一直以经济增长和财富创造的名义,提倡支持开放和小政府的自由放任政策。中左翼经济精英则集中关注分配问题,提倡更大的社会支出。辩论被讽刺为"新自由主义"和"民主社会主义"(democratic socialism)之间的斗争。这两个"派别"都没有集中关注大众繁荣的核心要义——通过为个人提供通向新机会之桥,使其恢复失去的潜能,来维持开放和破坏带来的平均收益。不足为奇的是,传统的左右翼辩论越来越呈现出各说各话的情绪化,以及"桥"的缺失,让政治内部的协调机制也出现了"墙"。

今天,当经济学家谈论重新激发美国或其他发达经济体的增长前景时,他们很自然地、发自内心地考虑推进结构性改革,比如从税制、监管或公司治理等方面入手。但是,这一方案只是扩展了他们遵循的传统的新自由主义自由放任的路线方针。然而,如果我们认识到,经济活力是一种良性循环,需要广泛的公众参与,那么我们就将进行结构性改革,让人们在创新性经济中为取得成功做好准备,并让那些因受到破坏影响而黯然退场的人与经济繁荣重新联结起来。

经济史上充满了"墙"的例子,试图保护人们免遭贸易开放和技术变革带来的损失。与此同时,经济思想史着重强调开放带来的收益。"墙"的代价是高昂的。如何缓和或避免"筑墙"的冲动,是公共政策的一项关键任务。

注　释

① William Bunting, "Reagan in Youngstown," The Ripon Forum, August—September 2008, https://riponsociety.org/article/reagan-in-youngstown-2/.

② Casey Mulligan, "I'm a Tariff Man: Comparing Presidents Reagan and Trump," *National Review*, October 19, 2020, https://www.nationalreview.com/2020/10/i-am-a-tariff-man-comparing-presidents-reagan-and-trump/.

③ 参见 Robert W. Crandall, "Import Quotas and the Automobile Industry," *Brookings Review* 2:4, 1984, pp.8—16。

④ 参见 Kimberly Clausing, "The Progressive Case Against Protectionism," *Foreign Affairs* 58, November—December 2019, pp.109—120。

⑤ 参见 Mary Amiti, Stephen J. Redding, and David E. Weinstein, "The Impact of the 2018 Tariffs on Prices and Welfare," *Journal of Economic Perspectives* 33:4, fall 2019, pp.187—210。

⑥ 参见 Pablo D. Fajgelbaum, Pinelopi K. Goldberg, Patrick J. Kennedy, and Amit K. Khandelwal, "The Return to Protectionism," Working Paper No.25638, *National Bureau of Economic Research*, 2019; *Quarterly Journal of Economics*, forthcoming。

⑦ 参见 Aaron Flaaen and Justin Pierce, "Disentangling the Effects of the 2018—2019 Tariffs on a Globally Connected U.S. Manufacturing Sector," Working Paper No.2019-086. Board of Governors of the Federal Reserve System, 2019。

⑧ 参见 Michael R. Strain, "The American Dream Is Alive and Well," *Wall Street Journal*, February 1—2, 2020。

⑨ 例如,可参见 Chris Matthews, "Here's Why the Middle Class Is Disappearing All Around the World," *Fortune*, July 13, 2016; Pew Research Center, *America's Shrinking Middle Class: A Close Look at Changes Within Metropolitan Areas*, 2016; Alex Morris, "American Middle Class: Why Is It Disappearing?," *Rolling Stone*, November 13, 2018; and Stephen Rose, "Squeezing the Middle Class," Working Paper, Brookings Institution, 202。

⑩ 参见 Pew Research Center, *Majorities Say Government Does Too Little for Older People, the Poor and the Middle Class*, 2018。

⑪ 参见 David H. Autor, Lawrence F. Katz, and Melissa S. Kearney, "The

Polarization of the U.S. Labor Market," *American Economic Review* 96, May 2006, pp.189—194。

⑫ 参见 David H. Autor, "Work of the Past, Work of the Future," *American Economic Review* 109, May 2019, pp.1—32。

⑬ 参见 Adam Looney, Jeff Larrimore, and David Splinter, "Middle-Class Redistribution: Tax and Transfer Policy for Most Americans," Working Paper, Aspen Institute Economic Strategy Group, 2020。

⑭ 参见 Raicho Bojilov and Edmund S. Phelps, "The Effects of Two Different Cultures," Working Paper 78, Center on Capitalism and Society, Columbia University, September 2012。

⑮ 参见 William D. Nordhaus, "Schumpeterian Profits in the American Economy: Theory and Measurement," Working Paper No.10433, Cambridge, MA: National Bureau of Economic Research, 2004。

⑯ 例如，可参见 Milton Friedman, *A Theory of the Consumption Function*, Princeton, NJ: Princeton University Press, 1957; Albert Ando and Franco Modigliani, "The 'Life Cycle' Hypothesis of Saving: Aggregate Implications and Tests," *American Economic Review* 53, March 1963, pp.55—84; and Robert E. Hall, "Stochastic Implication of the Life Cycle—Permanent Income Hypothesis: Theory and Evidence," *Journal of Political Economy* 86, December 1978, pp.971—987。

⑰ 例如，可参见 Christopher D. Carroll, "Buffer Stock Saving and the Life Cycle/Permanent Income Hypothesis," *Quarterly Journal of Economics* 112, February 1997, pp. 1—55; and R. Glenn Hubbard, Jonathan Skinner, and Stephen P. Zeldes, "The Importance of Precautionary Motives in Explaining Individual and Aggregate Saving," *Carnegie-Rochester Conference Series on Public Policy* 40, 1994, pp.59—125。

⑱ 当个人面临借贷限制时，情况就会变得更为复杂——受到"流动性约束"(liquidity-constrained)的消费者在劳动收入下降时，可能会经历显著的消费减少。参见 R. Glenn Hubbard and Kenneth L. Judd, "Liquidity Constraints, Fiscal Policy, and Consumption," *Brookings Papers on Economic Activity*, 1986, pp.1—59。

⑲ 参见 R. Glenn Hubbard, Jonathan Skinner, and Stephen P. Zeldes, "Precautionary Saving and Social Insurance," *Journal of Political Economy* 103, April 1995, pp.360—399。

⑳ 可以参考 Fatih Guvenen, Serdar Ozkan, and Jae Song 对美国社会保障管理局 1979—2011 年间个人劳动所得记录所作的分析。参见 Fatih Guvenen, Serdar Ozkan, and Jae Song, "The Nature of Countercyclical Income Risk," *Journal of Political Economy* 122，June 2014，pp.621—660。注：由于与分娩和育儿相关的劳动力供应的主要变化实际集中在女性身上，因此，我们这里将讨论重点放在男性工人上。

㉑ 参见 Jason DeBacker，Bradley Heim，Vasia Panousi，Shanthi Ramnath，and Ivan Vidangos，"Rising Inequality：Transitory or Persistent? New Evidence from a Panel of U.S. Tax Returns，" *Brookings Papers on Economic Activity*，Spring 2013，pp.67—142。

㉒ 可以再次参考 Hubbard and Judd，"Liquidity Constraints"。

㉓ 这样的社会保险会减少总储蓄，但是会增加个人的福祉。例如，可以参考 R. Glenn Hubbard and Kenneth L. Judd，"Social Security and Individual Welfare：Precautionary Saving，Borrowing Constraints，and the Payroll Tax，" *American Economic Review* 77，September 1987，pp.630—646。事实上，如果将社会保险福利视为"财富"，可以显著降低个人之间的财富不平等，而过去仅仅集中关注个人持有的资产并以之来衡量个人之间财富的不平等。把社会保障视为"财富"的一个例子，可以参考 Sylvain Catherine，Max Miller，and Natasha Sarin，"Inequality Has Increased Far Less Than You Think（If You Consider Social Security Benefits），" *Promarket*，University of Chicago Booth School of Business，Stigler Center，April 16，2020。

第6章

"桥"

　　亚拉伯罕·林肯一生都在主张"架桥",直到他终于成了总统,能够让大规模"架桥"成为现实。他是一个目不识丁的下层农民的儿子,他的政治生涯致力于帮助像他自己这样雄心勃勃的奋斗者实现经济上的体面和舒适。然而,在 1861 年当选为美国总统之前,他为改善美国国内的状况而进行的不屈不挠的斗争几乎没有取得什么成效。他的当选导致了联邦的灾难性分裂以及美国南北战争的爆发,他在恢复联邦统一的同时废除了奴隶制,显示了他最伟大的领导能力。但是,这场危机也带来了一线希望,那就是将美国国会从南方议员手中解放出来,因为南方议员之前总是投票否决联邦政府的重大创议。

　　林肯与国会合作通过了一系列具有"桥"之功能的政策:《莫雷尔赠地法》《宅地法》和《太平洋铁路法》。《莫雷尔赠地法》尤其重要,因为它使美国各州能够将高等教育扩展到收入不高的公民。这些技能开发对 19 世纪美国的经济发展和大众繁荣至关重要。[①]

　　林肯凭借非凡的天赋和毅力抱负提升了自己，他留下的遗产却让其他许多天赋较低的人有机会得到提升。我们现在也需要类似的"桥"。

　　这本书的第1章提到了俄亥俄州扬斯敦的一座桥，这座城市曾经象征着美国的工业进步以及企业和工人的机会。在经历了几十年的衰退之后，当地的商界领导人、扬斯敦州立大学的工作人员和扬斯敦企业孵化器正试图恢复这些机会。

　　"桥"有三个关键要义。第一，它们能够帮助人们在通向经济繁荣的道路上克服一个特定的挑战——它们并不直接为繁荣提供条件。第二，更广泛的情形是社会通过私人组织、政府或公私合作"架桥"。正如全球化和技术变革带来了超出个人掌控能力范围的风险，社会必须"架桥"，这种"桥"是个人无法自行组装的。第三个要义是避免限制竞争。

　　赠地大学、为新定居者提供免费的西部土地和一条横贯大陆东西的铁路大动脉都具备这三个要义，但是除此之外，还有许多其他潜在的"桥"。美国的经济发展从最早的时候起就把重点放在"桥"上——通往新地方的路径——以便开放边疆，创造新市场和新企业。是的，字面意义的桥跨越水路，还有跨越运河和铁路的桥，后来还有高速公路和机场。桥还通过不断降低交通和通信成本将我们联结起来，使许多新的商业活动成为可能。[②]中小学和高等教育等公共教育方面取得的重大进步，使人们提高了商业技能，扩大了社会参与。

　　桥提供了一条穿过难以跨越的路段的通道。正如我们看到的那样，我们当前经济的关键特征为我们中的许多人带来了不少困难，同时也为其他许多人带来了立竿见影的收益。为了保持对开放的广泛支持，我们需要采取广泛的社会行动，为满足期盼"架桥"，而不是为避免恐惧"筑墙"。

"桥"确实很重要

如果"桥"明显比"墙"好，那么为什么"墙"会引起所有人的注意呢？事实证明，这个问题对我们的经济未来至关重要。正如我们所看到的那样，资本主义带来的经济收益是技术、市场以及技能和活动的价值引发的破坏的另一面。没有破坏，就没有收益，情况就是这样，不必多说。破坏创造了获益者和受损者，并可能迫使个人承担超出其掌控范围的巨大的累积风险。对破坏的支持，以及由此带来的资本主义利益，并不是必然出现的。古典经济学家理解到了这一点，他们强调大众繁荣。并且，提出人们要成功地适应经济变革，实际是抓住了这一点的要害——并指明了前进的方向。

尽管对经济问题的严厉抨击颇为流行，但是经济学并不是问题之所在。经济学的语言和实践都提供了问题的答案。而且，更为重要的是，斯密的奠基性思想为资本主义提供了出路。不过，这个问题归根结底还是可以追溯到经济学家头上，他们在变革时期没有能够认真对待普遍存在的社会焦虑。从特朗普总统这样的政客，到《纽约时报》的本雅明·阿佩尔鲍姆（Binyamin Appelbaum）和哥伦比亚大学的尼古拉斯·莱曼（Nicholas Lemann）这样的作者，"指责经济学家"已经成为他们嘴里一个时髦的主题，出现这种情况并不只是一个修辞上的偶发意外。这些作者对这门沉闷的科学和它的高级传教士投下了鄙夷偏见的目光——令人困惑不解，内容松散，甚至被商业利益所俘虏。

一个根本性问题是太多的经济学家与他们周围的现实世界脱节。电影《大儿子小爸爸》(*Back to School*)中有一个发人深省的场景，年纪较大的大学生罗德尼·丹杰菲尔德*(Rodney Dangerfield)在一场枯燥乏味的讲座中向一位经济学教授发问，让这位教授为自己的观点举出一个真实的例子。教授为学生提出这样冒失的问题感到惊讶，他一遍又一遍地回答："这个不重要。"

这个当然很重要。从长远来看，全球化和技术变革提高了生活水平，但这只能通过大量的结构性变革来实现。从这里到那里的路上会发生什么？谁赢了？谁输了？量是多少？经济学家倾向于把这些担忧仅仅当作"转型成本"(transition costs)来处理，这正是引发恐慌的原因。我们有时候发出的轻微警告没有被决策者当回事，他们无所作为。新技术或全球市场变化带来的收入累积风险并不是个人可以轻松承受的负担。我们需要的不仅仅是自由放任，甚至也远不止是亚当·斯密提出的公平竞争环境。我们需要经济学家发挥创造力来设计通向未来机会之桥，以便帮助人们应对破坏的影响。结构性变革要求我们重新思考培训和社会保险项目。当务之急是对培训和社会保险进行更丰富的讨论，将其作为一种经济反应，以应对个人因此承受的引人注目的成本，这种成本是由超出个人控制范围的破坏带来的巨大风险产生的，而不仅仅是为了应对经济的繁荣和萧条。

我们经济学家当然是从一个强有力的立场出发的。技术变革和全球化引发的破坏给美国人，也给全世界带来了巨大的收益。技术的进步带来了更加丰富的新消费品(如智能手机和智能家电)，改变

---

* 美国一位知名的喜剧演员和搞笑明星。——译者注

了工作(通过计算技术和人工智能的进步),提高了当前和未来的生产力(例如,使用自动化、机器人和人工智能)。而且,开放给美国消费者带来了巨大的好处,消费者可以享受更便宜、更多样化的商品。在一项被广泛引用的研究中,经济学家加利·克莱德·霍夫鲍尔(Gary Clyde Hufbauer)和露西·吕(Lucy Lu,音译)得出结论,技术变革带来的贸易自由化与更廉价的交通运输和通信相结合,让美国人均 GDP 从 1950 年到 2016 年,增加了大约 18 000 美元。[③]在许多新兴市场,尤其是中国和印度,开放具有变革转型的特性,成功地使数以千万计的人口摆脱了贫困。

经济学家们过早地欢呼庆祝这些进步,使我们忽视了开放的负面影响。变革显著削弱了一些工作岗位类别中工人的前景,这些工作岗位随着新的技术进步而变得没有以前重要了——例如,传统制造业中的大部分领域都是如此。经济学家已经认识到,这些工人承担着一种不可予以保险的宏观经济风险——但是我们在降低这种风险方面几乎没有做任何事情。难怪工人会感到沮丧挫败,并将这种沮丧挫败情绪投入政治活动。

获益者可以补偿受损者

太多的经济学家只是简单地挥挥手,潇洒地说:"获益者将会补偿受损者。"毕竟,"破坏"的论点在经济学基础理论课程中很常见。破坏——无论是来自竞争(国内的或国外的),还是来自创新(既有对旧事物的创造性破坏,也有对新事物的非破坏性创造)——总是会产生"获益者"和"受损者"。回想一下你的大学经济学课堂中的那些令人兴奋的日子,我有理由相信,教授在大演讲厅或小讨论室里不紧不慢地吟诵过这样的话:这样的破坏让我们集体变得更好,而且获益者可以补偿受损者。希望我们在这一点上能够领先于罗德尼·丹杰菲尔德的课堂上的老师:初级教材会促使教授和学生都记住它。

但是,我们还记得它吗?在缺乏真实有效的项目来实现这一目标的情况下,公众对此持怀疑态度是不奇怪的。大多数人普遍支持自由贸易;2017 年 2 月,NBC 新闻/《华尔街日报》(NBC News/Wall Street Journal)进行的一项民意调查发现,虽然没有过半,但是仍然是最多数人赞成自由贸易帮助了美国。美国哥伦比亚广播公司(CBS)一年前进行的一项民意调查发现,近一半的受访者表示,贸易限制毁掉了工作岗位。然而,2016 年彭博社(Bloomberg)的一项民意调查要求人们在限制进口带来的成本和保护工作岗位带来的收益之间作出选择;保护工作岗位以压倒性优势获胜。④ 如果人们赞成的只是开放这个概念,而不是开放的现实,那么开放的基础就不稳固。

让我们回到经济学基础理论。为什么贸易是好的?几乎可以肯定,你的教授或教科书几乎都是支持古典经济学家大卫·李嘉图关于"比较优势"的思想的。对于两个国家来说,如果每个国家都更有效率地专业化生产一种或几种商品,那么开展贸易就会给彼此带来收益。两国的收入和消费可能性都会有所提高。学生和大多数人很快就能掌握这一思想。

但是,这个结果是"平均的",没有哪个工人或企业恰好处于平均线上。如果贸易开放度增加,竞争力发生变化,经济中的一些产业将会繁荣起来,一些从业人员将会取得成功;而其他企业或从业人员则会看到自己的财富缩水、境遇变差。这就是令学生和许多人感到紧张的地方。与任何经济变革一样,更大程度的贸易开放会产生获益者和受损者:让我们回到俄亥俄州的扬斯敦,在过去几年,如果取消钢铁关税,将会减少国内钢铁公司的利润和就业。当然,如果那几年取消关税,美国消费者和附近的洛兹敦的汽车制造厂的工人的境况会变得更好。(部分是关税的原因,洛兹敦的汽车工厂已经关闭。)

如果实践和理论一样,显示出开放和贸易带来的总体利益更大,那么为什么还会出现政治或社会问题呢?并不是每个人都赢了,并且他们知道自己输了,有时候甚至输得很惨。我们至少可以回溯到1939年——尼古拉斯·卡尔多生活的年代,经济学家当时就已经指向政策变化,以便让获益者补偿受损者,但是我们还是没有弄清楚,怎样才能让这种补偿变为现实。当然,无论是对于贸易还是对于技术变革,单个获益者都没有趋之若鹜、主动排队来补偿受损者。

这种缺少补偿行动的现象很容易理解。开放带来的收益在全社会广泛扩散蔓延,对于每个人来说,享受到的好处只是“涓涓细流”——一些商品的价格略微降低,商品种类更加丰富。损失却是高度集中的,也是显著的——最好的情况是工资停滞不前,更糟糕的情况是工资下降或彻底失去工作岗位——对许多经历过这种情况的人来说,这是一个持续的坏处境。受损者会注意到巨大的风险给自己带来的成本,并因此感到沮丧,而获益者却几乎没有意识到自己得到了改善并继续大踏步前进。[5]

对于经济政策而言,一个非常重要的经验教训是,开放带来的破坏产生的好处越大,获益者应该补偿给受损者的就越多。尽管民主党和共和党领导人对自由放任政策赞不绝口,但是20世纪90年代以来,快速的全球化已经让许多工人置身破坏的影响之中——正如

19世纪在金本位制度下的全球化未能照顾到民粹主义者对暴露在累积风险之中的人们的担忧一样。因此,今天的全球化和技术变革需要一个"安全阀",让那些落后者做好准备,为他们提供缓冲支持。只有有了这些"桥",我们才能有效率地参与经济活动,并因此获得繁荣和尊严。

比个人贡献更重要的是公共或私人机构的行动。超出个人承受能力的风险应该由市场或政府处理,最可取的是通过"桥"来解决。然而,公共政策辩论被两个次要的主张"筑墙"的论点搞得一团糟。第一个论点是,经济精英从工人那里攫取了收益,因为针对生产率提高的增量部分,他们没有相应给工人支付足够的工资。这种论点继续发酵,不平等已经开始蔓延,因为20世纪70年代以后生产率提高带来的收益几乎完全流向了资本所有者及其雇用的企业高管,而不是大多数工人。因此,我们需要更强大的工会和劳动规制来矫正这种收益分配。

第二个论点让人不由地回想起了奥伦·卡斯的观点,即经济学家长期以来集中关注的是消费水平,这是亚当·斯密首先提出的观点,从长远来看会削弱我们的生产力。我们不应该通过开放来最大化消费,而应该通过"筑墙"来保护和最大化我们的生产水平——这反过来又会加强家庭、社区和公司的长期创新能力。

这两种观点都是针对现实问题(不断加剧的不平等和不断衰弱的社区)提出来的,给人直观的形象冲击,甚至在政治上很有诱惑力。但是,它们在经济学上却是错误的,而且是很危险的错误,因为它们分散了我们的注意力,干扰我们通过必不可少的艰苦工作来建设通往未来之桥。

让我们从不平等开始:这种论点认为,企业利用开放获得了压制工人的杠杆(现在国内工人是全球劳动力供应的一部分),并且由更高的生产率带来的收益大部分被企业攫取了。在这种叙事方式下,过度依赖开放和市场力量限制了工作岗位,减少了收入。这种滥用权力的行为剥夺了工人本应从生产率提升中获得的工资收益。

如果这是真的,那么这种变革就是令人担忧的了,因为它将违反经济学基础理论;如果工人的贡献价值上升,他应该得到更多的报酬。但是,事实却并非如此:从罗伯特·劳伦斯(Robert Lawrence)、爱德华·拉齐尔(Edward Lazear)、迈克尔·斯特兰、安娜·斯坦斯伯里(Anna Stansbury)、劳伦斯·萨默斯到斯科特·温希普(Scott Winship)等研究人员都发现,在适当的设定下,工人薪酬和生产率同时上升(或下降)。但是,虽然平均薪酬与生产率同方向升降,而中位数薪酬——在收入分配中间的第50百分位的薪酬——却并没有与生产率同方向升降。

从第二次世界大战结束到20世纪70年代中期,美国经济为工人带来了强劲的收入增长,这种收入增长范围很广,覆盖所有技能水平的工人,比如以受教育程度衡量的各技能水平的工人。[6]在此期间,每小时中位数薪酬与每小时生产率的变化密切相关,亦步亦趋。[7]

20世纪70年代以后,平均薪酬仍然大体上与每小时生产率的变化保持同步,但是不同群体之间出现了巨大差异,中位数薪酬的增长幅度要小得多。[8]受过高等教育(大学或大学以上学历)的人比那些与他们职位相当但只受过高中教育的人获得了高得多的收益,因为他们受益于经济的结构性变革。[9]

对于一些美国人来说,结构性变革并不是低工资增长率的敌人。无论是在这段经济放缓期之前还是之后,美国都在创新方面处于世界领先地位,这可以说是因为这种创新需要更高的技能。[10]我们总不至于要诉诸声称"受过高等教育的工人与资本家勾结,以剥削他们技能较低的同事"这样的荒诞之词。事实上,低技能和中等技能工人(如工厂工人)的生产率收益要低于高技能工人,因为更高技能的工人——软件工程师或许多企业高管——从贸易和技术变革的发展进步中获益更多。因此,高技能工人赚取的工资更高,是因为他们的工作得益于对贸易和技术变革的开放。[11]

结果,企业之间、个人之间的生产率和收入所得的差异越来越大。这种区别不仅仅要在学术上被分析清楚——它对发现和架起潜在的"桥"是一盏指路明灯。我们最需要做的是提高工人的技能,以提高他们现在和未来的生产力。

至于集中关注消费会导致公司、家庭和社区的空心化的论调,最初源于对保护工作和就业岗位的善意的高度关注。在《曾经和未来的工人》一书的开头一章中,卡斯描述了美国中左翼和中右翼政策团体关于"经济信条"(economic piety)的一个共识,即政策应该关注经济增长。[12](到目前为止,一切都很好——根据经验,我可以说,双方的经济政策顾问都在缓慢而庄重地贯彻这一信条。)卡斯挑衅性地提出了一个问题:"如果人们的生产能力比他们消费多少更重要,该怎么办?"考虑到有关"工作岗位"和"工资"的政治讨论,这样一个问题看起来似乎是凭直觉提出来的。但是,这与经济学基础理论对消费和消费者的强调——斯密式强调——相去甚远。差异这么大,难道说"经济学家"来自火星,而"真实的人"来自金星吗?

简而言之，不是的：正如我们在第 4 章中看到的那样，这样一种方法将"工作岗位"，而不是"消费"，塑造为经济和政策大戏的主角。即使是在技术进步的情况下，为什么不为国内生产的商品支付更多，或者另外再多维持一些工人的就业？这样做可能会保障你的邻居的幸福，甚至是你自己的幸福。如果公众评判经济制度的标准是它是否有能力提供高薪工作岗位，并且劳动力市场很少受到破坏的影响，那么就意味着几个世纪以来，从亚当·斯密和大卫·李嘉图开始的经济学家在这个问题上都搞错了。嗯……你过去很崇拜你的经济学教授！

主张"生产多元主义"（productive pluralism）而不是经济增长的论点，实质上只是呼吁筑起保护主义之墙。它们没有涉及斯密关于繁荣需要什么的见解，也并没有帮助工人做好准备，以与生产性活动重新联结起来，而是把他们打发给一个梦幻世界，妄图通过"墙"将已逝的过去封围起来，苟延残喘下去。我们不需要建立关于"生产多元主义"的新的经济学理论。关于经济增长、关于获益者补偿受损者，旧有的经济学会做得很好，我们可以支持帮助低技能工人，他们首当其冲地承受了全球化和技术变革带来的破坏成本。卡斯的研究工作的一个关键点是，他把男性劳动力队伍的劳动参与率下降归咎于美国制造业工作岗位的减少。目前还不完全清楚这种说法是否属实；包括美国企业研究所的斯科特·温希普在内的一些经济学家并不赞同这一观点。[13]但是，即使这是对的，解决的办法也不是保留或恢复已经被经济淘汰了的制造业工作岗位。

在当前的经济状况下，保护制造业就业机会意味着"筑墙"，抵御随着时间的推移会压倒这堵"墙"的巨大力量。在美国和其他工业经济体中,服务业工作岗位在各个技能水平上的重要性都在增长。"桥"能够更好地让工人做好准备,参与到方兴未艾的经济活动中去——对于经济参与和联结而言,这是一个好得多的长期解决方案。

准备之桥

"桥"在理论上是伟大的,但是怎么把"桥"从教科书上的想法跃升为政策行动呢? 让我们从准备开始:"桥"涉及哪些基础设施,来帮助工人为未来的工作岗位做好准备,掌握技能。全球化和技术变革正在逐渐消灭美国许多技能较低的工作类别,因此工人需要提升自己的竞争能力。

技术是关键的驱动力,它是如此重要,以至于经济学家集中关注的是我们拐弯抹角地(如果准确的话)称为"以技能为导向的技术变革"的东西。正如哈佛大学的克劳迪娅·戈尔丁(Claudia Goldin)和劳伦斯·卡茨观察到的那样,整个 20 世纪的工资增长及其在各个群体间的扩散过程可以被描述为"教育和技术的赛跑"。[14]

想想需求和供给之间的赛跑。在 19 世纪,大型工商企业的增长增加了对受过更多教育的工人的需求——在那个年代,受过更多教育的标准是这些工人已经完成了高中学业。这是赛跑中的需求之马。由于美国许多年轻人缺乏接受完整高中教育的机会——这是赛跑中的供给之马——因此,为高中教育支付的工资溢价上升,与现在为高等教育支付的工资溢价上升相类似。[15]

20 世纪推动普及高中教育的运动,最终增加了接受过完整高中教育的劳动力供给,使得高中学历的工资溢价不断降低,到 1960 年达到最低水平,并且缩小了办公室文员和工厂工人之间的劳动收入差距。这可能会推高大学毕业生的工资溢价,但也刺激了更多人上大学。

然而,自1980年以来,大学毕业生的工资溢价已经大幅上升。正如戈尔丁、卡茨和戴维·奥托发现的那样,1980年之后,之前大幅增长的大学入学人数增速开始放缓。当然,技术变革在这一时期发生了爆炸性的变化(需求侧),但是,经济学家令人信服地指出,由于这种受教育程度的增长放缓,工资溢价的上升更多地来自供给侧。[16]因此,供需赛跑是一个重要的隐喻类比,强调的是为不断变化的工作岗位做好准备可以获得的收益,尽管它不能完全解释工资不平等的加剧,这在很大程度上发生在受过大学教育的群体范围内。

很明显,教育对于为受到破坏影响的工人和社区"架桥"至关重要。在大多数工业经济体中,拥有大学学历和没有大学学历的工人收入增长之间的差距已经在扩大,尽管在美国,这种差距相对要小一点。[17]由于这些变化是由供给和需求的基本经济力量所驱动的,如果美国想提高生产率和收入,就必须持续投资于提高技能水平和教育。[18]

除了基于课堂教育之外,我们还需要更多的培训,尤其是在职培训。让我们在工作中富有生产力和效率的东西,有相当一部分是从在职工作中获得的技能技巧。员工从这种培训中受益,获得了更好的技能和更高的工资。雇主从培训自己的员工中受益,促进了生产力和效率的提升。这种从培训中获益的良性循环并不完美;雇主可以对自己的雇员进行投资,但有时却看到接受培训后的雇员去了其他地方,目的是获得更高的工资或一些非工资福利。在当今流动性强的劳动力市场上,这种担忧尤为真实且明显,在这种劳动力市场上,一个人在一家特定的企业或组织中长期工作甚至终身工作的现象,已经被相当频繁的工作岗位变动现象所取代。

因为贸易和技术变革是经济活力持续不断的驱动力量,我们需要"桥"来不断提升个人在整个工作生命周期中的技能,这意味着我们需要建立便捷的教育培训基础设施,让工人在他们的社区就可以完全利用。作为新冠疫情蔓延产生的后果之一,不同的经济活动之间出现了较大规模的工作岗位重新分配的情况,因此这一准备就显得尤为重要。该怎么做?最好的传导机制是社区大学、公共培训项目和公司本身。我们需要改变公共政策去推进这三类机制,在灵活的技能培训体系中满足处于不同状况的成年人的培训需求。

这些机制大多已经到位,只是资金不足和使用不足。最近的一项调查估计,约有一半的工人接受了雇主的培训,约有五分之一的工人自行参加感兴趣的培训。[19]社区大学每年招收700多万名学生参加学分课程,其中近一半的年龄超过22岁。[20]社区大学还与当地雇主合作开发培训证书项目。联邦和州的就业培训计划为这些努力进行了补充,尽管它们往往很少针对当地雇主的需求提供支持帮助。

社区大学是符合逻辑的技能开发主力军,它们在当地区域经济中的存在使它们成为对雇主有吸引力的合作伙伴。经济学家发现,两年制的副学士学位或高质量的证书认证项目足以给那些从来没有接受过高中以上教育的工人带来巨大的工资溢价。

然而,社区大学得到的州一级公共支持已经在萎缩。许多州现在正在尝试取消学费,这确实提高了对更高层次的学习培训的需求。但是,大量研究表明,供给侧的机构资金支持对学生顺利获得技能和完成学位课程至关重要。如果你所在的学校教育质量不高,缺乏支持你更好地完成学业的教育服务,那么免学费就没有什么意义。对于许多为经济上困难的学生提供服务的社区大学来说,这一观察结论尤其正确。

因此,埃米·甘兹(Amy Ganz)、奥斯坦·古尔斯比(Austan Goolsbee)、梅利莎·卡尔尼和我最近提出了一项联邦补助的供给侧计划,以加强社区大学——目的是提高学业完成率,改进劳动力市场结果。[21]与呼吁采取需求侧支持措施(例如,免学费)不同,该倡议的核心是为社区大学的技能开发任务提供供给侧的资源和资助。受林肯的《莫雷尔法》的启发,该计划设定了一个雄心勃勃的目标:到2030年将社区大学的毕业率(或转学到四年制大学)提高到60%——这是目前攻读学士学位的学生的毕业率。该计划还旨在将25岁至64岁拥有大专以上学历的美国人的比率从47%提高到65%,这一水平预计将在2030年满足美国经济那时候的技能需求。

这一努力并非主观上的一厢情愿:经济学家拉贾什里·查克拉巴蒂(Rajashri Chakrabarti)、妮可·戈登(Nicole Gorton)和迈克尔·洛文海姆(Michael Lovenheim)研究发现,增加州政府对社区大学的资助,会使教育程度和学业完成率提高,以及信用分数、汽车和房屋所有权增加。[22]我们只需要联邦政府拨款能够像州政府拨款一样可以灵活运作。

我们估计这些拨款每年将高达200亿美元。这是一笔可观的支出,但相对于其他公共支出项目,比如在新冠疫情蔓延期间稳定经济的支出,这一数额仍然很小。这些拨款是对我们未来的投资,因此在今后的许多年里,其回报将有助于推动形成更具有生产力的经济(以及更强大的社会)。

在我们培养工人技能的同时,我们需要确保美国公司在全球可能性前沿的不断拓展中继续保持竞争力。联邦政府通过大学对研究活动提供资助,来支持基础科学和技术发展,通过这些科学和技术进步,制造业、服务业、消费者和商业应用领域的创新得以实现。企业也进行研发(research and development, R&D),但其重点是"D"(开发)。公共支出等公共措施对研究的大力扶持可以让经济对新的可能性和变革加强准备;美国需要保持全球研究的领先地位,以确保大众繁荣。

在过去三十年中,美国研发支出总额占 GDP 的比例大致保持稳定。但是,用于支持基础的、前沿的研究的公共投资份额急剧下降。㉓这种模式很重要,也很令人担忧。公司在"D"方面可能做得相当成功——将新的应用和技术推向市场——但是"R"(研究)却需要更多的公共支持。㉔

光有社区大学还不够;公司还必须帮助它的员工队伍做好准备,迎接技术变革和全球化带来的工作变化。它们能够实时深入了解这些结构性变革所需的技能,并且从继续留在公司工作的熟练员工中受益,这些熟练员工得到了重新培训,其技能进一步提升。至少在 2020 年新冠疫情蔓延之前,紧张的劳动力市场让公司感觉到额外的压力,增强了培训动机,以留住熟练工人。

然而,过去几十年来劳资关系的变化削弱了企业投资员工培训的动机。随着人们频繁更换雇主,将技能随身携带到新的公司,雇主投资培训的回报率较低。结果就造成一些不好的现象,总统经济顾问委员会、人才发展协会(Association for Talent Development)和人力资源管理学会(Society for Human Resource Management)的研究显示,近年来,劳动力队伍的培训支出呈下降趋势。我们需要扭转这一趋势,尤其是在新冠疫情蔓延引发的结构性变革出现之后,因为数百万美国人正在为新的就业寻求培训。

当地的公私合作伙伴关系有助于说服雇主进行培训投资。丰田汽车公司与肯塔基州社区大学开展的培训合作已经受到许多劳动力专家的关注和赞扬。纽柯钢铁公司(Nucor Steel)在亚拉巴马州北部地区作出的努力也让人印象深刻。该公司在实习人员接受培训期间,为每个人在学费、住房补贴和工资方面花费了高达20万美元,这是一项旨在增加机械工人和技术技能工人供应的培训投资。地方经济发展部门甚至可以让雇主和社区大学参与设计培训安排,以便促进工人培训与特定企业之间的利益联系,提高企业从培训投资中受益的可能性。我们将在第8章回过来讨论这一点。

为了进一步鼓励培训,联邦政府可以提供税收抵免(tax credit),以补偿企业培训工人面临的风险(即那些受过培训的工人可能流失的风险)。这项政策可以像人们熟悉的研发税收抵免一样发挥作用,适用于企业高于基准水平的培训支出。为了将支持重点放在中低技能工人身上,根据美国《国内税收法典》(Internal Revenue Code)中的标准定义,该税收抵免可以仅涵盖非高薪工人的培训。

包括康涅狄格州、佐治亚州、肯塔基州、密西西比州、罗得岛州和弗吉尼亚州在内的一些州已经在为培训投资向企业提供税收激励了。在国会,众议员拉贾·克里希纳姆尔提(Raja Krishnamoorthi)在众议院提出了一项培训税收抵免法案,参议员马克·沃纳(Mark Warner)、鲍勃·凯西(Bob Casey)和黛比·斯塔贝诺(Debbie Stabenow)也在参议院采取了类似的行动。

这种呼吁企业致力于劳动力队伍开发的声音,可能听起来像是第4章中描述的科林·迈耶、马丁·利普顿和利奥·斯特林提出的利益相关者资本主义的论调。[25]企业向投资者和社会报告其劳动力投资的公司治理建议,肯定是有所助益的。

但是,利益相关者资本主义的提议通常会更进一步,让企业对确保员工能够适应基于技能的技术变革承担起责任来。呼吁企业保护就业,无论其出发点是多么善意,实际上都只是在呼吁"筑墙","筑墙"既会对工人也会对投资者造成伤害。这些"墙"阻止不了变革的时代浪潮,但是它们会分散公司的注意力,不能很好地帮助员工为现在和将来的经济做好准备。

重新联结之桥

仅仅为员工提供提升自己技能的方法是不够的;他们还需要在获得这些技能的同时养活自己。斯密提倡创造公平竞争环境,如果林肯是斯密式"架桥"版本的化身,那么另一种适应美国资本主义变革的方式就是强调社会保险。这是对个人的公共支持,这些人由于外部力量的冲击而面临丢失工作岗位的风险。

富兰克林·D.罗斯福总统在20世纪30年代的大萧条中采取的行动就是这种做法的典型例证。他提倡工资支持和失业保险,这是抵御并缓冲那场可怕的经济风暴的"桥"。如果没有这些措施带来的好处,对资本主义的公众支持当时很可能就已经崩溃了。[26]

因此,重新联结依赖于社会保险,这是一种公共政策工具,帮助个人承担宏观经济变革带来的巨大风险，这种风险是私人无法投保的。否则，人们将无法致力于教育或再培训。正如前文提到的那样，在某种程度上，有关社会保险的经济概念在美国政策中其实是很常见的。如果我在经济衰退中失业，我该如何行动，以确保自己能够抵御工资损失？当我不再工作时，我如何确保自己在老年时能够获得收入和医疗保健？社会保障计划为老年人的收入提供社会保险，医疗保险（Medicare）计划为老年人的医疗保健支出提供社会保险，这些项目很快就会浮现在人们的脑海中。但是，这些项目主要针对的是美国老年人。

不幸的是，罗斯福采取的措施对21世纪的社会保险不再奏效。当时面临的挑战是经济周期，因此失业补偿金顶替了在经济周期中因临时的经济低迷而损失的收入。罗斯福创建了联邦和州的失业保险计划，该计划向雇主征税以收集收入，把那些已经失去工作岗位一段时间的工人们纳入失业保险系统，并向该系统注入资金。该项目由各州管理，但是监督和行政费用由联邦劳工部（Department of Labor）承担。各州提供的福利有所不同，但在最高长达26周的失业期间，这些福利平均弥补了大约一半的工资收入损失（最高上限）。失业率大幅上升的州可以在此基础上享受更为广泛的福利。在新冠疫情蔓延的紧急情况下，为了应对失业率上升，这种福利得到提升，并且许多经济学家（包括我在内）建议，在急剧的经济周期的衰退阶段，要改革这一项目，加大对工人的支持力度。

因此，在经济衰退期间，无论是2001年的温和衰退，还是2008年或2020年的严重衰退，失业保险都会覆盖部分收入损失，支撑工人失业期间的家庭支出。这种支持是好的——只要设计得当，失业保

险是反周期政策的一个有效工具,可以平滑家庭在经济波动期间的
支出。

但是,这并不是许多美国人因全球化和技术变革而面临的劳动
力市场保险问题。与临时性裁员相比,这些转型反映了巨大的累积
风险——它们是结构性的,并可能导致就业和收入在很长一段时间
内下降,甚至是永久的根本的下降变化。扬斯敦的许多人在经济周
期的各个阶段都处于失业状态。对于这个问题,失业保险充其量只
是一种短期的缓解措施。这些工人错过了让其重新获得机会和工作
岗位的"桥",他们已经习惯于呼吁"筑墙"了。

政策制定者早就充分理解了这个问题,但是后续行动却十分有
限。约翰·F.肯尼迪(John F. Kennedy)总统帮助通过了《贸易调整
援助法》,作为其 1962 年制定的旨在削减关税的《贸易扩张法》的一
部分。从字面上看,贸易调整援助计划显然是在试图让获益者(通常
是纳税人)补偿受损者。它为受影响的工人(其失业可能与外国竞争
有关)提供了最高长达一年的正常工资之 65% 的收入补偿,以及教育
和培训支持。

不幸的是,约翰逊总统执政期间,该项目的实施排在了其他国内
优先事项的后面。直到 1969 年才仅仅有一个《贸易调整援助法》适
用申请被批准!该计划后来又使少数人受益,但是资金支持太少,实
际只有极少数的失业工人从中受益,无法发挥应有的作用。它也不
一定被局限于应对外国竞争带来的冲击——我们需要它来应对各种
类型的结构性变革,无论是由什么原因产生的。而且,如果对技能的
需求发生了巨大的变化,那么人们为什么还要关心引发这种变化的
诱因是国内竞争、外国竞争还是技术变革呢?

《贸易调整援助法》几乎没有得到民主党和共和党的持续支持。事实上,可以毫不夸张地说,只有当政策制定者开始考虑新的贸易协定时,《贸易调整援助法》才会在华盛顿引起关注。我自己在乔治·沃克·布什总统执政期间和此后的总统竞选中都看到了这一点。我们要原谅工人,他们把这项措施看作玛丽·安托瓦尼特 *(Marie Antoinette)自由放任贸易"蛋糕上的碎屑"**,用经济学家的不幸措辞来说,仅仅是"过渡成本"。

公共政策可以而且必须在这方面做得更好,以保持公众对开放的广泛支持。否则,我们就有可能失去开放带来的活力,以及开放促进的大众繁荣。如果我们筑起保护主义之墙,把工人与结构性变革隔离开来,工人将不会从生产率提高中受益,结构性变革推动产生了这些生产率收益的大部分。事实上,增长本身——扩大经济蛋糕——仍然是提高收入的关键且首要的步骤。实际上,如果工人是因为他们的生产率和对价值创造作出的贡献而获得报酬的,那么经济增长对于提高他们的工资待遇就是十分关键的了。在 2015 年度的《总统经济报告》(Economic Report of the President)中,奥巴马总统的经济顾问委员会强调,如果 1973 年至 2013 年的生产率增长速度与 1948 年至 1973 年的增长速度一样,那么,"收入就会增长 58%……(而且)如果那些收益按比例分配,那么在 2013 年,中位数家庭的收入将额外增加 3 万美元"。

---

* 法国国王路易十六的王后,奢侈无度,有"赤字夫人"之称,1793 年被送上断头台。——译者注

** 据传言,当大臣告知玛丽王后,法国老百姓连面包都没得吃的时候,玛丽天真甜蜜地笑道:"那他们干嘛不吃蛋糕?"这句话未必属实,很可能是后人将愤慨宣泄在这位热衷于打扮的皇后身上。——译者注

为了解决生产率增长持续放缓的问题,自 2009 年以来,经济学家一直将重点放在提高商业投资、促进竞争,以及支持和推广基础研究上。这里的改革集中于推进税制改革以增加投资,加强反垄断执法以确保竞争的活力,以及确保对研究的预算承诺。当然,增长本身并不足以实现大众繁荣。将政策重点放在推动更多工人做好准备、与经济重新联结上,这些仍然是非常重要的。

如果说增长是必要的一步,但是还不够充分,政策就应该"架桥",来管理对于个人而言无法管理的巨大风险——我们必须将重点放在更为现代化的社会保险上,以应对当今收入和工作面临的风险。重新联结的五个政策思想已经出现。第一种政策思想是向那些可能长久失业的人直接提供个人支持。我们为老年人制定了强有力的社会保险计划;为什么不采取同样的措施来降低工作年限内失业的风险呢?

例如,"个人再就业账户"(Personal Reemployment Accounts)将为受到破坏影响的工人提供支持,他们如果在给定期限内(如三个月内)找到新的工作,就会被给予再就业奖金。乔治·沃克·布什总统在 2003 年提出了再就业账户的想法,但是这个想法从未成为法律。按照最初的提议,个人再就业账户将提供最高达 3 000 美元的培训服务和支持,以及再就业奖金(如果接受者在领取失业保险福利的前 13 周内获得全职工作)。"个人"特征来自选择购买一系列培训和支持服务的那些人。

共和党总统候选人米特·罗姆尼在 2012 年的总统大选中提出了一个类似的计划。提出这些想法的人认识到,当前对失业保险和临时裁员的强调,与需要进行更为深远的转型和技能再培训的经济现实格格不入。最近的提议对加强培训支持的强调超过了再就业奖金。[27]其他想法包括在每个工人作出选择的时候,为其提供一次性工作岗位培训税收抵免。在 2020—2021 新冠疫情蔓延之后,这些建议对那些渴望为新的工作岗位做好准备的工人来说要更有价值得多。

第二种政策思想针对的是年长工人,考虑对其实施部分工资保险,以抵消旧工作岗位和可获得的最佳新工作岗位之间的部分工资差额。这种方法解决的是结构性变革使得旧技能变得不那么有价值后收入减少的问题,而不是在失业期间如何弥补失去的收入。它还面临一个事实,即许多下岗工人在一段时间内无法达到(如果有的话)以前的收入水平,这将把一个时间段内的失业问题转变为长期的财务困境问题。这种保险的一个浓缩的版本是在《贸易调整援助法》下运作的,但是使用范围很狭窄,受到许多限制。

这种方法降低了年长工人面临的经济活力风险,他们缺乏长远的眼光,没有看到自己能从新经济中不同技能产生的回报中受益。对工资保险的研究表明,它可以防止近期的收入下降演变成长期的财务困境和失业。然而,工资保险本身在减少失业持续的时间方面只取得了有限的成功。[28]它还需要精心设计,以避免削弱参加再培训和寻找新工作机会的动力。

与个人再就业账户一起,这一工资保险将重新调整美国劳动力市场政策,使之成为广泛支持重返工作岗位的"桥",尽管存在结构性变革。事实上,它们可以在对失业保险进行广泛的政策改革的背景下组织实施。

第三种政策思想的目的是让从事低薪工作的人继续留在劳动力

队伍中,因为即使是这些职业,通常也能提供关键的在职技能提升和在劳动力市场上推动进步的潜力。它扩展了劳动收入所得税抵免(Earned Income Tax Credit, EITC)制度,该抵免制度始于 1975 年,是一项针对家庭的"工作奖金"(work bonus)计划。虽然最初的劳动收入所得税抵免力度不大,但是后来的民主党和共和党总统增加了劳动收入所得税抵免的最高受益额。1993 年,美国国会将这项税收抵免扩大到无子女工人,这是一个重要的初级工作群体,他们要为工作做好准备。现在有 29 个州用增加额外的税收抵免来补充联邦政府的劳动收入所得税抵免。这一政策思想现在已经风靡全球,加拿大对低收入工人的劳动收入开始实施退税,而英国则实施了更为慷慨的劳动税收抵免(Working Tax Credit)。

美国目前实行的劳动收入所得税抵免规模仍然相当小,而且主要针对有孩子的工人。[29]为无子女工人提供更慷慨的劳动收入所得税抵免[在 2021 年的《美国救援计划法》(American Rescue Plan Act)中被临时扩大到无子女工人],以及扩大享受劳动收入所得税抵免的收入范围(目的是降低对技能获取和工作产生的额外收入的边际税率,目前这种收入范围会因为更高的薪酬被逐步取消税收抵免),这些做法将有助于激励更多人留在劳动力市场。在新冠疫情蔓延期间,贾森·弗曼(Jason Furman)、蒂莫西·盖特纳(Timothy Geithner)、梅利莎·卡尔尼和我提议在这两个方面都要扩大劳动收入所得税抵免。[30]另外一种替代性选择是,政府也可以像埃德蒙·费尔普斯所建议的那样,通过向雇主提供补贴来刺激对劳动力的需求。这种对工作的支持避免了奥伦·卡斯和科林·迈耶提出的以工人为导向的工作岗位保护主张所存在的陷阱,同时将支持成本社会化(获益者补偿受损者）。

许多处于工作年龄的男性和女性正在结构性变革带来的冲击中苦苦挣扎，还没有生育子女。如果将他们的劳动收入所得税抵免与有一个孩子的单身成年人获得的劳动收入所得税抵免放到同一个档次，将使无子女工人享受到的劳动收入所得税抵免平均扩大将近五倍。[31]加州大学伯克利分校的希拉里·霍因斯（Hilary Hoynes）和杰西·罗思坦（Jesse Rothstein）估计，如果实施这样一项政策来提高单身没有孩子的工人的劳动收入所得税抵免，使其达到有一个孩子的单身工人的劳动收入所得税抵免水平，并使两个群体之间在劳动收入所得税抵免逐步取消方面获得平等待遇，那么，每年大约需要花费200亿美元。[32]联邦政府还可以通过提高最低工资标准来促进低工资收入的增长。2020年，经过通货膨胀调整后的联邦最低工资标准与1950年时基本相同，自1979年以来，经过通货膨胀调整后的最低工资标准下降了35%。[33]

第四种潜在可能的干预措施是基于地方的援助（place-based aid），目标是向扬斯敦等失业率长期居高不下的地区提供援助。传统上，经济学家对这种援助（送工作岗位到人的想法）持怀疑态度，而是倾向于支持鼓励跨地域流动（送人到工作岗位的想法）。但是，跨地域流动性的下降，以及就业率和收入流动性的显著地区差异，促使人们重新审视这些思想。例如，本杰明·奥斯汀、爱德华·格莱泽和劳伦斯·萨默斯呼吁调整劳动收入所得税抵免等政策，以提高在非就业劳动人口占比较高的地区的工作回报。[34]他们认为，如前所述，这种劳动力市场支持可以通过对当地社区大学教育的供给侧投资来加以补充完善。

　　这种基于地方的援助可以包括鼓励人们重新向机会更好和生产率更高的地区流动。虽然许多个人的、家庭的和不确定的考虑因素可能会限制流动性,但是跨地区流动曾经是非常普遍的现象。㉟在 20 世纪 50 年代,每年大约有五分之一的美国人口跨地区迁移,这一数字在今天减少了一半左右。㊱就我们在这里的目的而言,这种流动性对低技能工人尤其重要,他们可以通过搬迁到更具活力、增长更快的地区,来缩小相对于高技能工人的工资差距。㊲由于存在地区差异,这种跨地区流动也可以增强孩子那一代收入的阶层流动性。㊳

　　美国联邦政府已经尝试开展一些项目,向在一个新地区接受全职工作岗位的符合条件的个人提供一次性资金支持。1994 年出台的"搬向机遇"(Moving the Opportunity)计划覆盖了五个大都市区——巴尔的摩、波士顿、芝加哥、洛杉矶和纽约。其结果好坏参半,可能是因为提供的补贴太少了。㊴

　　基于地方的援助也可以借助其他政策上的关切一并被纳入考虑。如果不考虑作为准备和联结政策议程的组成部分达成所愿的合意性(desirability),基于地方的援助可以搭上一大批已经在进行的政策行动的"东风"。我想到了当前政策努力或讨论的两个领域:建立"机会区"(opportunity zones),以及讨论经济脱碳社区应对全球变暖的"公正转型"(just transitions)。㊵虽然前者来自中右翼的支持,后者来自中左翼的支持,但是两者都不是色彩特别党派化的,都可以服务于从广义上扩大联邦政府实施的基于地方的援助,以应对结构性经济变革。

　　建立"机会区"(Opportunity Zones)是 2017 年通过的美国《减税和就业法》(Tax Cut and Jobs Act)的一个组成部分。在降低总体税率和重组公司海外业务税收的同时,该项法律还降低了经济困难社区的税收负担。现在,美国所有 50 个州都制定实施了分区计划,各州根据人口普查区来划分认定低收入地区的街区,提交的"机会区"名单必须经由美国财政部评估确认＊。对于持续时间不少于十年的投资实行资本利得零税收政策,目标是增加投资回报,将资本吸引到投资不足的区域。为了让我们这里提出的背景框架能够发挥效力,符合条件的分区应该比照发生结构性经济变革的区域的做法,在这些区域,新投资可以"挤进"(crowd in)其他投资,形成合力。

要想实现重新联结,这种基于地方的援助必须符合基础设施和劳动力队伍条件,各区工人才能做好准备,以有利可图的方式接受这种援助。但在太多的时候,情况往往并非如此。因此,在 20 世纪 90 年代,较老的联邦"授权区"(Empowerment Zones)通过工资所得税收抵免和基础设施的不指定用途的一揽子拨款来支持低工资工作。如今,联邦政府提供了一系列花样繁多的地区援助,包括农业部的农村发展项目(Rural Development Programs)、农村公用事业服务(Rural Utility Service)计划和农村合作服务(Rural Cooperative Service)计划,商务部的经济发展管理局(Economic Development Administration)和《贸易调整援助法》,国防部的针对基地关闭或武器项目终止实施的工业复苏项目(Industry Resilience Program)以及小企业管理局的贷款担保计划,相应的计划或项目多种多样。对这些项目的资金支持是有限的,我们需要加大力度协调整合这些项目,与地方政府和发展当局一起,去支持把受到破坏影响的工人重新联结起来。[41]

类似地,美国经济去碳化的政策将加快以化石燃料开采为重点

＊ 目前美国各州已经确认 8 700 个贫困或低收入人口普查区。——译者注

的地区的结构性变革,这种破坏在煤炭产区已经很明显。这种去碳化活动的规模很大,将需要大幅扩大基于地方的援助措施,一些受到影响的地区将与那些已经遭受技术变革和全球化影响的地区一样,需要同等的援助支持。研究人员发现,联邦政府在某些领域(如农业部的项目、经济和教育基础设施项目)的努力确实取得了成功,关于全球变暖和气候变化的辩论将推动对此问题的进一步讨论。如果与州和地方的努力协调推进,联邦政府项目就会取得更大的成功。[42] 就我们这里想达到的目的而言,我们可以将这种支持与社区大学的再培训创议以及与大学的研发合作行动结合起来。

来自联邦政府的基于地方的援助可以通过高度灵活的不指定用途的一揽子拨款提供。据厄普约翰研究所(Upjohn Institute)的蒂莫西·巴蒂克(Timothy Bartik)估计,对具体地区的支持,大约花费300亿美元,可能会让按区域划分的那些处于最低的四分之一地区的就业率达到全国中位数。[43] 我们将在第8章中回过来讨论如何做才可能实施这样一项创议。

第五项政策思想是,重新联结必须解决如何获得医疗保健的问题,而这往往与就业挂钩。通过调整对医疗保健的税收补贴,我们可以实现全民巨灾医疗保险。通过扩展针对中等收入者的储蓄安排,以及其他针对低收入人群的公共项目,我们可以动员资金用于补贴医疗保险的自付费和共同付费部分。以这种方式扩大医疗保险覆盖范围,可以减少变换工作岗位时遇到的障碍,这也是美国医疗保健体系中长期存在的顽瘴痼疾,并在2020年新冠疫情蔓延中被放大。这种做法还可以从整体上促进更多的就业,因为雇主不再需要支付不断上涨的医疗成本。这些较高的成本减少了企业可用于支付工资的薪酬资金,导致许多工人拿到手的收入停滞不前。并且,在一定程度上,工资受到限制(由于最低工资法律或竞争性力量的存在),较高的医疗福利成本降低了对中低技能工作岗位的劳动力需求。

正如经济学家约翰·科根(John Cogan)、丹尼尔·凯斯勒(Daniel Kessler)和我所主张的那样,这些税收调整可能会有助于遏制低效的医疗支出,提高工人实际拿到手的工资收入。⑭我们的研究揭示出,对医疗保险的大量需求侧补贴,以及医疗保险市场存在的供给侧限制,都造成企业的医疗成本支出大大膨胀。

这五种政策思想起到了"桥"的作用,因为它们只是提供了临时的支持帮助,目的是让人们能够恢复依靠自身实现成功的生存能力。这与另外一种社会保险截然不同:全民基本收入(universal basic income, UBI)计划,它将无限期地持续下去。包括米尔顿·弗里德曼、查尔斯·默里(Charles Murray)、理查德·尼克松和现在的杨安泽*(Andrew Yang)在内的支持者们吹嘘全民基本收入计划是简化转移支付的一种方式,甚至被亚伯拉罕·马斯洛(Abraham Maslow)描述成一条通往自我实现之路。全民基本收入计划现在正受到拜登政府的高度重视。但是,全民基本收入计划重点关注的是收入,而不是劳动力参与,它忽视了工作依恋(attachment to work)的社会影响。就像呼吁保护工作岗位一样,全民基本收入计划是一道政策之墙,将受到破坏影响的个人与新的机会分隔开来。

从经济角度来看,技能和收入的提升几乎总是建立在实际工作经验和培训的基础之上。全民基本收入计划的支持者声称,这将使陷于苦苦挣扎之中的工人能够更好地投身经济活力之中。但是,从

---

* 2020年度美国总统大选中一位华裔民主党总统竞选人。——译者注

社会的和政治的角度来看,这些转移支付将创造出一个危险的内部人/外部人经济。前文提到的失业保险将是临时性的、有针对性的,而全民基本收入计划则将是持续不断适用于每一个人的,从而会减少个人参与劳动力市场的积极性。

我们这里概括归纳出来的五项政策干预措施代表了一个重要的联邦政府政策转向,瞄准准备和重新联结之桥,正如表 6.1 总结的那样。它们还代表着纳税人资源的巨大投入。然而,每年的成本不到1 000 亿美元,相对于经济衰退中的周期性支出增加,或新冠疫情蔓延期间及之后提供的大规模财政支持,这些支出并不算多。作为参考,2019 年(新冠疫情蔓延前)的联邦政府支出为 4.4 万亿美元。即使在十年之内花费 1 万亿美元,这些"架桥"项目的花费也比免除联邦政府提供的学生助学贷款债务的成本(约 1.5 万亿美元)要小,2017

表 6.1 五项政策干预措施总结

对社区大学的不指定用途的一揽子拨款	提高技能,提供再培训;到 2030 年,将工人的技能水平提高到美国经济所需要的水平
个人再就业账户	存在长期失业的情况下,给参加技能再培训提供支持帮助
工资保险	弥补经历结构性失业的年长工人一部分工资损失
扩大劳动收入所得税抵免计划	将劳动收入所得税抵免计划扩大到没有孩子的工人,为初级工人提供更为强有力的工作补贴
基于地方的援助无指定用途的一揽子拨款	向处于困境之中的社区提供高度灵活的不指定用途的一揽子拨款,以支持商业服务业发展,促进工作岗位创造
医疗保健税收改革	调整对医疗保险的税收补贴,以提高保险覆盖率,方便保险在不同工作岗位之间的结转接续,同时降低变换工作的成本

这些准备和重新联结之桥除了起到促进经济增长的政策作用之外,还加强了社会的经济参与;它们是保护主义之墙的另外一种有效的替代选择

年通过的《减税和就业法》将美国公司所得税税率从35%降至21%，十年的成本大约为1.5万亿美元，也远远超过了我们提出的"架桥"项目花费。在本书的第8章，我将回过来讨论"桥"之创议所需要的政策和预算安排。

回到经济学基础理论

全球化和技术变革带来的就业和收入前景的变化，一直让数以百万计的美国人感到惴惴不安。许多人处于宏观经济风险之中，而这种风险又是个人无法通过投保规避的。他们的挫败感让他们呼吁筑起保护主义之墙，以抵御这些市场力量——从长远来看，"墙"会伤害所有人。因此，我们需要创造性的方法来应对这些风险，同时又不让我们与那些结构性变革带来的诸多好处相隔绝。

对"筑墙"呼吁的反驳不能仅仅依靠经济学家和政界人士正在做的对自由放任好处的赞美。经济学基础理论建议重点关注技能开发和更现代化的社会保险。这里概述的思想将在接下来的两章中得到更详细的介绍。但是，非常值得一提的是，它们在很大程度上已经在美国以外的地区被应用了。

脱欧的想法在英国很受欢迎，部分原因是开放带来的收益在各阶层的分配参差不齐，以及人们认为开放需要让渡经济主权，这是不可接受的。英国脱欧投票（就像唐纳德·特朗普当选总统投票一样）发生在周期性经济复苏期间，当时失业率较低，然而结构性力量很强大，仍然让许多工人落后于变革。在法国和意大利，过于自负的福利国家政策挤出了财政政策空间，不能让更多的人与当前和未来的工作联结起来。在英国和欧盟,人们认为社会精英——商界领导人、政府官员和技术官僚以及经济学家——对他们所欢呼拥抱的经济力量缺乏基本技能和基础经验,处理不了新情况新问题。

因此,美国以外的政治讨论痴迷于保护主义之墙,让受到挑战的工人陷入困境无法自拔。由于政治领导人在应对 2020 年至 2021 年新冠疫情蔓延带来的经济大破坏中苦苦挣扎,保护工人、企业和产业之墙的呼声只增不减。"桥"的缺乏持续助长民粹主义者对于"筑墙"的呼声,这种声音甚嚣尘上,引发人们对商业前景的担忧,并进一步引发对市场经济体系本身的担忧。

在许多国家——包括美国在内——民粹主义者呼吁"筑墙",往往伴随着他们强烈反对在经济政策决策方面发挥专业知识和经验的作用。这种对专业知识和经验的抵制应该引起我们的警惕,原因有两个。

首先,架起卓有成效的"桥"需要认真仔细的推理和分析。其次,也是重要得多的一点,资本主义的活力所需要的广泛的公众支持既要构筑实际的"桥",也需要用经济学家的语言来构建政策思想之桥。我们不需要新的经济学。但是,"转型成本""人力资本"或"不可避免的经济力量"等术语必须让位于联结和重新联结之桥。就此而言,需要更多的经济学家前进一步,既要将他们的理论建立在现实世界遇到的经济问题的基础之上,又要为"桥"提供创造性的思想。

亚伯拉罕·林肯致力于"架桥",让人们为机会做好准备;富兰克林·罗斯福利用"桥"让处于破坏影响之中的许多人重新联结起来。今天,实现大众繁荣和保存美国资本主义需要这种充分的融合。

注　释

① 当然，奴隶制当时是美国实现大众繁荣的最大障碍。林肯还没来得及为那些新获自由的人架起的通向成功之桥作出巨大努力就去世了，但是，赠地大学最终还是向黑人学生开放了。

② "桥"的这种应用在美国司法中也有着丰富悠久的历史例证。1837 年美国最高法院在判决的一个重要案件中确立了一项原则，即今后社区权利是对私有财产权利的一个补充。最高法院裁定，如果允许桥梁所有者垄断一条路线上的交通运输，正如查尔斯河桥公司（Charles River Bridge Company）所主张的那样，将会限制桥梁通向未来。最高法院首席大法官罗杰·托尼（Roger Taney）认为，运河和铁路正有效率地抢走公路的运输业务，而将垄断权授予传统公司将会限制未来的交通运输改善。（Charles River Bridge v. Warren Bridge, 36 U.S.［11.Pet］）420［1837］.）亚当·斯密肯定会赞成这一判决的。

③ 参见 Gary Clyde Hufbauer and Zhiyao（Lucy）Lu, "The Payoff to America from Globalization：A Fresh Look with a Focus on Costs to Workers," *Policy Brief* PB17-16, Peterson Institute for International Economics, 2017。

④ 参见 Alan S. Blinder 所做的分析：Alan S. Blinder, "The Free-Trade Paradox：The Bad Politics of a Good Idea," *Foreign Affairs Online*, December 11, 2018。

⑤ 让我们再次回到亚当·斯密的观点，他在《国富论》中指出，支持自由贸易的显而易见的理由会遭到与商人和制造商们有利害关系的诡辩术"式的反对。在这场拉锯战中，剩下没有明言的就是"桥"了，与新机会联结之桥，或者是与生产性经济重新联结之桥。这种联结和重新联结是"获益者可以补偿受损者"这一思想理念的"骨肉之躯"。

⑥ 参见 David H. Autor, "Work of the Past, Work of the Future," *American Economic Review* 109, May 2019, pp.1—32。

⑦ 参见 Anna Stansbury and Lawrence H. Summers, "Productivity and Pay：Is the Link Broken?" Working Paper No.18-5, Peterson Institute for International Economics, 2018。作者们以总体经济每小时的真实产出来衡量"生产率"；他们以总体经济每小时的真实薪酬来衡量"平均薪酬"，用 CPI-U-RS 物价平减指数来消除通货膨胀的影响。

⑧ 出处同上。

⑨ 参见 Autor, "Work of the Past, Work of the Future"。

⑩ 事实上,正如后文论述那样,需要一个"大众繁荣"的概念,即为更多美国人提供机会,以保持对于创新性市场体系的社会共识。

⑪ 并且,还有更多。一些经济学家认为,潜在的强大经济力量正在将高生产率和高技能的工人向成功的"超级明星"企业集中:John Van Reenen and Christina Patterson, "Research: The Rise of Superstar Firms Has Been Better for Investors Than for Employees," *Harvard Business Review Online*, May 11, 2017.

⑫ 参见 Oren Cass, *The Once and Future Worker: A Vision for the Renewal of Work in America*, New York: Encounter Books, 2018。

⑬ 参见 Scott Winship, "What's Behind Declining Male Labor Force Participation: Fewer Good Jobs or Fewer Men Seeking Them?" Working Paper, Mercatus Center, George Mason University, 2017。

⑭ 参见 Claudia Goldin and Lawrence F. Katz, *The Race Between Education and Technology*, Cambridge, MA: Harvard University Press, 2008。他们以之前的著作为基础,比如,Jan Tinbergen, "Substitution of Graduate by Other Labor," *Kyklos* 27, 1974, pp.217—226。

⑮ 参见 David H. Autor, Claudia Goldin, and Lawrence F. Katz, "Extending the Race Between Education and Technology," National Bureau of Economic Research Working Paper No.26705, January 2020。

⑯ 参见 Florian Hoffmann, David S. Lee, and Thomas Lemieux, "Growing Income Inequality in the United States and Other Advanced Economies," *Journal of Economic Perspectives* 34, 2020, pp.52—78。

⑰ 出处同上。

⑱ 通过比较经合组织跨国家的平均总小时劳动所得(即税前)数据,可以发现低技能美国工人的劳动所得远低于德国、加拿大或英国对应的工人劳动所得。参见 https://stats.oecd.org/Index.aspx?QueryId=82334。还可以参考 Autor, Goldin, and Katz, "Extending the Race Between Education and Technology"。

⑲ 参见 Paul Osterman, "Skill Training for Adults," *MIT Work of the Future Research Brief*, October 2020。

⑳ 参见 MIT Work of the Future, *The Work of the Future: Building Better Jobs in an Age of Intelligent Machines*, November 2020, page 52。

㉑ 参见 Amy Ganz, Austan Goolsbee, Glenn Hubbard, and Melissa Kearney, "A Policy Agenda to Develop Human Capital for the Modern Economy," in Melissa Kearney and Amy Ganz, eds., *Expanding Economic Opportunity for More Americans*, Aspen, CO: Aspen Institute, 2018。

㉒ 参见 Rajashri Chakrabarti, Nicole Gorton, and Michael F. Lovenheim,

"State Investment in Higher Education: Effects on Human Capital Formation, Student Debt, and Long-Term Financial Outcomes of Students," Working Paper 27885, National Bureau of Economic Research, October 2020。

㉓ 参见 National Science Foundation, National Center for Science and Engineering Statistics, "National Patterns of R&D Resources," annual series。

㉔ 研发支出水平较高的国家通常也有较高的收入水平。参见 Charles Jones, "The Facts of Economic Growth," in John B. Taylor and Harald Uhlig, eds., *Handbook of Macroeconomics*, vol. 2A, Amsterdam: North-Holland, 2018。经济学家侧重于关注知识外溢能够产生高社会回报,初始研究参见 Zvi Griliches, "Research Costs and Social Returns: Hybrid Corn and Related Innovations," *Journal of Political Economy* 66, October 1958, pp.419—432。可以参考更近的论文:Brian Lucking, Nicholas Bloom, and John van Reenen, "Have R&D Spillovers Declined in the 21st Century?" *Fiscal Studies* 40, December 2019, pp.561—590。

㉕ 参见 Statement on the Purpose of a Corporation, Washington, DC: Business Roundtable, 2019; Martin Lipton, The New Paradigm, Davos, Switzerland: World Economic Forum, 2016; and Leo E. Strine, Jr., "Toward Fair and Sustainable Capitalism," University of Pennsylvania Institute for Law and Economic Research Paper No.19—39, October 2019。

㉖ 罗斯福是一位实用主义者,他最初试图减少竞争,美国国家复兴管理局为许多行业设定价格。这种以"墙"为基础的策略很快就崩溃了,于是罗斯福转向了"桥"。但是,罗斯福新政确实加强了对整个经济的监管,其中大部分措施直到 20 世纪 70 年代和 80 年代才结束。

㉗ 例如,可以参考 Christopher J. O'Leary and Randall W. Eberts, "Personal Reemployment Accounts," *Upjohn Institute Employment Research Newsletter* 11: 1, 2004。

㉘ 例如,可以参考 Katherine Lucas McKay, "Bridging the Gap: How Wage Insurance Can Address Unemployment-Related Income Volatility," *EPIC Report*, Aspen Institute, July 2017。

㉙ 2020 年,全国范围的劳动收入所得税抵免平均支付金额为 2 605 美元。但是,这一数字因向有子女的工人支付工资而有所偏差。对于无子女的单身工人,2020 年的最高劳动所得税收抵免支付金额为 538 美元。参见 https://eitc.irs.gov。

㉚ 参见 Jason Furman, Timothy Geithner, Glenn Hubbard, and Melissa Kearney, "Promoting Economic Recovery After COVID-19," Aspen Economic Strategy Group, June 2020。

㉛ 参见格伦·哈伯德所做的讨论：Glenn Hubbard, "Supporting Work, Inclusion, and Mass Prosperity," in Michael R. Strain, ed., *The U.S. Labor Market: Questions and Challenges for Public Policy*, Washington, DC: AEI Press, 2016, pp.96—105. 2021 年通过的《美国救援计划法》将把劳动收入所得税抵免适用范围暂时扩大到无子女工人。

㉜ 参见 Hilary Hoynes and Jesse Rothstein, "Tax Policy Toward Low-Income Families," in Alan J. Auerbach and Kent Smetters, eds., *Economics of Tax Policy*, Oxford: Oxford University Press, 2017。

㉝ 该计算方法是根据美国所有城市地区全部消费品的城市平均消费者物价指数(CPIAUSCL, Consumer Price Index for All Urban Consumers: All Items in U.S. City Average)的变化调整最低工资，从而计算出真实最低工资。数据来自美国劳工统计局和 fred. stlouisfed.org 网站。CPIAUCSL 是美国居民消费价格指数的一个具体数据系列，由美国联邦储备银行圣路易斯分行提供，专门用于衡量所有城市消费者的消费价格变动情况，是衡量通货膨胀的一个重要指标。

㉞ 参见 Benjamin Austin, Edward Glaeser, and Lawrence H. Summers, "Saving the Heartland: Place-based Policy in 21st-Century America," *Brookings Papers on Economic Activity*, 2018:1, pp.151—232。

㉟ 参见 Kristina Huttunen, Jarle Møen, and Kjell G. Salvanes, "Job Loss and Regional Mobility," *Journal of Labor Economics* 36, 2018, pp.479—509。公共政策也可能会起到意想不到的负面作用。在一些州，职业许可证费用和限制措施使得在一种职业类型范围内的流动变得更加困难。失业保险福利的结构设计可能会导致个人在从一个州迁移到另一个州的时候失去某些拓展的福利。

㊱ 可以参见以下材料中所做的计算：Current Population Survey Historical Migration/Geographic Mobility Tables reported in Kelsey Berkowitz, "Stuck in Place: What Lower Geographic Mobility Means for Economic Opportunity," *Third Way Report*, January 28, 2019。

㊲ 参见 Nick Schulz, "Mobility Matters: Understanding the New Geography of Jobs," *American Enterprise Institute*, July 25, 2012。

㊳ 参见以下文章中所作的分析：Raj Chetty, Nathaniel Hendren, Patrick Kline, and Emmanuel Saez, "Where Is the Land of Opportunity? The Geography of Intergenerational Mobility in the United States," *Quarterly Journal of Economics* 129, November 2014, pp.1553—1623。

㊴ 其他项目在更大的激励下已经取得了更多的成功。参见 Marco Caliendo, Steffen Künn, and Robert Mahlstedt, "The Return to Labor Market

Mobility: An Evaluation of Relocation Assistance for the Unemployed," *Journal of Public Economics* 148, 2017, pp.136—151。

㊵ 这个词通常被用在这类讨论中。例如,可以参考 International Labor Organization, *Guidelines for a Just Transition Towards Environmentally Sustainable Economics and Societies for All*, Geneva, Switzerland, 2015; and Blue Green Alliance, *Solidarity for Climate Action*, Report, 2020。

㊶ 例如,可以参考如下的研究评论:Daniel Raimi, Wesley Look, Molly Robertson, and Jake Higdon, *Economic Development Policies to Enable Fairness for Workers and Communities in Transition*, Report 20—08, Resources for the Future and Environmental Defense Fund, August 2020。

㊷ 出处同上。

㊸ 参见 Timothy J. Bartik, "Using Place-Based Jobs Policies to Help Distressed Communities," *Journal of Economic Perspectives* 34, Summer 2020, pp.99—127。

㊹ 通过减少对雇主提供的医疗保险的依赖,我们还可以减少低效的医疗支出,并提高工资。参见 John F. Cogan, Glenn Hubbard, and Daniel Kessler, *Healthy, Wealthy, and Wise: Five Steps to a Better Health Care System*, Stanford, CA: Hoover Institution Press, 2011。

第 7 章

企业作为"架桥"者

　　纽约州的罗切斯特市是纽约州北部伊利运河（Erie Canal）畔一座著名的美国城市。如今有 206 000 人居住在此，它有许多名声在外的特点。其中最为知名的是它拥有一位具有远见卓识的商人，他的名字叫乔治·伊士曼（George Eastman）。

　　伊士曼生于 1854 年，他的职业生涯无论在商业方面还是在慈善事业方面都非常卓越，直到 1932 年去世。19 世纪 80 年代，他发明了简易胶卷和傻瓜相机，并于 1892 年与亨利·斯特朗（Henry Strong）一起创立了伊士曼·柯达（Eastman Kodak）公司。这家公司远远不止拥有"柯达时刻"*（Kodak moment），它还主宰了电影业数十年。

　　随着伊士曼·柯达公司的成功，该公司的员工和罗切斯特市也取得了成功。在巅峰时期，柯达公司在罗切斯特市雇用了 60 400 名员工，超过了该市前三大雇主［罗切斯特大学、罗切斯特地区卫生中

---

　　* 在多年前，柯达公司推出了一系列广告促销胶卷，鼓励人们多用柯达胶卷记录生活中的珍贵一刻，于是就有了"柯达时刻"一词。——译者注

心(Rochester Regional Health)和韦格曼斯杂货店(Wegmans grocery stores)]在当地雇员的总和,而且在全世界的雇员人数是在罗切斯特市人数的两倍多。罗切斯特市通过柯达的存在,也通过伊士曼本人和企业向城市提供的公民参与,深切感受到了柯达的成功。这座城市在罗切斯特大学开设了伊士曼音乐学院,罗切斯特大学还受益于这位企业家对创办口腔医学院提供的大力支持,而且,口腔医学院成为伊士曼遗产的唯一继承人。[①]

然而,伊士曼并没有在他的技术领先地位上止步不前。他还为他的员工和整个罗切斯特市"架桥"。作为后来所谓的"福利资本主义"(welfare capitalism)的先驱者,他在 1910 年设计了几项福利计划,比如所有员工都参与的利润分享。三年后,他设立了公司的健康保险基金,异常慷慨地捐款 100 万美元(员工也为该基金作了贡献)。

他任命弗洛伦斯·麦卡纳尼(Florence McAnaney)为柯达人事部门负责人,这是美国大公司中女性担任重要行政职务的先例之一。[②]这些努力帮助员工(其中许多人来自与他父亲的农场类似的农场)过渡到公司环境,并养成了产业工人和办公室文员的生活习惯。

伊士曼还非常重视企业在知识前沿中扮演的角色。除了送给罗切斯特大学大量的礼物之外,伊士曼还是麻省理工学院的一个重要的捐助者。1912 年至 1920 年,伊士曼——匿名以"史密斯先生"(Mr. Smith)的名义——在 1920 年麻省理工学院从波士顿迁至美国剑桥时,出资修建了其主校区;他还给予麻省理工学院化学系大量支持。*[③]

---

* 1916 年麻省理工学院迁入新校址,1920 年伊士曼的匿名捐款人身份曝光。当时麻省理工学院一度因为经费紧张要被合并到哈佛大学。1912—1920 年,伊士曼共为麻省理工学院捐款 2 000 万美元现金(现在价值超过 2 亿美元),还有柯达公司股票。——译者注

伊士曼亲眼见证了自己的企业为他自己、投资者和其他利益相关者带来了利润和机会。一个世纪之后,现在的企业也可以这样做。

在"墙"与"桥"的斗争中,企业一直扮演的是一个至关重要的支持性参与者角色。企业家,以及后来规模更大的商业组织,一直是创新和破坏、工作岗位的创造和摧毁、机会和承诺的发动机。亚当·斯密等古典经济学家重视对变革、贸易和专业化的商业开放。要想最大限度地利用商业,就需要市场、消费者和工人保持竞争状态,而政府则要密切关注限制贸易的企图。这些限制将制约开放商业所能带来的大众成功和繁荣。

尽管存在福利资本主义,但是在大多数情况下,企业并没有自己"架桥"。它们把这个任务留给了当地社区和政府。但是企业现在可以,也应该帮助"架桥",以便让人们为经济做好准备,并与经济重新联结起来。这些"桥"可以为亚当·斯密设想的成功的广泛传播和大众繁荣注入活力,避免出现可能损害变革收益的"墙",像今天的技术变革和全球化力量已经遭遇的那样。

公司的目标是为股东还是为社会服务?

在 20 世纪之初,伊士曼·柯达公司和其他大公司对员工进行了投资,以便更快地培养出一支庞大而可靠的劳动力队伍,依靠市场或政府自身力量培养的速度太慢。它们现在对应要承担的责任是什么,尤其是在"架桥"方面它们要做些什么?

在"架桥"的过程中,企业可以扩大与公众之间的互信。2020 年1 月新冠疫情蔓延之前,埃德尔曼信任度晴雨表(Edelman Trust

Barometer）调查发现，企业比政府在自己擅长做什么和解决问题方面
有很大的认知优势。在做正确的事情方面，非政府组织（NGO）的得
分高于企业和政府。公众看到，企业在让工人做好准备，以便争取到
更好的机会和工资方面发挥着重要作用。虽然企业在实现这一目标
方面比政府更具有优势，但是埃德尔曼的调查也揭示出企业与政府
建立合作伙伴关系的价值。然后在2020年5月，随着新冠疫情蔓延
主导了经济和新闻，埃德尔曼而后进行的一项调查发现，公众对企
业尤其是对政府的信任度都有所提高。对大公司及其领导人的警
示信号只是来自少数人，那些人认为这些企业没有充分重视自己
员工的工作岗位和培训。这样的担忧可能会激发人们呼吁对企业
进行更强的公共干预，以保护工作岗位，这就是经济和企业都无法
承受的"墙"。

但是，企业在这方面需要做些什么呢？商界领导人和一般个人
一样，能够而且经常表达社会关切。这很好，商界领导人的声音很受
欢迎，很容易赢得公众和政界的尊重。还有一件需要做的更深层次
的事情——企业领导人整体上都应该积极主动，为工人和社区架起
准备和重新联结之桥。这些"桥"让企业和社会之间建立起至关重要
的沟通联结渠道。

商业圆桌会议是一个面向大公司首席执行官的论坛，总部位于
华盛顿特区的一个不起眼的地方。2019年，它发表了一份《关于公司
目标的声明》。这是在乔治·沃克·布什政府前官员——和蔼可
亲、知识渊博的约舒亚·博尔顿（Joshua Bolten）牵头负责下，以及
在摩根大通的杰米·戴蒙、强生公司的亚历克斯·戈尔斯基（Alex
Gorsky）和安永事务所马克·温伯格（Mark Weinberger）等首席执行

官的参与执笔下发表的。

在该声明提醒读者注意企业在提供商品和服务、创新和工作岗位等方面发挥的重要作用之后,参加圆桌会议的 181 位首席执行官表示,企业应该致力于为所有的利益相关者服务。股东,也就是公司的所有者(用经济学的术语说就是公司利润的"剩余索取权人"),被排在声明的末尾。排在前列的重要利益相关方是:"为我们的消费者提供价值……投资于我们的员工……以公平和道德的方式与我们的供应商打交道……以及……支持我们工作所在的社区。"

该声明值得注意,因为它似乎偏离了商业圆桌会议 1997 年发表的声明,即"企业的主要目标是为其所有者创造经济回报"。这一转变似乎与投资界巨头贝莱德集团首席执行官劳伦斯·芬克对公司"目标"的呼吁相一致,也与左翼和右翼民选官员对公司"目标"的呼吁相一致,贝莱德是大多数企业的一个重要的股票持有者。

2019 年的声明引起了一些人的共鸣。福特基金会(Ford Foundation)有影响力的前任主席达伦·沃克(Darren Walker)说:"这将要求企业按照商业圆桌会议的语言'以所有利益相关者的利益为出发点'运营……"④从民主党参议员伊丽莎白·沃伦到共和党参议员马尔科·鲁比奥,政客都加入了利益相关者的大合唱。相比之下,在前国务卿乔治·舒尔茨(George Shultz)、斯坦福大学经济学家迈克尔·博斯金(Michael Boskin)、约翰·科根和约翰·泰勒(John Taylor)合著的一篇文章中,他们写道:"这份声明使人相信,存在一种对美国企业在当今经济中的运营方式的不正确的看法……并且未能考虑到削弱股东利益的重要性会带来的实践的、真实的和不利的后果。"⑤

事实证明,商业圆桌会议发布的两项声明之间的紧张关系很容易被调和,然而却留下了一个重要的悬而未决的问题。但是,变化越大,事情就越是一样。让我们从调和开始。50 年前,后来的诺贝尔经济学奖获得者米尔顿·弗里德曼提出了一个著名的观点,即公司治理应该使股东价值最大化。⑥这一思想在经济学家和公司治理实践者中占据了主导地位,它似乎是我们强调的紧张关系中的一个方面。

那么,这种观点难道是对的吗？一方面,弗里德曼似乎在说,企业经营就是要赚钱。经理和董事会对股东负有责任,也就是说,要实现企业股权价值最大化。不存在更广泛的公司责任来实现社会目标。相反,如果股东愿意,他们可以将公司的利润用于社会目标,与企业管理层从事此类活动相比,这样做的浪费更少,私利也可能更少。比尔·盖茨创立了微软公司,这是一家非常成功的公司,但是,他并没有强迫他的高管们开展重大的慈善活动。相反,他拿出自己的部分公司股份变现,在全球范围开展了很多重要的慈善活动。

然而,弗里德曼给出的指导意见并没有看上去那么严格。首先,在竞争性市场中,企业必须让员工、供应商和客户等利益相关者满意,才能继续经营下去。如果不被公平对待,客户就不会购买公司的产品或服务;供应商不会和它做生意;工人们也不会签署雇佣协议,或者不会积极工作。这些领域的公司行为还会受到法规制度的监管。

例如,我们可以看看新冠疫情蔓延期间许多美国公司的经营和人力资源投资行为表现。在美国最大的 100 家公司中,有 69 家公司为了保障员工的健康,对员工的工作日程安排进行了重大调整,有 62 家公司增加了对所在社区的贡献。这些活动仍然符合弗里德曼的以投资者为中心的理论范式。只要这些活动是自愿的,管理者就可以根据股东的长远利益来谋划这些活动。

进一步地看,弗里德曼的意图应该是企业领导人能够实现公司的长期价值最大化。公司可以以企业的长期价值或生存能力为代价来提高短期的股东回报——比如今天我们有时会看到的,通过削减产品开发费用来回购公司的股票。但是,弗里德曼明确授予董事会自由活动的空间,来评估管理层长期以来对公司价值的管理,以及随之而来进行的利弊权衡。虽然公司财务中过度的管理"短期主义"是有争议的,[⑦]但是弗里德曼的名言中没有任何内容是阻止集中关注股东价值最大化的长期目标的。他甚至指出:"一家公司是一个小的社区的主要雇主,企业投入资源为该社区提供便利设施或改善其政府治理,很可能是符合该公司的长期利益的。"[⑧]因此,2019 年商业圆桌会议发布的声明可能更多地是为了提醒人们要关注长期存在的公司关切,而非反思公司的目标。

因此,重点关注股东长期价值最大化并不意味着容忍对股东之外的利益相关者的不当对待,或者更糟糕的是,从这些利益相关者那里榨取价值。即使撇开监管或法律约束不谈,即便出于股东利益行事的企业高管和董事,也会希望与利益相关者保持良好的有价值的关系。

对商业圆桌会议 2019 年声明的另一个担忧是,对于一家企业的领导者来说,同时实现多个目标的最大化是很困难的。在实践层面,实施和评估对利益相关者的承诺有助于提升股东长期价值。在利益相关者范式下,除了渎职行为之外,还有什么样的公司资源管理支出不能被理解为可以用于解决某些利益相关者的优先事项?

许多公司活动都同时为公司股东和其他利益相关者创造了积极

的价值。什么时候利益可能会出现分歧？也许是在产品市场或劳动力市场不是竞争性市场的情况下。但是,如果这些情况真的出现了,解决问题更多的是要采取公共政策行动,而不是要企业作出决策。如果代表股东行事的企业高管专注于公司的短期业绩表现,而利益相关者则更关注公司行为的长期影响,则可能会出现另一种潜在的分歧。

尽管如此,一些批评人士仍然认为,由于公司重点关注的是股东,它们往往倾向于为了短期的结果而牺牲长期的目标。事实上,可以鼓励公司重点关注米尔顿·弗里德曼所希望看到的长期价值最大化。我们可以在不改变公司目标的情况下鼓励实现长期价值最大化。为了使管理决策与公司的长期利益相一致,科罗拉多大学经济学家桑杰·巴加特(Sanjai Bhagat)和我建议,用股票(或股票期权)奖励公司高管和公司董事,这种用于股权激励的股票直到持有该股票的公司高管或董事会成员离开公司后一两年才能被出售。⑨这样的调整将使高管和董事将公司长期价值损失带来的成本内部化,与他们的个人利益相挂钩,这种损失是由他们热衷追求的活动造成的,这些活动在短期内会带来价值,但在以后会减少公司价值。

更一般地看,抛开公共政策和法规不谈,谁应该决定公司在特定社会问题上的立场？当然,股东可以就特定问题进行投票。不过,如果股票分散在许多小股东手中,他们是否知道自己的最佳利益之所在,以及是否会根据自身最佳利益而相应地投票,就会成为问题。或者换一种角度看,诺贝尔经济学奖得主奥利弗·哈特(Oliver Hart)和路易吉·津加莱斯主张"股东福利最大化",他们将研究重点转向更容易实现的集合持股,这是因为机构投资者集中持股现象越来越突出,以及那些投资者面临的长期价值最大化的信托要求。[⑩]正如哈特和津加莱斯指出的那样,一家公司可以在其章程中设定长期价值最大化的使命,允许股东日后投票对其进行修改。但是在实践中,强制机构投资者履行新的受托责任——使股东而非投资者的利益最大化——可能很困难。

公司培训之桥

无论公司是遵照弗里德曼的观点行事,还是与利益相关者资本主义的倡导者保持一致,很明显,它们都可以合法地投资于劳动力队伍的开发和再培训,以实现公司的长期利益。[⑪]在理想的情况下,它们将支持面向企业现有员工以外的劳动力的项目,以帮助失业工人和其他可能在未来会加入它们的边缘工人。为了最大限度地发挥作用,它们将与当地教育机构和政府合作行动,以确保高质量工作岗位所需要的熟练工人能够很好地得到供应。

但是,即使是企业内部的发展项目也可以发挥"桥"的作用,比如为实现数字化提高员工技能的培训。这里有两个关键问题:公司可以在企业培训资金或学费报销方面提供什么样的财务支持来提高员工的技能和工资? 公司可以与当地教育机构和政府开展什么样的特别合作事项,以指导社区投资,确保高质量工作岗位能够很好地适配熟练工人? 虽然公司慈善事业可能确实可以发挥一定的作用,但是这两个问题与企业的运营密切相关。弗里德曼对股东长期价值最大化的强调将劳动力投资明确无误地摆上了台面。在专门指定的董事或董事会下属的专门委员会的领导下,向董事会提交的年度报告,将有助于维持董事会和首席执行官层面作出的承诺,并引发投资者的兴趣和提问。

一些企业已经在参与这方面的努力了,它们参与的方式高调且具有商业价值。也就是说,这些行动符合采取行动的企业的利益。例如,美国电话电报公司(AT&T)利用其"2020年劳动力计划"(Workforce 2020 program)项目,让其员工为获得更高薪酬的新兴工作岗位做好准备。培训主要在线上进行,同时以虚拟徽章的形式提供AT&T和其他雇主看重的培训资格证书。在当地让技能和工作岗位匹配起来,是该项目能够成功的关键。

沃尔玛在首席执行官道格·麦克米利恩(Doug McMillon)的领导下,对员工技能提升和再培训进行了大量投资,以吸引和留住人才,提高生产率。虽然华尔街最初对这些投资持怀疑态度,但是公司仍然坚持推进它的此项创举,认为这符合公司投资者的长期价值和利益。工作岗位的改造转型既能够帮助企业在零售业务中增加技术含量,也为员工提供了宝贵的数字化技能。大部分培训是在工作现场进行的,以虚拟现实和游戏化为培训工具。到2019年,该公司认为其投资提高了员工的技能、工资和生产力,得到了华尔街的更多支持。[12]

更大的"桥"可能出现在行业层面。早在2006年,公用事业公司就成立了能源劳动力发展中心(Center for Energy Workforce Development, CEWD),以缩小中等技能岗位中的技能差距,比如技术人员和操作人员等。该中心筛选了所需的技能,设计了培训课程和证书,并为各个私营公用事业公司开发了最佳实践环节,以便与当地教育机构合作办学。美国约有一半的工作岗位要求中等技能,2018年,中等技能工作岗位的空缺数量超过了要求填补空缺的工人数量。[13]这些工作岗位工资待遇很好,初级的薪水就很高,而且,今后通往更高薪职位的途径也是畅通的。

能源劳动力开发中心的成功促使公用事业公司重新努力,调整优化教育合作伙伴关系,以让工人做好准备,参加再培训。评估的核心是实际运作成效,强调明晰的就业途径,以及与社区大学合作开展的受到重点关注的课程设计。[14]

这些工作岗位并不需要有四年制的大学学位;人们可以获得技能和工作经验,使自己有资格胜任许多中等工资水平甚至更高工资水平的工作岗位——这就像一些研究人员定义的"明星"工人("STARS", workers, Skilled through Alternative Routes,即通过另外的替代途径获得技能)那样。[15]这些研究人员为非大学学位持有者识别出 7 000 万个美国工作岗位,根据技能和经验,这些人可以被分派承担薪酬更高的工作。这种技能提升为那些以前的工作岗位已经受到技术和全球化带来的结构性变革不利影响的工人提供了一座"桥"。对企业而言,对拓展技能和再培训的重点关注为今天和明天的工作岗位提供了更丰富的人才供给渠道。

企业和其他私人慈善资源可以支持和培育教育干预措施,如本书第 6 章讨论的鼓励社区大学学生完成学业的综合服务模式那样。举个例子,得克萨斯州塔伦特学院(Tarrant County College)与天主教慈善会(Catholic Charities)在沃思堡(Fort Worth)合作开展的"坚持到底"项目(Stay the Course program),在鼓励学生完成学业方面已经取得成功。当地的企业团体可以提供相关的资金筹措和指导顾问支持。[16]在芝加哥,非营利组织的"一百万个学位"(One Million Degrees)

项目为社区大学提供全面支持。它的有效性也可以作为商业慈善和志愿服务学习借鉴的典范。⑰

公司还可以在全国范围内开展合作,提高低薪工人的技能,这可能会让所有企业受益。由马克尔基金会(Markle Foundation)建立的"返回工作美国联盟"(Rework America Alliance),吸引了像谷歌、IBM、微软、麦肯锡公司和 Workday 公司 * 这样的商业合作伙伴,以及像国家城市联盟(National Urban League)这样的公共利益团体,像亚利桑那州立大学和 EdX** 这样的教育机构和平台。联盟合作伙伴支持工人基于个人经验和具体工作岗位愿望来确定自己的实践培训。麦肯锡提供分析服务,以便确定工人的工作岗位路径,从而根据他们的技能提高他们的收入。

例如,在新冠疫情蔓延期间,麦肯锡构建了一个数据库,其中包括 6 000 万份匿名的人才简介和工作历史,并发布了 1.5 亿个工作岗位的需求信息。利用这些数据,麦肯锡研究了技能和工资得到提高的那些人发生的转变。从低薪工作中脱颖而出的那些重要的新兴工作岗位出现在技术、医疗和企业管理领域。该咨询公司敦促雇主对应聘者采取以技能为中心的态度,而不仅仅是以学位为中心的态度。有了这些"桥",公司不仅为了自身的长期利益,也作为社会上一支向善的力量在行动。

参加商业圆桌会议的首席执行官促进了对劳动力队伍的培训和支持。特别是,他们敦促将联邦财政援助的资格扩大到行业认可的

---

* 美国一家著名的 IT 企业。——译者注
** 麻省理工学院和哈佛大学于 2012 年 4 月联手创建的一个开放的在线课堂平台。——译者注

非学位的培训认证项目的学生。而且,他们还游说国会,允许联邦勤
工俭学基金(federal work-study funds)被用于校外体验,以获得更好
的与工作相关的商业技能。在自己的企业内,他们承诺提高起薪标
准,以增强员工在职获得工作技能时的经济保障。

对于我在这里强调的"大众繁荣"目标而言,公司承诺支持员工
参与是一件大事。这种志愿服务促进了员工和企业对社区事务的参
与,并培养了一种"我们都在一起"的精神。这种精神也有助于提升
工商企业的价值。

企业的这种干预不仅限于直接的商业问题,如劳动力开发或让
更多的人参与经济活动。更为广泛的社会问题和社会正义也可以提
上议事日程。例如,在 2020 年,商业圆桌会议在美国的警察改革中
提高了自己作为公司领导人代表的成员资格的分量,这是一个具有
广泛刑事司法和社会正义意义的话题。商业圆桌会议倡导警察参与
社区事务,重视数据收集,拘留和对嫌疑人使用武力的透明度,以及
对单个警察和整个警察部门的问责。这一倡议刺激了国会和州一级
的两党支持,增加对警察力量多样性和变革的项目投资。

企业也可以联合起来支持新的人才来源。重新参与的一个关键
群体是被监禁的人。在我任教的哥伦比亚大学,塔默社会企业中心
(Tamer Center for Social Enterprise)与雇主合作,通过其"重返社会加
速项目"(Re-Entry Acceleration Program)为这些人提供就业机会。商
学院的学生积极参与协助培训,雇主提供职业训练和指导。只要有
企业支持,该计划可以在全国范围加以推广。

这些商业努力都是充满希望的。但是仍然存在一个说不清楚的
问题,即"搭便车"问题——这一点很重要,尤其是对于企业作为"架

桥"者的角色而言。如果 A 公司对工人进行大量投资,B 公司就算不进行投资也可能受益。如果 C 公司投资社区便利设施,邻近的 D 公司可以免费享用。为了鼓励公司继续进行这些投资,我们需要外部协调。政府可以对培训给予税收抵免奖励,尤其是针对本企业以外的非雇员的培训。社区大学、经济发展机构,或者甚至是当地企业协会,还可以与愿意承担相当一部分成本的当地公司合作。

另一个解决方案是为当地需要的特定技能的工作岗位开展培训。2019 年,亚马逊公司宣布了到 2025 年大幅提高自己雇员中的三分之一——10 万人——的技能的培训目标,强调培训在推动员工向上流动方面的关键重要性。例如,它的仓库正在增加技术含量,需要来自新兴工作岗位的员工掌握新技能。该公司预计将投资 7 亿美元,期望在提高生产率方面获得可观的财务回报。作为该创议的组成部分,它正在利用劳工统计局不断变化的工作岗位数据来确定新的工作岗位类别,并与社区大学合作,为潜在的员工提供与这些工作岗位相匹配的技能培训。它专注于为当地工作岗位培训当地工人。亚马逊公司知道"搭便车"问题并没有消失,但是它仍然相信为这种培训花费是值得的。[18]

类似地,在 21 世纪初,国防承包商诺思罗普·格鲁曼(Northrop Grumman)与弗吉尼亚州纽波特纽斯(Newport News)的社区大学和合作教育项目开展合作。在日益复杂的造船项目中,它为低技能工人启动了一个内部学徒计划。表现出特殊能力的学生可以攻读机械工程或计算机辅助绘图与设计的副学士学位,学费由公司全额报销。该公司留下了 2 500 多名内部学徒计划的毕业生,其中许多人获得了副学士学位。将工人的技能与所需的特定工作岗位相匹配有助于企业的成功。⑲

除了税收抵免,政府还可以通过一些直接的政策行动鼓励公司开展相互合作。例如,反托拉斯和反垄断规则可以加以修改,以便公司合作"架桥",加强员工的职场竞争力,提高他们的工资水平。公司税收政策也可以加以改变,以影响公司的盈利能力、选址决策、工人工资给付或投资激励。

维持充满活力的资本主义之桥

这些公共政策干预如果实施,仍然会是对股东长期价值最大化的补充,而不是替代。的确,与解决气候变化等更宏大、更棘手的社会问题相比,企业更有理由帮助"架桥"。例如,防止全球变暖需要社会和企业减少向大气中排放的碳,并适应不断变化的地表温度。投资者可以而且应该敦促企业披露更多关于其实现长期价值与气候变化的关系的信息,企业可以采取行动减少排放,提高其对长期价值最大化的适应能力。这一步是市场过程和反应的合理延伸。但是,如果单靠这一步,并不能解决企业活动对气候变化影响的负外部性问题。

应对全球变暖和气候变化的重大调整要求美国和国外的公共政策作出调整,比如实施碳税或替代能源技术补贴。公共政策会发挥这种必要的作用吗?虽然这其中的一些忧虑反映的是民粹主义者反对大企业的情绪,他们认为,从技术和全球化的结构性变革中产生的利益,以及从 2007—2009 年金融危机的政策反应中产生的利益,并没有得到公平分享,但是,考虑到正在发生的新冠疫情蔓延带来的空前的、骇人的经济影响,这种忧虑的根源可能远不止这些。由于政治功能失调,社会问题得不到及时处理,那么为什么不转而求助公司及其领导人,对受到破坏影响的工人采取积极进步的行动呢?但是,这些问题涉及广泛的外部性和溢出效应,需要政府在企业参与的基础上进行干预。让我们转向公司吧,因为政治进程似乎已经破碎,进展甚微,行不通了。

对于公司来说,"架桥"是一种不可推卸的社会责任——考虑到如今对资本主义的攻击,公司还需附带有额外的激励去"架桥"。弗里德曼把社会对资本主义的支持视为理所当然,他说公司只需要服从经济生产的约束条件(请再次回到你学过的经济学基础理论),以及服从他所谓的"法律和道德习俗"的约束。

技术和全球化带来的结构性变革导致人们对市场经济以包容性方式提供商品的能力产生了怀疑。企业会发现,投资于熟练劳动力符合自身利益,或许投资于它们运营所在的社区也是如此。正如亚当·斯密所观察到的那样,市场经济及其活力在一定程度上是一种社会性的构建。企业及其领导人不应该也不能把公众的支持视为理所当然。如果企业不积极支持"桥",就会遭遇"墙"——保护主义、限制灵活性和变革,或者对利润和控制权进行完全彻底的限制。

在内心深处,我们正纠结一个复杂的问题:企业和市场经济应该做什么,政府应该处理什么,两者之间的界限到底在哪里?这种争论由来已久,可以追溯到亚当·斯密在《国富论》中对资本主义造富机器的描述。

正如我们在第3章中分析的那样,斯密强烈反对政府主导的重商主义的修修补补政策。他的观点是,竞争性企业在对变革持开放态度的市场中运营,对于任何经济体系而言都能产生最大的潜在剩余——并且进而提高了公民的生活水平,他们可以购买到更多品种、更低价格、更好质量的商品和服务,这是"国民财富"。斯密提出,政府的作用是提供公共产品,如国防或司法服务,由税收提供资金,政府还要维护市场竞争秩序。坚持斯密式传统的经济史学家后来又将财产权、合同法和独立司法等法律制度列入政府任务清单。虽然不是严格的自由放任,但是斯密的"看不见的手"的市场机制却让企业走上了"在服从那个约束条件下,最大化这个目标"的道路,这是两百年后弗里德曼加以标准化的道路。

虽然政府承担了应对宏观经济波动、医疗保健、收入或财富不平等以及老年消费等问题的责任,但是我们在这里关注的重点一直是政府对结构性变革的管理。这些变革虽然被视为社会保险问题,但是实际上相当于个人难以承担的累积性风险。

如果我们将弗里德曼对利润最大化的"服从法律和道德习俗"的约束条件解释为对包括市场经济的社会支持,那么企业从自身的长期利益出发,应该架起通往机会之桥。但是,它也应该推动——并愿意帮助支付——更大的公共行动,为更广泛的成功"架桥"。这种推动可以通过商业组织与民选官员一起倡导大众繁荣的政策来实现。

例如,第二次世界大战后,美国公司大力推动马歇尔计划(Marshall Plan for Europe),然后指导支持其实施。由于害怕国家主义之墙卷土重来,它们帮助欧洲人与市场成功重新联结起来。今天,来自技术变革和全球化的挑战也对商业机构所倡导支持的"架桥"提出了类似的需求。

这种为企业"架桥"的角色让我们沿着一个完整的循环又回到了乔治·伊士曼身上,他在20世纪的产业生涯中拓展了商业实践的极限。他为自己、为柯达公司及其股东们做了很多好事。他还推动罗切斯特大学发展进步,在麻省理工学院支持科学前沿发展。伊士曼·柯达公司架起了"桥"。他非常重视企业内部员工的发展,并资助教育提升。

今天的商界领导人需要效仿这些做法。在经济中消除参与和成功的障碍,对于实现大众繁荣和支持我们的经济制度是至关重要的。商人——通过商业圆桌会议、美国商会(U. S. Chamber of Commerce)、经济发展委员会(Committee for Economic Development),或者更多的是地方组织——必须大力推动变革,即让人们做好准备,与经济重新联结起来。

这些变革具有广泛的影响,不仅对特定的某家企业或某组企业是这样,而且深思熟虑的商界领导人会将这些广泛的影响视为关键之所在。他们正共同推动更广泛地分享经济活力带来的收益——并共同推动对经济活力的支持。这一努力可能会成为公司的下一个"柯达时刻",而远不止《关于公司目标的声明》所表达的那些内容。

注 释

① 由于没能跟上数码摄影技术早期创新的步伐,2012年柯达公司被迫申请联邦破产保护。它出售了许多成功的专利,一年以后从破产中重生,最近又占据了媒体的头条新闻,因为它在新冠疫情蔓延期间获得了联邦贷款支持,开始生产药品。参见 Mike Dickinson, "Kodak's Decades of Decline," *Rochester Business Journal*, September 13, 2017, https://rbj.net/2017/09/13/kodaks-decades-of-decline/。

② 福利资本主义的第二基本原理（对一些雇主来说可能是第一基本原理）是不鼓励工人加入工会。例如，可以参考 Stuart Brandes, *American Welfare Capitalism*, 1880—1940, Chicago: University of Chicago Press, 1976。

③ 伊士曼还向最终成为罗切斯特理工学院（Rochester Institute of Technology）的机构捐款。他在经历了两年的病痛折磨后，于 1932 年自杀身亡。

④ 参见 Darren Walker, "Uncomfortable Questions," *New York Times Sunday Review*, July 5, 2020。

⑤ 参见 George Shultz, Michael Boskin, John Cogan, and John Taylor, "Some Thoughts on the Business Roundtable's Statement of Corporate Purpose," RealClearMarkets, February 5, 2020。

⑥ 参见 Milton Friedman, "The Social Responsibility of Business Is to Increase Its Profits," *New York Times Sunday Magazine*, September 13, 1970。供这里及后续相关内容作参考。

⑦ 参见 Sanjai Bhagat and Glenn Hubbard, "Should the Modern Corporation Maximize Shareholder Value?" *Economic Perspectives*, Washington, DC: American Enterprise Institute, September 2020。

⑧ 参见 Friedman, "The Social Responsibility of Business Is to Increase Its Profits"。

⑨ 参见 Bhagat and Hubbard, "Should the Modern Corporation Maximize Shareholder Value?"

⑩ Oliver Hart and Luigi Zingales, "Companies Should Maximize Shareholder Welfare, Not Market Value," *Journal of Law*, Finance, and Accounting 2, 2017, pp.247—274.

⑪ 投资者也发挥了作用。股东可以行使自己的投票权，要求公司经理人员高度重视对劳动力队伍的培训或气候变化对公司长期价值的影响。大的机构持股人——比如贝莱德集团、道富银行（State Street）和先锋集团（Vanguard）——在几乎所有的大型企业都持有相当数量的股票，它们可以在这方面发挥作用，并且正在发挥建设性的作用。

⑫ 参见 William R. Kerr and Jordan Bach-Lombardo, "Walmart's Workforce of the Future," *Harvard Business School Case*, 9-819-042, July 30, 2019。

⑬ 参见 National Skills Coalition, "United States' Forgotten Middle," https://www.nationalskillscoalition.org/resources/publications/file/middle-skill-fact-sheets-2014/NSC-United-States-MiddleSkillFS-2014.pdf。

⑭ 参见 William Kerr, Michael Norris, and Manjari Raman, "CEWD: Closing the Skills Gap," *Harvard Business School Case*, 9-818-081, May 6, 2019。

⑮ 参见 Peter Q. Blair, Tomas G. Castagnino, Erica L. Groshen, Papia Debroy, Byron Auguste, Shad Ahmed, Fernando Garcia Diaz, and Cristian Bonavida, "Searching for STARS: Work Experience as a Job Market Signal for Workers Without Bachelor's Degrees," Working Paper No.26844, National Bureau of Economic Research, March 2020。

⑯ 参见 W. N. Evans, Melissa S. Kearney, B. C. Perry, and James X. Sullivan, "Increasing Community College Completion Rates Among Low-Income Students: Evidence from a Randomized Controlled Trial Evaluation of a Case Management Intervention," *Journal of Policy Analysis and Management* 39,2020, pp.930—965。

⑰ 参见 Marianne Bertrand, K. Hallberg, K. Hofmeister, B. Morgan, and E. Shirey, "Increasing Academic Progress Among Low-Income Community Students: Early Evidence from a Randomized Controlled Trial," Chicago: University of Chicago Poverty Lab, 2019。

⑱ 参见 Joseph Fuller, Harvard Business School Podcast on Managing the Future of Work interview with Ardine Williams, vice president of workforce development at Amazon, January 8, 2020。

⑲ 参见 Louis Soares, "The Power of the Education-Industry Partnership," *Center for American Progress*, October 4, 2010。

第 8 章

政府与"桥"

　　正如第 6 章描述的那样,林肯总统在支持 1862 年《莫雷尔法》方面表现出了领导风范。这项立法将联邦土地销售收入挤出一部分用于全国各地新建的和已有的州立大学。但是,政府资助的这种类型的"桥"本质上是政治性的安排,并且受到与企业架设的"桥"不太相关的力量的巨大影响。《莫雷尔法》为赠地大学提供了很好的联邦支持,这是一个"架桥"的极好例子。

　　当时美国经济正在经历从农业到制造业、从小型企业组织到大型企业组织的结构性变革,赠地大学不断发展,为不断涌现的工作岗位提供了源源不断的技能培训。它们还扩大了收入不高的学生和女性接受高等教育的机会,并向社区提供了工农业技术推广服务。①《莫雷尔法》既是一个巨大的成功,也是一个具有警示性的精彩故事。当时的利益集团想方设法将其转变为一场战斗,一方要架起通向现在和未来之桥,另一方要筑起保护过去之墙。尤其是当我们今天重点关注增加对培训和技能提升的支持时,赠地大学发展过程中出现过的紧张局势仍然是一个重要的问题。[②]

佛蒙特大学成立于 1792 年,它是一家被指定为适用《莫雷尔法》的赠地大学。因此,它教授"与农业和机械艺术相关的各分支学科……以促进工农阶层的人文和专业教育"。19 世纪 70 年代的经济衰退出现严重后果,农作物价格下降,佛蒙特州的农民抗议新出现的产业,反对铁路、银行和赠地大学为这些新产业服务,这些学校开辟了超出农业范围的教育之路。他们组织成立了美国农业保护者协会(Patrons of Husbandry,又称"the Grange",成立于 1867 年),反对他们认为导致农村地区人口减少的全部大学课程。1888 年,他们直接向佛蒙特州立法机关提出抗议。[③]

该校校长马修·巴克姆(Matthew Buckham)亮出了应急王牌——大学受托人贾斯汀·莫雷尔(Justin Morrill),莫雷尔作为国会参议员,领导了赠地大学运动,从理念到法律都是如此。80 岁的莫雷尔告诉立法机构,该法案不仅致力于为那些喜欢从事农业的人提供教育服务,而且致力于为那些愿意从事工业的人提供教育服务。他还将具备科学知识的生产视为《赠地法》的一个关键目标。

莫雷尔随后在《伯灵顿自由报》(*Burlington Free Press*)上发表了一篇社论,从多个角度为赠地大学的目标积极进行辩护。佛蒙特州农业保护者协会会长阿尔法·马瑟(Alpha Masser)认为,赠地大学应该保护衰落中的农村社区。但是,莫雷尔强有力的辩护瓦解了立法机构对赠地大学办学方针可能施加的限制。[④]

在美国北方大部分地区和首都华盛顿,农民发起抵制赠地大学的运动,但是最终也未能删除赠地大学有关产业教育的文字规定。取而代之的是,国会做出了一个优雅的妥协:国会在各农业县另外分别安排对农业短期课程和农业推广服务的资助,人员配备通常由赠地大学的教职工组成。赠地大学作为"桥"被保留了下来,并取得了成功,为美国走向工业资本主义经济铺平了道路。这些大学或学院还促进了科学和技术的发展,包括点亮了科学农业的发展之路。这些大学并没有筑起保护旧农业之墙,阻止经济发生剧烈的结构性变革,而是通过传授实用的知识,支持既有社区以及新社区的发展,取得了巨大成功。当它们平衡这些相互竞争的需求时,它们将教学、研究和服务的任务密切结合在一起,直到今天,完成这些任务仍然是美国高等教育机构的核心要义。

我们需要通往未来工作之桥,因为个人无法独自管理破坏带来的风险。因此,社会机构必须提供"桥"。根据上一章提出的那些挑战,我们需要政府为受到破坏影响者承担起大量的这种责任——同时,政府可以与企业和非营利部门开展合作,以确保成功。

从古典经济学家到支持对变革保持经济开放,也就是资本主义好的一面——创新、经济活力和更高的生活水平——的新自由主义者,都承认存在一个重要的复杂性。开放带来变革,而变革可能会破坏企业、个人和社区。但是,今天的政策辩论看起来似乎是一场乏味的网球赛,一方主张自由放任地接受变革,另一方要彻底质疑资本主义的经济基础,甚至是道德基础。这种变革就像亚当·斯密对决卡尔·马克思的讽刺漫画一样早就存在。现在,民粹主义者正在大声疾呼"筑墙",民选官员则叫嚣着要迎合他们的诉求。

对于亚当·斯密来说,政府在"架桥"方面的主要作用是促进公平和开放的竞争。企业必须为争取客户、员工、利润和市场开展竞争,进行公平的竞争。当然,对贸易、专业化和新的工作方式及新的经营方式的开放也很重要。这种观点并非简单的自由放任，因为斯密希望政府能够防止不公平的贸易或商业行为，没有监管操纵。同样地，两个世纪之后，米尔顿·弗里德曼主要将政府视为裁判员。

但是，在现实中，产品市场和金融市场中存在的远不止是竞争。对"竞争"的强调假设我们都可以竞争，我们都已经准备好去竞争，如果我们被淘汰，我们可以重新加入竞争。它假设参与生产性经济没有任何障碍，也不存在任何阻碍经济成功的壁垒。今天的经济比斯密生活的那个年代的经济更为复杂，许多人都在苦苦挣扎，努力让自己符合市场对劳动力的要求。我们需要政府"架桥"，让他们为开放经济做好准备，并将他们与开放经济重新联结起来。

在新冠疫情蔓延的情况下，这种需求显得格外迫切紧急。"参与"意味着拥有工作需要的技能和就业机会，可以从工作中获得合理的收入。"重新联结"意味着在构建自己的经济地位和未来方面没有障碍——在创业、拥有住房或积累储蓄方面没有障碍。政府可以设计通向参与和成功之桥。

让我们来看看"斯密+"吧：政府是如何"架桥"的？

领导力和思想……

各级政府"架桥"有四个要素：领导力、思想、预算优先序（budget priorities）和支持流程（processes for support）。所有这些对于引领大众繁荣都很重要。

它从领导力开始。正如我们所看到的那样，许多政治领导人或有抱负的领导人都已经发声，呼吁"筑墙"——"保护"人们不受变革和经济破坏的影响。"墙"很容易就能吸引处于苦苦挣扎之中的工人和社区,而"桥"则需要有强有力的倡导者费尽心思来解释该计划,并动员资源——就像林肯总统和罗斯福总统分别在赠地大学和社会保障方面所做过的那样。在更大的经济政策中,这些"桥"并不是"事后诸葛亮"——领导人必须在制定出台雄心勃勃的政策以促进经济效率之前,确保获得广泛的公众支持。⑤建立这种适当的政策框架以实现广泛参与和大众繁荣为目标。正是这种参与和繁荣,才是对"墙"的有力反驳,而对变革简单歌唱自由放任式赞歌的说服力是有限的。

关键的问题是该如何干预市场。领导力的一个要素在于在决定经济和社会结果时发展和阐明市场的边界,这恰恰就像企业将一些活动内部化,而不是依赖市场交易一样。经济学家的传统方法侧重于:鼓励竞争的政策,以限制市场上的强权力量,瓦解垄断激励;对产品市场、劳动力市场和金融市场的监管;以及解决外部性(如污染或气候变化)问题的税收。但是,我这里要说的是更深层的思考,将斯密关于市场经济的"看不见的手"的强大力量的概念与相互同情的哲学基础结合起来。

在美国历史中的相当一部分时间里,政府一直奉行"由外而内"(outside-in)的政策。它们把结构性变革视为注定会发生的事情,最多倾向于采取一些抵消性干预措施,如调整货币供应量或关税。于是,个人和社区就必须自行调整适应了。

正如在实行古典金本位制度之下的痛苦时期带来了民粹主义压力一样,新自由主义对技术变革和全球化欢呼雀跃,却很少考虑调整适应问题,最终导致民粹主义者呼吁"筑墙"。⑥我们现在需要各国政府采取"由内而外"(inside-out)的方针,帮助人们为充满活力的经济做好准备并重新联结。这种由内而外的方针将侧重于提高个人通过这种准备和重新联结分享结构性变革带来的收益的能力。竞争性力量将继续发挥作用,但是对个人有临时性支持措施。

于是,这种由内而外的技术变革和全球化导向引发了公众对市场经济以及对大众繁荣的更大的支持。它还为国际准则提供了指南。比如单方面行动之墙,以及盗窃知识产权或操纵货币汇率的政策,都将被促进贸易的规则取代。与此同时,在一个国家的范围内,政策资源可以集中关注受到影响的工人和社区(在更为市场导向的美国制度中通过重新设计社会保险来支持工作),或者集中关注一些行业的国有制(就像在更少市场导向的制度中那样,这样做需要容忍低效率)。

思想也很重要:我们需要创造性的政策来重新思考准备和联结。是的,我们应该继续探索教育和培训,尤其是在过去的努力只是产生了好坏参半的结果的情况下。但是,我们也应该通过扩大劳动收入所得税抵免或工资补贴来支持工作本身。重新联结需要重塑社会保险,以应对经济的结构性变革,以及特定的产业和职业受到的影响——类似于个人再就业账户或工资保险等创议。

我们需要从三个方面限制这些政策思想。首先,它们一定不能试图保护经济中的特定工作岗位、企业或产业,否则就成为保护主义之墙了。相反,它们必须把人们与经济机会结合起来,这样就是"桥",这将会成为"桥"。其次,它们一定不能将目标锁定为特定的冲击,类似于措施不够有效的《贸易调整援助法》那样。所有的工人都应该有资格获得帮助,无论是什么原因导致他们受到破坏影响。最后,也是至关重要的一点是,"桥"从根本上讲是让人们能够参与到生产性经济中去,而不是以一种无期限、无条件的方式支撑他们的收入。

为了实现这一目标,"大众繁荣"方案不仅可以解决创业或让人累积储蓄以增强财务弹性的障碍,还可以解决拥有住房的障碍。从历史上看,鼓励购房的信贷计划将支持重点转向了白人借款人,扩大了白人家庭和非白人家庭之间在未来的财富差距。但是,即便是在今天,针对购房和退休储蓄的税收补贴仍然更加有利于高收入家庭,而非低收入家庭;我们可以对此进行调整。[7]我们还可以修改现行的鼓励创设企业的政策,为经济中没有被充分代表的弱势群体加倍努力。

……和优先序及流程

让任何事情真正成为现实,取决于我们通过政治程序设定的预算优先序。这里概述的创议是长久且重要的,与用于应对新冠疫情蔓延的数万亿美元公共支出相比,它们的成本却很低。然而,由于与新冠疫情相关的债务负担目前处于高水平,这些举措将需要寻求资金支持。

过去架构的包容性的"桥",如罗斯福新政和《退伍军人安置法》,在政治上更容易实现,因为联邦政府没有不可持续的社会保险支出带来的沉重的预算负担。现在我们需要额外的领导力和创造力,为 21 世纪的"桥"提供资金支持。尽管可能会增加一些税收,但是大规模的"架桥"创议——以及它们带来的参与和繁荣——需要重新思考针对老年美国人和年轻美国人的社会支出。

总的来说，领导人可以证明，"桥"反映了资本主义的"处方"，即结构性变革中的获益者应该对受损者作出集体补偿。这种补偿既不是惩罚，也不是施舍，而是一种社会契约的核心要素，这种契约旨在让人们广泛参与，并在充满活力的经济中实现大众繁荣。"桥"是前瞻性的，为在不断发展的经济中取得成功提供技能获取渠道和支持，以在不断发展变化的经济中取得成功——而不是对过去恋恋不舍，试图维持已经过时的工作岗位、产业或经济。

一些资金支持可以来自现有的培训项目或失业保险，现在它们的实际利用程度在下降。其他的资金支持可能来自增加税收，比如，征收碳税，这同时会产生很强的环境效益。稍稍提高企业所得税在政治上是可能的，因为企业将受益于对资本主义更为广泛的社会支持，这是"桥"应该实现的目标。

我突然想到了两项改革。2017 年的《减税和就业法》将企业所得税税率从 35% 大幅降至 21%。这一税收削减受到热烈欢迎，被正确地称为消除了美国公司面对企业所得税税率较低的国家（涵盖了几乎所有的美国主要贸易伙伴）的一项关键竞争劣势。它还促进了企业投资，从而又能够提高生产率和工资。新冠疫情过后，美国国会几乎可以肯定会在一定程度上提高税率。通过将企业所得税制度改革为以现金流为基础的课税，政策制定者将使利润丰厚的企业承担由更高税率产生的大部分负担，这些企业的利润水平超过了竞争性的资本回报。[⑧]

另一项累进税改革也有助于为"桥"的项目提供资金支持，它改变了对进入遗产范围的累积财富征收的遗产税。根据现行美国联邦法律，个人死亡时的资产纳税基础将"提高"到以死亡时的实际市场价值计算的数值。这一提高消除了对这些累积资产征收的资本利得税(capital gains tax),尽管遗产税仍然要缴纳。举个例子,如果一个成功的企业主从一个想法开始创业(当时可以课税的资产,即税基,为零),并且他在去世的时候已经创办了一家价值 1 亿美元的企业,那么这些累积的收益就不用交资本利得税了。随着税则改变到一个结转基础上,这个人的继承人将获得零税基,同时也获得了那份资产,并要在出售那份资产时缴纳资本利得税。与企业所得税改革一样,这一改革将从在充满活力的经济中最成功的那些人身上获得税收收入,并且会改进税收公平。

类似地,我们可以减少对富裕公民的社会保障和医疗保险支出的增长。这些社会保险计划将保持其设计时的目的,确保对老年美国人的基本收入和医疗保健的支持;该计划仍将是普惠性的,所有人都参与其中。但是,在向更为平滑的社会保障福利转换时,终身收入较低的退休人员将获得慷慨的退休福利,而终身收入较高的人将获得比以前稍少一些的福利。医疗保险的保费也将这样处理,随着时间的推移,富人缴纳的保费会不断增加。无论如何,我们需要做出一些这样的调整,以改善这些项目的财政根基,而且,我们还可以做得更多一点,为年轻的美国劳动人口(他们最终将为他们的长辈支付这些项目的费用)的参与之桥提供融资支持。

最后,我们需要一个"架桥"的流程。作为美国国务卿,亨利·基辛格(Henry Kissinger)问了一个关于欧洲项目的著名问题:如果他打电话给"欧洲",谁会接这个电话? 就我们的目的而言,在华盛顿,有谁会回应"桥"或"大众繁荣"的呼吁? 大多数联邦政策流程是通过各个机构进行的,比如财政部、卫生和人类服务部(Department of

Health and Human Services)等。因此,我们需要开发跨机构的流程。

这样的例子有很多。这些流程通常由国内政策委员会(Domestic Policy Council)、国家经济委员会(National Economic Council)或国家安全委员会(National Security Council)管理,处理福利或医疗改革等问题,或者比如说在阿根廷发生的复杂的金融危机等。处理与"架桥"有关的经济事务,需要类似的协调行动。一种模式是总统金融市场工作组(President's Working Group on Financial Markets),该工作组召集内阁级官员共同研究,就金融稳定和监管问题向总统提供建议。对于"桥"而言,内阁主要官员可能很难选择:因为强调工作,所以去找劳工部部长? 因为担心全球化或技术变革,所以去找商务部部长,或者美国贸易代表? 因为需要联邦税收和支出承诺,所以去找财政部部长或管理和预算办公室主任?

第三种模式是成立一个经济事务特别工作组(Taskforce on Economic Engagement),包括一位杰出的独立主席和若干成员,以及来自不同机构的次内阁级参与者。该工作组将公开发布关于经济事务状况的年度报告,并对拟议中的"架桥"和"筑墙"事项进行评估。它还将发布行政管理和国会创议的实际进展情况,以推动更广泛的经济参与。虽然没有掌握直接的政治权力,但是这样的结构可以提出关键的创议和关切。一个成功的例子是瑞典财政部下属的瑞典财政政策委员会(Swedish Fiscal Policy Council),该委员会对政府的财政政策提出独立的评估和批评。其工作和年度报告促进了激烈的公众辩论和立法辩论,可以为美国的经济事务特别工作组指明前进道路。

无论遵循何种模式,政府的这一流程都必须设定雄心勃勃的"登月计划"(moon-shot)目标。在与企业合作解决结构性变革带来的破坏成本的同时,它还应该正视外部性的存在,这种外部性妨碍了企业担负起解决问题的责任。它还必须明确拥护持续不断的开放,推动获益者补偿受损者,同时,采取比美国企业和美国政府如今实际采取的准自由放任方式远为综合的行动。它必须应对企业针对结构性变革作出的决策,并设计出与企业合作的政策,以减少这些外部性带来的破坏成本。如果这种方法听起来是"经济的",那就是如此。

"登月计划"的目标将集中于让美国保持在技术变革的前沿——以及集中于让美国从开放中获益。这一流程将协调联邦政府在基础研究和美国各地的大学应用研究与开发中心的大量投资。一个有借鉴意义的历史例子是国防部高级研究计划局(Defense Advanced Research Projects Agency, DARPA),该机构成立于 1958 年苏联发射了其第一颗人造卫星之后。它支持(并将继续支持)创造信息经济"骨架"的那些研究。后来出现的另外一个例子是高级能源研究计划局(Advanced Research Projects Agency-Energy, ARPA-E),它专注于该特定领域的创新。

从经济角度来看,"登月计划"不仅重点关注公共行动,而且减少了技术变革中的不确定性。按照经济学家弗兰克·奈特(Frank Knight)的定义,"不确定性"指的是一种未知的结果,其成功的概率无法估计。解决问题的新技术属于这一类。我们可以设定要实现的目标和获取帮助的资格条件,这么做可以随着时间的推移产生关于具体进展可行性的信息,从而激发公共和私人行为人的额外投资。

私人部门"架桥"抵消结构性变革带来的混乱会产生诸多外部性,而积极的公共行动对于消除这些外部性是至关重要的。公司担心失去在工人培训方面实施的"桥"式投资带来的好处,而具体的社区实际承担着破坏带来的比正常情况更高的风险。当私人灵活性要求在受到结构性变革不利影响的地区解雇工人或关闭设施时,就会产生外部性,因为是工人、社区、地方和联邦纳税人在支付补救和支持费用。生产率的提高和支持它的政策缓解了工作岗位转型的压力,正如 19 世纪末和 20 世纪初的农业机械化将工人推向生产率更高的制造业活动和一些服务业时所发生的情形那样。

与前几代人经历的农业和工业自动化不同,这一轮向服务业的转型降低了许多中低技能工人的工资。从这个意义上讲,近几十年的去工业化带来了大得多的挑战,因为制造业生产率的快速增长以及全球化已经将工作从工农业生产中转移出去。如果没有"桥",许多受影响的工人就会质疑带来这些结果的新自由主义经济模式是否可取。⑨

企业不太可能自行将更高的社会成本内部化,以解决就业问题,并为转型做好准备。只是对有竞争力的企业征收传统的税收,我们也不会成功,因为这些税收相当于"墙",妨碍灵活性和经济整体适应变革(见第 4 章)。如第 6 章所述,对工作进行补贴,实施基于地方的援助,提供了另外一种更有希望的替代性选择。

但是,这些干预措施仍然需要与企业协调,才能有效地为工人和社区服务,并为市场经济建立起广泛的支持。虽然政府流程可以为技能发展和良好的工作岗位设定总体目标,但是,应该在全国范围内形成和鼓励公私合作伙伴关系,以便大力发展培训创议。

政府参与:人民……

有了这四个要素的作用,联邦政府的干预措施仍然需要与地方政府和企业协调起来,才能有效发挥作用。联邦流程可以为技能开发和良好的工作岗位设定总体目标,但是它应该鼓励全国各地的公私合作伙伴关系,去开展实践培训和其他创议举措。[10]

联邦资金支持是关键的驱动力,它可以通过四种方式发挥作用。第一,正如第 6 章提到的,向各州提供不指定用途的一揽子拨款,来支持社区大学,让那些初入职场和处于职业生涯中期的学员为工作机会做好准备。这种支持,就像 160 年前联邦政府对赠地大学的援助一样,将帮助各州和各地区就地提供培训和再培训,以提高工人的技能、生产率和工资。

第二,我们的政府流程还可以同步推进劳动力技能提升与已经获得支持的培训项目。例如,联邦政府资助了 40 多家就业和职业培训机构。[11]在这些项目范围内,以及跨项目之间,各州打通融合了联邦和州的劳动力队伍培训创议项目,取得了不同程度的成功。联邦政府或美国州长协会(National Governors Association,向美国的州长提供工作人员和分析支持)的系统性分析应该从中识别出最佳实践和经验教训。例如,犹他州有一个一体化的劳动力服务部。它提供了一个"一个工人,一个计划"(one worker, one plan)的模式,求职者可以获得一个带有目标和服务的单一项目,而不是分别参加各个不同的好心设计的项目,如同使用一个东拼西凑而成的被子让人无所适从。[12]州的领导力和对未来的清晰愿景对于维持这些"桥"至关重要。即使联邦层面的变革进展缓慢,州政府也可以采取行动。

1997 年,紧随联邦政府福利改革之后,犹他州在联邦政府根据《劳动力投资法》(Workforce Investment Act)开展劳动力政策改革前一年,对其提供的服务进行了改革。犹他州的试验为其他州提供了成功的先例,这些州正在考虑如何为工人、失业者和雇主提供量身定制的综合服务。一个关键的步骤是犹他州如何绕过联邦机构与美国卫生与人类服务部打交道,而后者又反过来代表犹他州劳动力服务部与其他联邦官僚机构打交道。在正确地将政策重点放在实际项目上的同时,多层次的有效的政府流程也很重要。

贾森·弗曼、蒂莫西·盖特纳、梅利莎·卡尔尼和我本人建议的第三项干预措施是重新设计联邦和州之间对失业保险和医疗补助制度*的支持比例。⑬我们建议将联邦提供的这些支持与州一级的失业率相挂钩,随着失业率的上升,资金支持也会增加。州政府必须平衡预算,该机制使州政府能够放松预算约束,在周期性衰退(此时州税收收入随衰退而下降)或税收收入恰好下降的结构性衰退期间(此时私人部门收入和州政府收入都因全球化或技术变革的冲击而出现下降),为更多的教育和培训提供资金支持。

我们还建议全面增加联邦政府对医疗补助计划的资助。联邦政府和州政府共同资助医疗补助计划,为低收入居民提供支持。由于各州在经济衰退期间缺乏融资灵活性,美国国会已经在过去两次经济衰退期间采取行动,临时增加了医疗补助制度中由联邦政府承担的资金支持份额。当该州失业率高企的时候,如果联邦政府在医疗补助制度上的支出份额上升,就如同在经济衰退时期或对结构性转型作出反应的情况下那样,对至关重要的教育和培训提供支持,以帮助人们获得机会,这时州一级的预算约束就不会收得那么紧了。各州也可以借助企业的力量来补充技能开发。例如,技能熟练之州网络论坛(Skillful State Network)为各州州长提供了一个分享和推进劳

* Medicaid,美国政府为贫困者提供医疗保险的制度。——译者注

动力队伍技能创新的论坛。他们可以像科罗拉多州和印第安纳州一样分享实践做法,让教育与行业需求保持一致,向求职者提供数据信息。

⋯⋯和地方一起

正如第 6 章所观察到的那样,结构性变革使特定社区受到了特别严重的打击,尽管国家的大部分地区表现良好。经济学家传统上对"基于地方的"援助持怀疑态度,他们更倾向于"送人到工作岗位"的移动,而不是"送工作岗位到人"的移动。但是,当今人们对各地区之间就业机会存在的巨大而持久的差异的担忧,加上个人流动性明显受到的限制,正在引发人们的反思。

美国各地工作岗位的变化比表面上看起来的要大得多。让我们想象一下,当地的劳动力市场是一个通勤区,人们可以在这个区域范围内上下班工作。现在考虑一下人们的就业情况是如何在不同的通勤区之间变化的,衡量标准是壮年就业率,即一个通勤区雇用的 25 岁到 54 岁的劳动力人数占当地对应年龄段人口的比率。全国通勤区这一指标的中位数为 81%,但是对于那些位于第 10 百分位的通勤区而言,这一指标下降至 77%,而那些位于第 90 百分位的通勤区的中位数为 86%。就业率 9 个百分点的差异是相当大的,这些差异看起来似乎已经持续几十年。[14]大多数人并没有像经济学家曾经想当然认为的那样离开自己的家乡,走向机会。

就业机会的这些显著而又持久的差异给落后地区的人们造成真实的社会成本。不同领域的研究人员都发现了酒精和阿片类药物使用的增加,单亲家庭中的儿童在受教育程度和成年后的收入方面存在的问题,以及一个人如果失业或生活在高失业社区时对生活的不满。

与霍勒斯·格里利(Horace Greeley,1811—1872)＊的名言"去西部吧,年轻人"(Go West,young man)所表达的广为流行的想象相比,为寻找更好的机会而搬家的人现在要少得多。不难理解为什么人们在自己的居所附近、家庭和熟人圈子中会感到舒适。亚当·斯密观察到,"人是各种各样的行李中最难运输的"。⑮经济学家已经作出估计,只有给予一份十分巨额的补贴——可能要超过一年的个人收入——才能让大多数人搬家。毕竟,"中国冲击"造成的当地工作岗位流失并没有导致许多失业工人离开,而且,已经发生的向外移民并没有改善那些留下来的人可获得的机会。⑯

政府可以为大量基于地方的"桥"提供资金支持和便利:企业孵化器,社区大学为工作岗位做量身定制的准备,以及为小型制造商提供推广服务。俄亥俄州扬斯敦市在推行这些战略方面取得了一些成功。经济学家对这些干预措施带来的好处进行了评估,结果表明,额外提供的支持和投资前景广阔。⑰

经过充分论证的国家政策流程是如何提高基于地方的援助的成功可能性的? 它可以把重点放在遭受困难最严重的地区,以及机会的乘数效应最高的项目上,这样创造每个工作岗位所需的相对成本更低。三项指导方针可以形成基于地方的联邦战略。第一,政策重点需要放在结构性变革导致的长期工作岗位损失上。第二,资金支持应该主要用于重新培训提高人员技能,以及为当地企业提供推广

＊ 美国《纽约论坛报》的创办者、政治家。——译者注

服务,以支持富有创造力的活动。第三,考虑到上文提到的对市场强势力量的担忧,援助应该集中针对中小企业,而不是大公司。

正如第 6 章所讨论的那样,当我们将私人和公共行动有机结合起来的时候,基于地方的援助实际效果最佳。除了第 4 章所描述的马萨诸塞州的经济复苏例子之外,近年来,匹兹堡也提供了一个很好的例子。

在那里,面对钢铁生产中的技术变革和全球化浪潮,私人部门和公共部门一起努力,帮助避免了经济紧缩。20 世纪 80 年代,当地的技术和生产实践越来越过时,竞争压力不断加剧,钢铁行业随之急剧衰落。[18]与马萨诸塞州的情形一样,匹兹堡的重振革新依赖于工商业界的领导力,在这个案例中,是通过阿勒格尼 * 社区发展会议(Allegheny Conference on Community Development)来实现的。

阿勒格尼社区发展会议在该地区钢铁行业出现衰落之前就成立了。1943 年,该会议组织由商界领导人理查德·金·梅隆(Richard King Mellon)创立,长期以来一直与县政府合作,支持经济基础设施(中央商务区)和实体基础设施(如匹兹堡国际机场)的建设运营。商界和公共部门领导人都从合作中受益匪浅。

由于地方政府对钢铁行业的衰退反应迟缓,阿勒格尼社区发展会议创建了类似的公私合作伙伴关系,并拓展了现有的合作伙伴关系。这些合作伙伴关系的形成最初是为了处理区域基础设施问题,但是后来演变为应对商业和就业结构调整带来的挑战。早些时候创办的地区工业发展公司(Regional Industrial Development Corporation)最初是为了开发郊区办公园区,以吸引轻型制造业,后来该公司

* 阿勒格尼是宾夕法尼亚州一个县,距离匹兹堡市不远。——译者注

进一步深入，介入已关闭的美国钢铁公司（USX）场地的重新开发。由商界人士主导的匹兹堡高科技委员会（Pittsburgh High Technology Council）与匹兹堡大学和卡内基·梅隆大学开展了合作。

随着时间的推移，该市将其经济和就业基础转向服务业（尤其是医疗和教育）和轻型制造业。在此过程中，公职人员和地方商界领导人的密切合作至关重要，同时还要避免官僚主义决策的发生。当我们重点关注未来发展时，也要这样。

扬斯敦是本书其他部分已经详细描述过的一座较小的工业城市，现在正在走一条类似的公私协调合作之路。马霍宁谷经济发展公司（Mahoning Valley Economic Development Corporation）与美国小企业管理局合作，一起为新兴企业管理循环贷款资金。市中心的振兴项目已经吸引了足够的资金，促使市中心希尔顿酒店建造了逸林（Double Tree）酒店，我和学生们第二次前往该地区时就住在那里。扬斯敦州立大学提供的扬斯敦企业孵化器拥有一个很了不起的科技园区，可供初创企业和先进制造业公司使用。低廉的生活成本以及介于克利夫兰和匹兹堡之间的地理位置正吸引人们讨论建立会议中心和医疗中心的可行性。扬斯敦州立大学正积极与工商业界开展合作，参与技能培训和再培训。

这座城市正在迎头赶上。它最初的公民参与虽然比较充分，但是却因为曾经试图注入新的活力以挽救钢铁业辉煌的过去而浪费了时间。尽管其领导人并不缺乏商业参与和地方组织的帮助，但是他们却未能尽早转向，以至于付出了高昂的代价。相比之下，包括艾伦敦（Allentown）在内的宾夕法尼亚州内与其位置相似的利哈伊谷（Lehigh Valley）地区迅速采取行动，向钢铁业之外的高价值商业服务业进军,以实现多元化发展。[19]与匹兹堡一样,在利哈伊谷发生的故事是通向未来的"桥"之一,政府、企业和大学之间的合作更加迅速。

在经济衰退时期,克利夫兰的资源状况堪比匹兹堡,但是它与扬斯敦一样,过度专注于现有的制造业。尽管凯斯西储大学(Case Western Reserve University)和克利夫兰医学中心(Cleveland Clinic)具有"架桥"的潜力,但是这座城市着眼的是过去,而不是未来。[20]

最后,密歇根州的大急流城(Grand Rapids)虽然不是钢铁行业衰落的受害者,但是它提供了一个架设通向新机会之桥的成功例子。事实上,该市通过向化工、食品和金属领域扩展,实现了产业多元化,扩大了制造业就业。[21]在商界领导人和密歇根州立大学当地校区的共同努力下,该市还促进了生命科学的发展,包括让当地制造商转型生产医疗用品。[22]"架桥"项目中有一个"正确位置计划"(Right Place Program),该计划强调为制造业的新工作岗位提供培训。范安德尔研究所*(Van Andel Institute)也以当地慈善事业的形式帮了大忙。

这些例子也提醒我们,联邦援助应该避免一刀切的做法。正如上文描述的社区大学干预措施一样,资金支持可以通过灵活的不指定用途的一揽子拨款加以推进,并有一致同意的目标,以及对成功和需要借鉴的经验教训进行的严格客观的分析。此外,当这些投资与基于地方的援助之桥一起提供时,效果最好。当这种援助与前文提到的个人社会保险结合起来时,效果会更好。

＊ 范安德尔研究院是一个独立的研究机构,致力于通过生物医学研究和提供科学教育来改善人类健康。——译者注

与高等教育机构合作:工作与研究

在推进有益的结构性变革方面,与大学开展的公私合作伙伴关系有着长期的、成功的业绩记录。前文所描述的联邦政府对社区大学的不指定用途的一揽子拨款是这里的关键举措,使它们能够在2030年前让那些年轻的和处于职业生涯半道上的学生准备好经济所需要的技能。通过与当地企业建立就业合作伙伴关系,这些创新举措的成功将会变得更为显著。联邦政府的预算支持可以克服资金筹集方面的挑战,并改善私人培训中存在的外部性问题,但是企业的积极参与仍然是很重要的因素。

随着经济从新冠疫情蔓延造成的劳动力市场损害中复苏,对社区大学提供培训和再培训的重视显得更加突出。封锁破坏了数以百万计的工作岗位,考验了许多企业和职业的生存能力。社区大学是需要重新进行技能培训的工人和未来工作岗位需求之间的最佳的"桥",不仅为工人提供就业机会,还可以防止出现长期的收入损失。尽管州政府可能会削减高等教育预算,但是联邦政府的不指定用途的一揽子拨款将依然会使社区大学保持强大。

正如第7章指出的那样,社区大学非常适合与企业合作,提供所需技能的开发,并颁发合格证书。IBM、领英(LinkedIn)和其他知名企业与社区大学合作推进,提供逻辑分析、计算机编程和数据科学等方面的在线再培训。仅谷歌一家就与100多所社区大学合作,提供信息技术支持方面的职业培训。商业组织也可以借鉴与芝加哥的社区大学和佛罗里达州布劳沃德学院(Broward College)的成功合作经验来设计这样的课程。这些至关重要的努力能否取得良好成效,将取决于联邦政府对社区大学能否提供更多的财政支持。对社区大学的公共支持在一定程度上取决于学员的学业完成情况,这是在个人劳动所得上产生收益的一个因素。[23] 成功提高学生毕业率的努力涉及一系列超出学费资助范围的服务,包括更广泛的财政资助、学术咨询、学业指导和教练。圣母大学的经济学家雷切尔·道森(Rachel Dawson)、马里兰大学的梅利莎·卡尔尼和圣母大学的詹姆斯·沙利文(James Sullivan)回顾总结了为社区大学学生提供服务的项目,他们发现,这些举措在提高毕业率方面是有效的,并且可以通过额外的支持来扩大规模,无论是在全国范围内通过联邦政府的不指定用途的一揽子拨款,还是在地方范围内通过私人慈善活动提供支持,都是如此。[24]

除了社区大学,政府实体还可以与综合性大学合作开发技能。沃尔克联盟*(Volcker Alliance)的"政府到大学"(Government-to-University)倡议建立了区域网络,将地方大学与州和地方政府的项目联结起来。G20 网络还与非营利组织和私营企业开展合作。它已经产生了巨大影响——在堪萨斯城、洛杉矶、匹兹堡、芝加哥和罗利(Raleigh)都是如此——并为其他地方的合作提供了路线图。

但是,大学在通过基础研究拓展知识前沿方面提供了最大的潜力。它们可以利用这些发现,与企业合作进行应用研究,创造新的就业机会。在第二次世界大战即将结束时,麻省理工学院前工程学教授范内瓦·布什(Vannevar Bush)写信给哈里·杜鲁门(Harry Tru-

---

＊ 沃尔克是二战后美国主张强监管的知名的美联储主席,退休后创立非营利组织沃尔克联盟,旨在推动大学与政府之间的合作。——译者注

man)总统,鼓励联邦政府投资于基础研究,以及对科学家和工程师的培训。这一请求促成了美国国立卫生研究院(National Institutes of Health)和美国国家科学基金会(National Science Foundation)(这是我自己通往研究生院的财务之桥)的创办。

在美国,政府与大学之间的合作开始于苏联成功发射世界第一颗人造卫星之时,目的是赶超苏联的太空计划。它的成功反过来又大大促进了医学和其他领域的应用研究。如今,互联网、化学治疗、计算机、航空和智能手机等领域的进步实际上都曾经受益于这种合作。人工智能领域充满希望的发展正在进一步推动知识和机会的前沿拓展。

通过支持基础研究,政府可以主动促进结构性变革,而不是被动地(因此缓慢地)等待着他人强加的变革发生时才去"架桥"。联邦政府应该更新并加倍提高对基础科学和工程研究的资助承诺。在新冠疫情蔓延之前,特朗普总统甚至在2020财年的预算中削减了对这类研究的支持,所以我们走错了方向。将基础研究成果转化为应用研究,以便创造机会——影响技术、医疗保健、制造业、农业和商业——需要进一步的努力。与赠地大学的情形一样,联邦政府对各州的不指定用途的一揽子拨款可以资助各州或主要经济区域的应用研究计划,并设立研究机构,与当地企业合作,拓展商业、就业和技能开发的可能性。

基于大学的应用研究人员可以为创造未来的工作岗位作出重大贡献。确保未来的这些工作岗位需要兼顾供给和需求。所谓"供给",我的意思是,好的工作岗位需要特殊的技能。所谓"需求",我的意思是,工作岗位是由生产效率高并因此能够扩大就业的企业(包括拥有许多初级员工的中小企业)创造的。政府可以帮助与雇主协调，提供与信息技术或医疗保健(如圣安东尼奥的 QUEST 项目)等特定产业中的当地企业的需求相匹配的技能。但是，政府还可以支持当地大学与企业建立合作伙伴关系。

联邦政府为美国各地的应用研究中心提供资金支持，可以将附近的研究型大学的影响力扩展到大学周边可及的地区范围内。也就是说，可以利用联邦的支持在现有大学中增建研究中心。它可以扩大自 1988 年开始的社区合作伙伴关系，与"制造业扩展合作伙伴关系"(Manufacturing Extension Partnerships)计划一起发挥作用。[25]大学的目标是通过当地的知识溢出来全力以赴启动当地经济。[26]这些溢出效应通过加强现有企业和吸引新企业进入该地区来实现创造良好工作岗位的目标。[27]

与"制造业扩展合作伙伴关系"的例子一样，美国商务部可以向基于大学的应用研究和向商业实践转化提供支持。资金支持将集中在促进特定区域经济活动的工作上，并且通过大学附属的分支机构为在目标地区运营的企业提供额外的支持。

关于"制造业扩展合作伙伴关系"更新后的版本，有三点评论意见，依次罗列如下：首先，它应该从制造业进一步拓展开去，比如说，成为"经济扩展伙伴关系"(Economic Extension Partnership)。其次，它应该高度依赖现有的研究型大学及其地方合作伙伴关系来设计这些项目。它还应与当地企业协调配合。最后，这种合作伙伴关系应该为社区大学补充提供不指定用途的一揽子拨款，资助它们提供培训和技能开发服务，这样就会使新兴的经济活动拥有熟练劳动力的现成来源。

来自赠地大学的可资借鉴的经验

我强调了企业、政府和教育机构之间的合作伙伴关系在促进技能培训和为个人及社区架起通往机会之桥方面的作用。我还强调了为了这一目的，联邦政府不指定用途的一揽子拨款对社区大学的潜在好处。从最初的赠地大学获得的经验教训对于不指定用途的一揽子拨款和一般的"架桥"而言都是很重要的。当时各州存在的农业保护主义之墙和促进制造业之桥之间的紧张关系对于今天的形势仍然具有指导意义。技术变革和全球化带来的结构性转型使美国的一些部门和地区处于不利地位，而另一些部门和地区则处于有利地位。经济财富的不对称性引发了政治担忧，2022年美国国会针对出现巨大变化的人口普查数据重新划分选区时也出现了类似的担忧。在当初赠地大学计划引起争议时，国会拒绝放弃对工业的重视，但是确实同意了增加对农业推广项目的资助，这些项目是推动美国农业生产力进步的重要基础。当前这种情况可能也需要类似的妥协，只要它们能够避免出现"墙"。

为了避免出现本章开头描述的政治争端，这种联邦政府援助应该被当仁不让地用于与"架桥"有关的活动。通过对应用研究中心和社区大学的不指定用途的一揽子拨款，以及鼓励当地企业与政府形成合作伙伴关系，基于地方的援助可以提供更好的地方机会之桥，同时可以减弱呼吁保护过去之墙的冲动——正如当年佛蒙特州农民反对《莫雷尔法》发起的计划那样。

更具体地说，赠地大学成功地让工人可以为处于变革之中的经济做好准备——同时为正处于苦苦挣扎之中的农业社区提供推广服务——这应该能够指导今天的讨论,即公共教育在让个人为未来的工作做好准备方面应该发挥什么样的作用。[28]对社区大学提供更新后的支持,确实可以在这些方面起到同样的作用——帮助年轻学生做好准备,重新培训失业工人,以及与当地企业合作,以便培养与可获得的工作岗位相匹配的技能。联邦政府不指定用途的一揽子拨款支持社区大学完成多个"架桥"任务,可以充分研究赠地大学与经济发展之间的长期联系,从中获取可以借鉴的经验做法。举个例子,公立大学和赠地大学协会(Association of Public and Land-Grant Universities)提出的创新与经济繁荣创议(Innovation and Economic Prosperity Initiative)对大学进行评估,评估依据是教学、研究及"通过公共服务、参与和跨校的外展服务实现地方发展"等指标。另外一个例子是,卡内基基金会(Carnegie Foundation)开展的社区参与中的选择性分类(Elective Classification in Community Engagement)项目从赠地大学活动中吸取了宝贵的经验,当时这些大学必须提供社区范围内的课程参与和合作伙伴关系的相关佐证资料。[29]

联邦政府对应用研究中心的支持还可以提供方便,为个人和社区架起机会之桥。支持应用研究及其传播可以促进地方经济和技能发展。这种中心在全国各地的分散存在,也可以促进应用研究中心与当地企业之间为工作岗位准备和知识转移建立起合作伙伴关系。[30]

这些举措要让工人即使在结构性变革发生的情况下仍能大幅提升实践技能,并且它们可以激发来自当地社区的支持,否则,当地社区可能会将这些项目视为对个人开展再培训,其目的仅仅是让他们迁移到别处去。这种支持认可对于拿到全额的资金支持是至关重要的。在这里受到鼓励的公私合作伙伴关系比直接向公司单方面提供培训补贴更有可能取得成功。评估人员已经发现，联邦政府的举措，例如根据《劳动力创新与机会法》（Workforce Innovation and Opportunity Act）开展的在岗培训和在职工人培训计划（On-the-Job Training and Incumbent Worker Training Programs），相对于工人和企业的需求而言，往往缺乏足够的资金支持，覆盖范围也很有限。㉛

事实上，美国国会可以单独向各州提供不指定用途的一揽子拨款，以便撬动那些根据当地需要和要求量身定制的政府和企业合作项目。现有的例子包括马里兰州的"企业工场"（Business Works）项目，它为中小企业的培训资金提供配套支持，以及康涅狄格州的制造业创新基金（Manufacturing Innovation Fund）和俄亥俄州的"技术信贷"（Tech Cred）项目，它们能够促进符合需要的技能培训，以及与州发展目标相一致的新技术培训。科罗拉多州（部门合作伙伴关系，Sector Partnerships）、康涅狄格州（区域部门合作伙伴关系，Regional Sector Partnerships）、马里兰州（即时就业促进，Employment Advancement Right Now）和马萨诸塞州（劳动力队伍竞争力信托基金，Workforce Competitiveness Trust Fund）等举措都取得了很大的成功，在此基础上，联邦和州可以协力推进相关政策，在企业之中发展和促进部门合作伙伴关系。

把人们汇聚起来：一个参与型经济

另外一种思想建立在与个人的合作伙伴关系之上。两个鼓舞人心的故事脱颖而出,让我印象深刻。第一个是处境相对好的人的社会孤立(social isolation),这说明了对"意识"(awareness)的需要。当我与商界领导人交谈时,我经常在一开始就非正式地与他们接触,询问他们在哪里、在什么样的环境中长大。许多人,像我一样,是在绝对非国际化的地方和中低收入家庭中长大的。然后,我询问他们的孩子是如何成长的。在这里,答案会随着这些极端高收入家庭所处的不同地点而变化,这些家庭与遭受社会和经济破坏冲击的其他群体的社会接触很有限。

这种缺乏社会接触是一个真正的问题。让我们回到英国女王伊丽莎白二世关于2007—2009年金融危机的让人紧张的发问——"为什么没有人提前预测到它的爆发?"——许多商界(和政治)领导人几乎没有做什么事情来拓展视野,看看其他人在他们的经济联结或中断联结中正在经历什么。如果我们不去"关注",就很难理解、同情或渴望让情况变得更好。有一次,当我对自己的一个公共财政思想的可检验假说感到沮丧时,我的才华横溢的、有深刻洞见的老师,已故的马丁·费尔德斯坦告诉我,如果我能够离开电脑、找人交谈,会找到清晰的答案。他是对的。我们需要那些从经济活力中获得丰厚回报的人们更有意识地去探索其他人的参与和福祉。

但是,我们可能需要更多。我的第二个故事可以追溯到耶鲁大学法学院的一次晚宴,参加聚会的同事当时正在研究美国经济差距产生的原因和后果。哥特式的建筑背景和优秀的宾客让人回想起了这种经验同样存在片面性,这是在学术界。我们的晚宴演讲者是睿智而迷人的耶鲁大学经济学家、诺贝尔经济学奖获得者罗伯特·席勒(Robert Shiller),他指出,"我们都在一起"的道德风气盛行的最后一个时间段是第二次世界大战。这话听起来很熟悉,因为我从小在那些有国内外战争经历的成年人的陪伴下成长,他们反复跟我讲类似的故事,但是,这类话也让我感到很不安。令人感觉宽慰的是,第二次世界大战使美国大部分人基于共同的认识团结在一起。令人感觉沮丧的是,没有人希望再发生第三次世界大战,才能让全国上下重新团结起来。而席勒并没有给出一个轻松的替代解决方案——这是一个令人不太轻松的餐后谈话。

国民服务显然是一种威胁不那么大的另外一种替代性选择。它将实现共同利益的公共目标与"我们都在一起"结合起来,包含了来自不同社会和经济群体的人。在最好的情况下,志愿队会浮现在脑海中,或者是美国和平队＊(Peace Corps)的大胆的冒险主义,又或者是美国志愿队＊＊(AmeriCorps)计划承担的社会使命。

我们应该严肃认真地考虑在这方面大力推进国民服务。是的,这样的举措可以把重点放在年轻成年人身上,也可以同时放在处于转型期的人,以及寻求重返工作岗位或回报社会的退休美国人身上。"我们都在一起"的基础性论点可以"架桥"而不是"筑墙",并抵消经济变革产生的分裂离心力。

一个志愿的、向所有人开放的项目可能会很受欢迎。许多年轻人已经申请加入项目,以至于申请名额超出了现有可得的名额。这

　＊ 和平队是一个隶属于美国政府的志愿者组织,成立于 1961 年,目标号称是促进全球和平与友谊,每年派遣数以千计的美国人到海外生活和工作,为国外提供志愿服务,传播美国文化和价值观。——译者注
＊＊ 美国志愿队成立于 1994 年,是美国覆盖全国的最大的志愿者服务机构,每年招收 27 万名 17 岁以上的专职或兼职志愿者,他们的工作重点是美国国内的社会公共领域。——译者注

样的国民服务可以架起经济经验之桥,提供职业生涯通道,并增强苦苦挣扎的社区应对困难的力量。一个例子是增加对州和非政府组织职位安排的资助,如 2009 年通过的《服务美国法》(Serve America Act)里面规定的那样。

让我们更进一步地探讨这方面的情况,前白宫官员约翰·布里奇兰(John Bridgeland)和布鲁金斯学会经济学家伊莎贝尔·索希尔(Isabel Sawhill)提出了一个美国交流项目(American Exchange Program),在该项目中,经过一个在线项目完成配对后,家庭将在一年的服务期内接待年轻人。[32]这样的理念可以提供一种成本较低、效率较高的方式,来完成社会目标,同时架起社会联结之桥。志愿国民服务受到公众的欢迎,79 名参议员投票支持《服务美国法》。总统候选人杨安泽在 2020 年度的竞选中支持这一理念。在我经历过的大学和企业界,领导者都很推崇国民服务,认为它能够塑造学生和劳动者身上的公民技能和社会联结,这些是他们希望看到的结果。

与呼吁"筑墙"的口号富于迷惑性不同,"桥"没有那么光彩照人。但是国民服务可以吸引不同背景的人来分享观点,解决实际问题,从而为"桥"提供基础。正如哈佛大学政治学家罗伯特·帕特南(Robert Putnam)观察到的那样,广泛的个人联结也很重要,有助于两极分化在早期阶段被遏制。[33]

"装配模块":通往大众繁荣

我们强调人们渴望经济参与和繁荣,不仅让人回忆起美国传统上就愿意支持和重新联结机会,而且还打通了保守派和激进派十分类似的经济说辞。参与意味着工作和工作所带来的尊严,繁荣反映了经济的成功与更多美国人息息相关。但是,关于参与的自由也表明,多样性和包容性是一项核心经济价值。并且,个人的成功不应该受到壁垒的阻碍,这些壁垒表现为明确地或隐晦地为特权群体提供比其他群体更好的交易条件,就像"墙"常常扮演的角色那样。政府可以发挥作用,消除障碍,帮助民众和社区参与工作,分享繁荣,这是充满活力的破坏性经济带来的繁荣。考虑到这些经验教训,"桥"为更多美国人重新投入社会参与创造了可能性。我们已经看到"桥"在赠地大学和《退伍军人安置法》上取得的成功。^㉞相比之下,"墙"声称要保护我们,但是最终却使我们的社会分裂变得更加严重。

注　释

① 早期对赠地大学的学术研究更多的是关注其在受教育机会民主化方面发挥的作用,而不是其在经历结构性变革的经济中促进技能发展的作用。例如,可以参考 Earle D. Ross, *Democracy's College: The Land Grant Movement in the Formative Stage*, Ames: Iowa State University Press, 1942; and Allan Nevins, The State Universities and Democracy, Ames: Iowa State University Press, 1962。

② 参见 Nathan M. Sorber, *Land-Grant Colleges and Popular Revolt: The Origins of the Morrill Act and the Reform of Higher Education*, Ithaca, NY: Cornell University Press, 2018, Introduction。

③ 参见"An Act Donating Public Lands to the Several States and Territories Which May Provide Colleges for the Benefit of Agriculture and the Mechanic Arts, July 2, 1862," in A Century of Lawmaking for a New Nation: U.S. Congressional Documents and Debates, 1774—1875, 37th Congress, 2nd Session, http://memory.loc.gov。

④ 参见 Sorber, *Introduction to Land-Grant Colleges and Popular Revolt*。

⑤ 这一框架构建遵循了发展经济学学者的方法路径,比如耶鲁大学已故的发展经济学家古斯塔夫·拉尼斯(Gustav Ranis)。

⑥ 做这种货币类比是有用的,因为金本位制度在20世纪30年代基本上已经被废弃,在第二次世界大战结束以后,金本位制度的继承者是布雷顿森林体系,该体系给了各国政府更有效的"安全阀"来制定国内的经济政策。与金本位制度由外而内的取向不同,布雷顿森林体系奉行的是由内而外的方针,集中关注国内的需求和政治关切,同时仍然广泛接受市场体系。约翰·梅纳德·凯恩斯的工作直接阐明了这一点,卡尔·波兰尼的工作间接阐明了这一点。该体系以这种灵活性极大地方便了贸易和全球化的大规模扩张。

⑦ 例如,广受欢迎的住房抵押贷款利息扣除对于高收入购房人更为慷慨(他们较高的边际税率使扣除数额更大、更有价值),而低收入购房人享受的抵扣则很有限。这种做法可以被取而代之,实行对低收入购房者相对更为有利的税收抵免办法。针对退休储蓄和财务灵活性的税收优惠不应只对高收入的个人有价值。税收抵免可以促进低收入家庭的储蓄,助力更广泛的繁荣。

⑧ 如果实行现金流课税制度(cash flow tax),公司将扣除工资费用、从其他企业购买的所有商品和服务的费用,以及资本投资的全部成本。与现行的企业所得税制度相比较,现金流课税制度将免征对正常资本回报的课税。结果就是税收将落在超出竞争性回报的超额回报上——比如来自租金,或者来自创新或知识产权保护的高额回报。于是,从结构性破坏中取得成功的企业那里获得的税收贡献实际上就会大大提高。

尤其值得注意的是,这种税收机制提供了一种更好的方式,来为服务工人的项目提供资金支持,而不是试图鼓励一家企业一家企业地与员工分享收益。经济中的大多数企业是竞争性的,因此很难在现有水平的基础上再提高工资或增加培训费用。而且,许多回报率远高于竞争性水平的企业——想想苹果或谷歌——大部分已经拥有训练有素、薪酬较高的员工。现金流课税机制允许高额利润被普遍用于资助"桥"项目。

⑨ 参见第2章中有关"中国冲击"对就业和社区的影响及其经济和政治后果的内容。哈佛大学社会学家威廉·朱利叶斯·威尔逊(William Julius Wilson)也发现了同样的问题,他将制造业衰退和蓝领工作岗位的减少与犯罪和药物滥用联系起来。参见 William Julius Wilson, *When Work Disappears*, New York: Random House Vintage Books, 1996。

⑩ 这里提到的一个之前实施的很有用的先行项目是已经大获成功的QUEST项目(通过技能培训实现优质就业),该项目于1992年在得克萨斯州圣安东尼奥发起成立,以应对当时的工厂关闭浪潮。工人缺乏在信息技术、医疗保健和其他行业获得新的、好的工作岗位所需要的技能。该项目与企业和社区大学合作,以便弄清楚新的工作岗位机会和技能提升途径,并培养一批短期有经济负担的高风险的学习者。其领导人中有退休军官,他们具有劳动力队伍发

展的背景并致力于劳动力队伍发展。咨询服务是持续的、严谨的。随着这一大获成功的项目的发展演化，社区大学为单个学生提供了更多的这类服务。一个类似的项目是纽约市立大学的副学士加速学习项目［Associate Program（ASAP）of the City University of New York］。参见 Mark R. Warren, *Dry Bones Rattling: Community Building to Revitalize American Democracy*, Princeton, NJ: Princeton University Press, 2011; and Anne Roder and Mark Elliott, Nine Year Gains: Project QUEST's Continuing Impact, New York: Economic Mobility Corporation, 2019。

⑪ 参见 Government Accountability Office, "Department of Labor Should Assess Efforts to Coordinate Services Across Programs," March 28, 2019, https://www.gao.gov/products/GAO-19-200。

⑫ 参见 Mason M. Bishop, *Landscape Study of Federal Employment and Training Programs*, Washington, DC: American Enterprise Institute, January 28, 2020, https://www.aei.org/research-products/report/landscape-study-of-federal-employment-and -training-programs/。

⑬ 参见 Jason Furman, Timothy Geithner, Glenn Hubbard, and Melissa S. Kearney, "Promoting Economic Recovery After COVID-19," *Aspen Economic Study Group*, June 2020。

⑭ 参见 Timothy J. Bartik, "Using Place-Based Jobs Policies to Help Distressed Communities," *Journal of Economic Perspectives* 34, Summer 2020, pp. 99—127; Benjamin Austin, Edward Glaeser, and Lawrence H. Summers, "Saving the Heartland: Place-Based Policies in 21st-Century America," *Brookings Papers on Economic Activity*, Spring 2018, pages 151—232。

⑮ Adam Smith, *The Wealth of Nations*, Book I, Chapter 8.

⑯ 参见 David H. Autor, David Dorn, and Gordon Hanson, "The China Syndrome: Local Labor Market Effects of Import Competition in the United States," *American Economic Review* 103, October 2013, pp.2121—2168; Timothy J. Bartik, "Should Place-Based Jobs Policies Be Used to Help Distressed Communities?" Upjohn Institute Working Paper 19—308, Kalamazoo, MI: W. E. Upjohn Institute for Employment Research。

⑰ 参见 Harry J. Holzer, Richard N. Block, Marcus Cheatham, and Jack H. Knott, "Are Training Subsidies for Firms Effective?," *Industrial and Labor Relations Program* 46,1993, pp.625—636; and Ronald S. Jarmin, "Evaluating the Impact of Manufacturing Extension on Productivity Growth," *Journal of Policy Analysis and Management* 18, 1999, pp.99—119。

⑱ 参见 Roger S. Ahlbrandt, Jr., "The Revival of Pittsburgh—A Partnership Between Business and Government," *Long-Range Planning* 23, 1990, pp.31—40; and John P. Hoerr, *And the Wolf Finally Came: The Decline of the American Steel Industry*, Pittsburgh: University of Pittsburgh Press, 1988。

⑲ 参见以下论著所做的分析:Sean Safford, *Why the Garden Club Couldn't Save Youngstown*, Cambridge, MA: Harvard University Press, 2009.

⑳ 参见以下论文的描述:Ben Armstrong, "Industrial Policy and Local Economic Transformation: Evidence from the Rustbelt," Working Paper, Brown University, 2020.

㉑ 参见 Timothy J. Bartik, "What Works to Help Manufacturing—Intensive Local Economies?" Upjohn Technical Report No.18—305, Kalamazoo, MI: W. E. Upjohn Institute for Employment, 2018。

㉒ 参见 Timothy J. Bartik, "Bringing Jobs to People: Improving Local Economic Development Policies," in Melissa S. Kearney and Amy Ganz, eds., *Securing Our Economic Future*, Aspen, CO: Aspen Economic Strategy Group, 2020。

㉓ 根据 2018 年的数据,拥有学士学位的在全职工作岗位工作超过一年的工人,比拥有高中学历的工人要多挣 114%;拥有副学士学位(社区大学)的全职、全年工作的工人收入要高出拥有高中学历的工人收入的 25%。参见 2018 年美国社区调查(American Community Survey)数据:Rachel Fulcher Dawson, Melissa S. Kearney, and James X. Sullivan, "Comprehensive Approaches to Increasing Student Completion in Higher Education: A Survey of the Landscape," Working Paper No.28046, National Bureau of Economic Research, November 2020.

㉔ 联邦资金支持可以大大提高社区大学的学业完成率。参见 Dawson, Kearney, and Sullivan, "Comprehensive Approaches to Increasing Student Completion in Higher Education"。

㉕ 可以参见以下论著的讨论:E. Jason Brown, Shawn Kantor, and Alexander Whalley, "Extending the Reach of Research Universities: A Proposal for Productivity Growth in Lagging Communities," *Policy Proposal* 2018-11, Washington, DC: Brookings Institution, The Hamilton Project, 2018.

㉖ 例如,可以参见以下论著所做的分析:James D. Adams, "Comparative Localization of Academic and Industry Spillovers," *Journal of Economic Geography* 2, 2002, pp.253—278; and Edward L. Glaeser, *Triumph of the City: How Our Greatest Invention Makes Us Richer, Smarter, Greener, Healthier, and Happier*, London: Penguin, 2012.

㉗ 大学对当地经济增长的影响不仅仅是理论上的推测。经济学家发现，创办一所大学会促进当地 GDP 增长、公司专利申请增加，以及当地工业制药实验室的增长。参见 Anna Valero and John van Reenen，"The Economic Impact of Universities：Evidence from Across the Globe，"*Economics of Education* 68，2019，pp.53—67；Adam Jaffe，"Real Effects of Academic Research，"*American Economic Review* 79，December 1989，pp. 957—990；Naomi Hausman，"University Innovations and Local Economic Growth，"Working Paper，Hebrew University，2018；and Jeffrey Furman and Megan MacGarvie，"Academic Science and the Birth of Industrial Research Laboratories in the U.S. Pharmaceutical Industry，"*Journal of Economic Behavior and Organization* 63，2007，pp.756—776。在这类研究中，估计的溢出效应在很大程度上得益于与当地企业的合作。

㉘ 参见 Eva Klein and James K. Woodell，*Higher Education Engagement in Economic Development：Foundations for Strategy and Practice*，Washington，DC：Association of Public and Land-Grant Universities，2015。

㉙ 参见 Jorge H. Atiles，Chris Jenkins，Patricia Rayas-Duarte，Randal K. Taylor，and Hailin Zhang，"Service，Cooperative Extension，and Community Engagement，" in R. J. Sternberg，ed.，*The Modern Land-Grant University*，West Lafayette，IN：Purdue University Press，2014，pp.59—81。

㉚ 另请参见联邦政府对应用研究支持的分散化存在，可以有效扩大有用的知识在全国各个地区的增长提升效应的论点，这种论点存在于以下论著中：Jonathan Gruber and Simon Johnson，*Jump-Starting America：How Breakthrough Science Can Revive Economic Growth and the American Dream*，New York：Public Affairs，2019.

㉛ 参见 Anna Fife，Hilary Greenberg，and Alastair Fitzpayne，"Supporting Employer-Provided Training in the COVID-19 Recovery，"*Policy Brief*，Aspen Institute Future of Work Institutions，December 2020。

㉜ Isabel Sawhill and John Bridgeland，"Here's a Cost-Effective National Service Proposal That Could Bridge Our Deep Divisions，"*Washington Post*，February 21，2020.

㉝ 可以参见以下论著中的讨论：Robert D. Putnam and Shaylyn Romney Garrett，*The Upswing：How America Came Together a Century Ago and How We Can Do It Again*，New York：Simon & Schuster，2020.

㉞ 例如，可以参见 Suzanne Mettler，*Soldiers to Citizens：The G.I. Bill and the Making of the Greatest Generation*，Oxford：Oxford University Press，2006。历史学家凯瑟琳·弗莱德尔(Kathleen Frydl)观察到，《退伍军人安置法》与另外一项

当代政策——马歇尔计划有一些共同之处,两者不仅都由联邦政府提供资金资助,而且接受援助的对象(在这些情况下是教育机构和欧洲政府)在资金使用方面都享有一定的灵活性。她还指出,这也是赠地大学具有的特点之一。参见 Kathleen J. Frydl, *The G. I. Bill*, Cambridge：Cambridge University Press, 2009, Chapter 7 and Conclusion。

第9章

大众繁荣需要"桥"

平均而言,工业革命后生活水平的爆炸性提高为世界上相当一部分地区带来了繁荣。近几十年来,随着中国和印度向全球市场经济开放,这两个国家的情况也有了显著改善。生活水平提高是开放经济的重要标志之一。亚当·斯密倡导的充满活力、开放和竞争性的经济,从技术进步和贸易扩张中获得了源源不断的前进动力。活力与增长齐头并进,相辅相成。

然而,这些宏观层面的好处伴随着变革、严重的破坏,以及一些行业、企业和个人的痛苦煎熬。这种财富的分布不均削弱了对充满活力和竞争性的市场经济的社会支持。为政策制定者提供建议的新自由主义经济学家注意到了这些问题,但是却把现有的经济制度视为既定的前提。与此同时,缺乏对因技术变革和全球化而受到破坏影响的社区的支持,动摇了人们对这个国家的经济制度的信心。开放的论据已经让位于直觉和民粹主义——出现了要求建立保护主义之墙的社会的和政治的呼吁。

历史告诉我们,这样的"墙"无法确保未来的繁荣,甚至无法确保持久的保护。但是,与"墙"相反的理念并不是自由放任经济的正统观念。

本书提出了三个原则来反驳"墙"的论点。首先,一个成功的经济要求大众繁荣,要求将亚当·斯密的国民财富观和相互同情结合起来。大众繁荣需要有在充满活力的经济中的广泛参与——当结构性变化破坏了职业、企业和行业以及生计时,让个人做好参与和重新联结的准备。准备和重新联结需要的不仅仅是对市场奇迹怀有新自由主义的虔诚信念。

其次,在不侵蚀活力的情况下,实现这种准备和重新联结的最佳方式是借助"桥"的作用。"桥"将个人与生产性经济联结起来,并为生产性经济建立起社会支持,它才是与"墙"相反的对应理念。"桥"的理念来自斯密对每个人都有能力去竞争的集中关注。"桥"在美国有悠久的历史,从义务教育到赠地大学、社会保障、第二次世界大战后出台的《退伍军人安置法》,以及为了增强经济包容性而开展的地方公私合作伙伴关系。

最后,"架桥"需要个人及私人和公共机构采取有意识的行动。当然,个体机构在准备和重新联结经济生活方面很重要,但是来自经济活力的风险太大,许多个体无法独自承担。企业必须加强培训和社区参与,以提高生产力,增强对市场经济的支持。政府需要重新考虑对教育和培训以及社会保险的支持,目的是调整适应结构性变革,而不仅仅是为了适应经济周期中发生的起起伏伏。实现这一根本性的政策反思需要一个建立起社会支持的框架支撑,而不是将其想当然地视为现成的前提条件。这些有意为之的"架桥"努力是从经济上抵挡"筑墙"企图。

大众繁荣既是道德上的也是经济上的当务之急

经济学之父斯密对国民财富问题给出了权威的回答。那个时代盛行一时的重商主义观点集中关注的是君主的黄金或白银等资产存量。君主的目的是增加这些主权储备，以便更好地为战争和其他机会提供资金支持，以加强国家力量。政府干预市场力量，限制国内和国外的竞争，以便照顾有某种特权的活动。贸易顺差是好的，贸易逆差是坏的。更大的贸易顺差——以及随之而来的更大的金银货币储备——将为战争或国王消费提供资金。国家许可的垄断为国王创造了更多的收入。精英阶层凭借其特殊的联结兴旺发达，而其他所有人几乎都没有什么发展进步。

在摒弃重商主义逻辑的过程中，斯密从一个非常不同的经济目标框架构建开始。在他看来，国民财富以其人民的消费潜力即生活水平为存在载体。他希望把经济蛋糕做得尽可能大。斯密认为，经济上的王者是消费者，而不是国王及其大臣。

为了扩大这种财富，斯密提倡自由市场和竞争，主张发挥"看不见的手"的作用。这些力量在使得个人追求私利的同时，扩大了面向每一个人的"蛋糕"，让两者协调一致起来。他希望每个人都能参与竞争，所以他高度推崇教育和其他各种类型的准备。然而在今天，就像在斯密生活的时代一样，竞争及其结果——商业成功或失败、富有或贫困、高或低的工资、不断拓展或暂停的职业生涯——都是让人难以接受的。事实上，今天对竞争极力推崇的那些人往往是取得终身教职的学术型经济学家,以及在市场竞争比赛中胜出的富裕的赢家。

斯密的目的不是欢呼庆祝商业成功——他是亲市场的而不是亲企业的。其核心要义是,捍卫一个开放的、有竞争力的经济体系是因为它创造了高的生活水平。因此,他强调经济包容性思想——即最不富裕的那些人也应该被接纳为经济参与者。这样一个主题可以追溯到《道德情操论》,它强调相互同情,让尽可能多的人做好准备,并使他们与经济重新联结起来。大众繁荣是目标,这一点与重商主义者截然不同,后者支持少数人获益,而不管多数人在自由和生活水平方面遭受的损失。从《国富论》的开篇章节开始,它追求的就是确保与经济繁荣相伴而生的是"普遍富裕"(universal opulence)和"整体富足"(general plenty)。

今天的经济及其所经历的结构性变革比斯密时代更加复杂,破坏性也要大得多。我们现在已经理解,增长是由思想和创新动态驱动的。让我们回想一下埃德蒙·费尔普斯和迪尔德丽·麦克洛斯基所说的,增长不仅与科学发现的速度有关,还与其商业应用有关。市场经济一定会接受这些应用,这会给许多人带来勉强能接受的有益影响,对另外一些人会产生不利的后果。为了提高生活水平,社会和文化必须支持接受这些破坏。如果没有对经济的广泛参与,从长远来看,这是不可能实现的。缺乏参与将会导致人们呼吁"筑墙"、反对变革,或保护自己的现有地位,就如同重商主义提倡的修修补补那样,这会受到斯密的抨击。

将大众繁荣视为动态经济的"最佳状态",类似于心理学家的心流概念。与心流类似,繁荣要求个人能够适应经济参与所需要的技能和复杂性。因此,一个促进繁荣的制度就是那种能够让更多的人与不断变革的经济持续保持联结的制度。

心流和繁荣传递的是一种在经济中充分参与的归属感。斯密的"看不见的手"有条不紊地以非人格化的方式发挥作用。然而,对民众的社会支持通过社区和协会传递了对丰富的联系网络的理解,而不仅仅是对非人格化交易的理解。我们可以在这些网络之上"架桥",并反过来促进这些网络,以此来更新斯密的理论模式。增加准备和重新联结之桥,可以促进互利互惠,支持开放。

重商主义之墙限制商业竞争和效率,斯密对此的反应不仅仅是历史上的陈年往事。这些"墙"在今天的社会讨论中也占据着重要地位,它们同样会侵蚀经济活力,不管其最初动机有多善意。例如,奥伦·卡斯主张,增加制造业工作岗位格外重要,因为这些工作岗位报酬丰厚,为非熟练工人提供了一条通往稳定的家庭生活的途径。和许多观察家一样,他呼吁为了更广泛的社会目标,可以略微牺牲一点斯密式的效率。但是,这些"墙"有可能把国民财富这一"婴儿"和"破坏"这一"洗澡水"一起扔掉;它们不是大众繁荣。这一论点是直观的,可以被用来说服政治领导人——记住我曾经没有能够劝阻乔治·沃克·布什总统加征钢铁关税的例子。但是,这一论点也是错误的。在一个充满活力的经济体中,大量工作岗位不断被"创造"和"摧毁"。并且,好的产业和工作岗位会随着时间的推移而改变。

中止这种经济活力只会让那些好的工作岗位失去竞争力。这根本就不是繁荣,而是一种更像重商主义的结党营私。能够更好联结的工人将获得这些好的工作岗位,而普通人则会陷入困境。更好的做法是让消费者的偏好和收入构成企业的机会,以及随之而来的就业模式。

　　卡斯主张保护制造业工作岗位的论点,集中关注的是这些工作岗位相对较高的工资薪酬,这是我和哥伦比亚大学的学生在俄亥俄州扬斯敦经常听到的论调。但是,不仅全球范围制造业的就业在下降,而且任何保护措施都将使我们无法承担架起通往充满活力的机会之桥的重要任务。这种担忧与其说是一种经济上的谨慎,不如说是对出现一种利益联盟的担心——在竞争性赛跑中苦苦挣扎的现有企业与失业工人(或者劳动所得减少的工人)会结成联盟,一种主张筑起保护主义之墙的联盟。并且,这些"墙"只会进一步刺激出更多的"墙",因为人们将会为了获得一些特权就业机会而进行游说公关。

　　坦率地说,一点点修修补补产生的成本并不只是一个稍微小一点的经济蛋糕,并不是本来能收到 1 美元,现在只收到 98 美分的折中方案;这种修修补补让经济活力和市场制度处于危险境地。保护产生——并被公众视为会产生——利益。确实如此,但是这些利益是供一些人(受到保护的人)享受的,而且是以牺牲许多人(整个经济)为代价才实现的。这种修修补补没有能够将个人与新的、充满希望的工作和商业机会联结起来。如果个人感觉到经济制度针对特殊群体提供特殊的照顾,缺乏广泛的合法性,那么经济制度和经济活力就可能受到攻击。

　　关于"墙"的一种观点是,随着唐纳德·特朗普在 2016 年总统选举中以微弱优势获胜,"墙"走上了舞台的前沿,并且随着特朗普在 2020 年以微弱劣势竞选总统失败而退出舞台的前沿。但是,这一观点并不符合真实的情况。几十年来,保护主义的压力一直在暗中郁积,而且,现在的拜登政府已经对 20 世纪 90 年代流行的贸易自由化的好处表示怀疑。像卡斯这样的人,尤其是彼得·纳瓦罗等保护主义之墙的支持者,对全球贸易中的公平竞争表达了合情合理的担忧。但是,对竞争进行监管不能成为一个借口,借以实施彻头彻尾的保护主义,或者实施偏袒国内生产商的政策。我们不应该采取特别行动,强制执行贸易规则,来作为保护特定工作岗位或特定产业的手段。

　　建立对开放的支持需要遵守尼古拉斯·卡尔多的名言,即获益者补偿受损者。这种补偿可以采取有助于让人们做好准备,以便开放经济中的竞争形式(通过培训和技能再开发),并在工作岗位类别或产业前景黯淡时,让人们与经济重新联结起来。关键的一点是,这种修修补补最终很容易会限制竞争,限制人们和企业"试一试"的能力。它"烤制"了一个更小的经济蛋糕,几乎没有可以预留的剩余来为通向大众繁荣之桥提供资金支持。

　　这些担忧不仅仅表现在纳瓦罗的言辞之中;更重要的是,不管是民主党还是共和党,它们对于党派内部的各派系都是非常重要的热点话题。第三个更温和的"筑墙"呼吁是,迫使公司从以股东为中心的竞争性市场机器转向以各种利益相关者为中心的机器,包括员工、社区和整个社会。经济学家科林·迈耶、公司事务法律专家马丁·利普顿和商业圆桌会议都发出了这一呼吁,但是,这样的改变是否值得牺牲可能涉及的商业效率? 毫无疑问,不能。如果要素投入市场、商品和服务市场是竞争性市场,那么实现股东长期价值最大化会让投资者和整个经济的状况变得更好,并为其他利益相关者创造出有竞争力的回报。如果这些条件并不适用,那么我们应该维护竞争秩序——比如实施反垄断政策——而不是强制执行一个特定的公司目标。

　　亚当·斯密撰写《国富论》来对这种修修补补进行抨击,在那个时候,政策重心转向"筑墙"已经是很普遍的现象了。随着工业革命带来更大的繁荣,以及斯密所描述的破坏性变革和激烈竞争的发展,"墙"与经济变革之间的斗争在美国政策和政治中占据了显著地位。第二次世界大战结束后,美国立即出现了广泛共享的繁荣,部分原因是生产力的高增长,战后美国工业和劳动力在全球市场上占据的主导地位,以及《退伍军人安置法》的实施带来的大规模教育普及和技能提高。在全球范围,布雷顿森林国际货币体系允许单个经济体保持一定的政策灵活性,以便在出现消费的结构性变革的情况下,各国国内能进行一些调整适应。

精英忽视(elites' neglect)的时期开始于 20 世纪 70 年代末。这一时期甚至经历了一个转向更大的开放和竞争的过程,这一过程伴随着对政府出台的社会项目抱持更大的怀疑主义态度。当时对自由放任,或者至少在很大程度上对自由放任的思想,出现了很有说服力的赞歌,这对经济学专业和经济政策都产生了重大影响。政策尤其侧重于经济增长的驱动力,而基本不注意采取必要的防护措施,以尽量减少技术变革和全球化带来的不利影响。随着俄亥俄州扬斯敦和其他心脏地带的就业和社区损失带来的挫败感逐步加剧,经济学家的新自由主义建议在共和党和民主党政府中都开始受到质疑。在表面的平静之下确实发生了政治转变,1992 年的共和党总统竞选人帕特里克·布坎南和独立总统竞选人罗斯·佩罗、2008 年的共和党总统竞选人参议员里克·桑托勒姆(Rick Santorum),以及 2016 年的唐纳德·特朗普,都发起了要求筑起反对变革之墙的民粹主义运动。还有其他竞选活动也有这种倾向。

提出这些对比的目的,并不是说经济学家提倡新自由主义经济思想就是错误的,恰如斯密没有做错一样,他把国民财富的重心放在生活水平和个人消费能力上,而不是放在特定的工作岗位或产业上,这是正确的。事实上,新自由主义强调开放和竞争,反映的是自斯密时代以来的经济思想的演化和取得的经济成功。市场资本主义得到了商界领导人、许多民选领导人和绝大多数顶尖经济学家的认可和支持。

实现大众繁荣需要的是"桥"而不是"墙"

既然从长远来看"墙"是不起作用的,那么是什么在起作用呢?我们可以"架桥",让人们有能力参与到充满活力的、竞争性的世界经济之中。但是,"架桥"需要经济学家、政策制定者和商人拿出新的举措。

在过去的几十年里,我们没有能够开发出有效的"桥",并对之作出解释宣传。20世纪70年代以后,当"墙"逐渐出现在眼前时,我们还没有准备好。如果没有这些"桥",选民就会在自由放任式开放和"墙"之间作出选择。如果没有机构提供帮助,他们就会在结构性经济变革中陷入苦苦挣扎的窘境,可他们希望过得更好。政治上的抗辩遵循了经济学家的建议——让我们回想一下罗纳德·里根、玛格丽特·撒切尔、比尔·克林顿或托尼·布莱尔(Tony Blair)——他们宣扬变革的福音。就宏观经济收益而言,捍卫市场力量的论点是完全正确的,但是它却越来越无法说服相当一部分社会大众。一味地强调新自由主义经济要义,并不能赢得与要求"筑墙"的呼声之间的口水战。

相比之下,"桥"带领人们辞旧迎新。它们提供了一种实现大众繁荣的结构,以及一种确保市场制度得到更广泛公众支持的机制,而这种支持并不是经济学基础理论课程所描述的想当然的那种自信的"给定"(given)。

在经济、政治和社会方面,"桥"可能比"墙"更难定义、更难建造。但是,"桥"可以借助经济学发挥作用——理解变革带来的好处,理解如何让个人做好准备,以参与到当前和未来的经济中去,理解当变革打破参与的联系纽带时,如何让个人重新与经济联结起来。这些准备(发展技能)和重新联结(重新设计社会保险)的步骤也可以在经济学基础理论中找到,有着悠久的历史传统。位于华盛顿以及其他国家首都的政策制定者和经济学家需要在这些思想上花费远比以前更多的时间。商界领导人还需要认真考虑"架桥"及自身在其中应该发挥的作用,经济学家虽然不应该因为缺乏理论观点而受到指责,但是确实需要关注变革带来的社会对立思潮。正如呼吁"筑墙"确实具有一定的道德分量,足以说服许多人同意牺牲效率来帮助受到破坏影响的个人和社区一样,"桥"与个人尊严和大众繁荣也有着道德上的联结。

技术变革和全球化给许多工业经济体带来了沉重打击。与周期性困难不同的是,这些压力出现得很快,持续的时间很长,而且地域上很集中。

对于许多工人而言,这些因素使得进行经济调整适应变得非常困难,他们过去依赖市场力量,依赖公共政策,而这些公共政策只是旨在缓冲短期的、偶发性的劳动收入或工作损失。与此同时,米尔顿·弗里德曼或弗里德里希·哈耶克这样的经济学家的新自由主义思想无论在公共政策领域还是在经济学界都大行其道。虽然这些经济学家没有主张对变革采取放手不干涉的管理方式，但是他们也确实没有强调为不断变化的经济做好准备并与之重新联结。

经济学家们——有时是公正的——被塑造成变革的卫道士，无论变革会同时带来怎样的破坏性后果，他们都无条件辩护。接下来是保守派政客，他们拥抱这些观点，并往往将这些观点视为代表了经济的整体利益，或者是创业机会，或者是创新——这些也确实都是真实存在的——然而，他们却很少考虑技术或全球市场变化导致的短期经济受损者。

"桥"可以帮助你去到或回到你想去的地方。这是一条跨越难以穿越的路段的有益路径。虽然经济学家早就明白，结构性变革的获益者可以补偿受损者，但是这并不意味着要求取得成功的公司直接背上失败者的包袱。这确实意味着对成功的公司提高税收，以便为投资于更广泛的经济参与提供资金支持，让其他所有人都有参与机会。问题的关键不在于将一些工人的困境归咎于公司或经济学家，也不在于主张筑起保护主义之墙，而在于提高技能，从而在现在和未来能够获得更具生产力的工作岗位。

不过，伊丽莎白女王提出的关注之问确实有点令人犹豫彷徨。在此之前，经济政策已经找到了更广泛的经济参与和繁荣的原因。林肯时代对阻碍经济机会的壁垒进行了猛烈抨击，旨在让更多人做好准备，与不断变化的经济联结起来。富兰克林·罗斯福实施社会保险制度，让财富和前景受到 20 世纪 30 年代大萧条的经济低迷沉重打击的那些人与经济重新联结起来。这些"林肯维尔"式干预措施捍卫了资本主义，同时也符合经济学原理。

为了达到这些目的,补偿不是获益者直接给予受损者一张支票,而是一项基本原则,即为准备(机会)和重新联结(社会保险)提供支持,必须与市场接受变革相伴而生。这种做法既能维持市场资本主义和经济活力带来的收益,也可以让民众对这些收益持续保持广泛的支持。

准备工作的"方式"建立在现有机构的基础之上,以便成功推进教育和培训。社区大学在提供技能培训方面发挥着核心作用,可以满足不断变化的经济对工作岗位提出的需求,但是,在大多数州,它们缺乏相应的资源。与呼吁提供需求侧支持——免学费——相反,我提议提供供给侧帮助——通过联邦政府的无指定用途的一揽子拨款提供融资支持——帮助社区大学承担技能开发任务。类似地,可以通过提供税收补贴来支持企业开展在职培训,并对受过培训的工人离开企业去别处工作的风险加以补偿。新冠疫情蔓延后,所需的大规模再培训只会大大增加实施这一政策的必要性。

一般的"亲增长"(progrowth)政策可以通过让美国经济不断处于动态变革的前沿来支持这些"桥"。联邦政府对研发的支持可以帮助基础科学和技术发展及其商业化应用。对研究强大的公共支持承诺可以使经济处于有利位置,不断挖掘新的可能性并推动变革。事实上,美国应该保持全球研究的领先地位,以确保实现大众繁荣。

这些协助做好准备的措施,对于鼓励更广泛的经济参与都是很有意义的政策工具。但是,当结构性变革破坏收入持续相当长的时期,它们就会无法满足重新联结的需要。为了避免必然会出现的筑起保护主义之墙的呼吁,我们需要重新考虑社会保险。

目前美国的社会保险计划主要关注临时下岗(失业保险)和老

年美国人的需求(社会保障和医疗保险)。20 世纪 60 年代启动的
《贸易调整援助法》一直缺乏政治支持,不能提供足够的融资帮助。
一种更好的办法可能是个人再就业账户(支持对结构性失业者的培
训,以提高他们的收入),对一些工人的工资保险(以便鼓励快速再就
业和参加技能培训),以及劳动收入所得税收抵免(适用范围大幅扩
大,尤其是扩大至覆盖年轻的无子女工人)。此外,针对社区的一些
"基于地方的援助"可以有效地补贴那些长期以来工作年龄人口失业
率高的地区的就业机会。改变联邦税收补贴结构,将其转换为医疗
保险,可以有助于将就业与医疗保险的获取"脱钩",以此提高对中低
技能工人的劳动力需求。

"桥"需要企业和政府主动采取行动

公司在"架桥"方面扮演着十分重要的角色。尤其是对于受到破
坏冲击的社区,仅靠政府无法引领其经济恢复活力。马萨诸塞州和
匹兹堡的例子表明,在地方政府和中央政府的支持下,面向未来的地
方企业合作伙伴关系可以在地方繁荣中发挥异乎寻常的作用。

虽然商业慈善可以为一些教育、文化和社区接受者提供一些帮
助,但是,慈善不是企业在"架桥"方面发挥作用的核心要义。相反,
企业的角色反映了亚当·斯密和后来的经济学家所倡导的市场体系
的内部运作,以及对该体系的外部的社会和政治支持。

今天为竞争做准备至关重要,与《国富论》描述的更为简单的经
济相比较,意义就更为重大。各类企业应该集体捍卫竞争流程。大
多数关于加强竞争的经济学讨论都集中于通过打压市场权势力量来

限制反竞争行为。古典经济学家支持这种重点关注。但是,企业应该为竞争做好准备,反对政策摩擦,比如各类不当干预造成的进入壁垒、职业许可对就业流动性的限制、分区限制对地理流动性的不利影响,以及通过补贴和负担沉重的监管进行更大规模的政府修修补补,这些都可能阻止市场进入。这种动机是斯密反对重商主义修修补补,认为其造成生活水平下降的论点的核心要义。作为一个整体,企业界必须在捍卫竞争方面发出强有力的声音。集体的商业组织也可以汇入它们的声音——例如,企业巨头组织的商业圆桌会议、小型企业组成的全美独立企业联合会(National Federation of Independent Business)和面向一般企业的美国商会。竞争流程对市场体系的顺利运行至关重要。

在这方面,即使是地理上到处布点的大型企业也能有所帮助,无论经理人是为了投资者的利益还是为了社会的利益都是如此。在这两种情况下,当地劳动力队伍能够参与充满活力、竞争激烈的经济,公司都可以从中受益。但是,公司不应该总是介入来填补政府职能失调留下的空白,因为那样会削弱它们对生活水平应有的重要贡献。

回想一下,这种对企业责任潜在的缺乏正确认识及其对经济的影响的担忧,促使米尔顿·弗里德曼在半个世纪前撰写出那篇著名论文,其观点在论文标题中得到很好的概括——"企业的社会责任是增加其利润"。弗里德曼的观点简单、有力,在公司治理和公共政策方面具有很大影响力。1997年,商业圆桌会议发表了一份声明,完全符合弗里德曼提倡的股东至上原则。但是,到了2019年,商业圆桌会议改变了它的观点,发表了一份新声明,声称公司的目标是对所有利益相关者负责(股东排在利益相关者清单的最后一名)。再一次地,在这份声明的观点之下,弗里德曼的观点产生了类似的结果。商业圆桌会议的声明又一次引发了人们对修修补补和弗里德曼曾经担心的企业责任的关切。这份声明还赢得了许多民选官员、商界领导人以及一些知名投资人的赞扬。

但是,类似气候变化等更广泛的外部性并不是仅仅通过商业上的最大化行为就能解决的。当然,其中一个妙处是,这些(和其他的)外部性可以通过增加对股东长期价值最大化的政策干预(例如税收或监管)来解决。

但是,再一次地,企业必须发挥作用。为了让工人为经济转型做好准备,需要进行培训和技能再提升。外部性可以通过企业与当地社区大学、社区和州政府的密切合作加以缓解。在大公司做得比较成功的一些突出例子中,公司和它们经营所在的社区都从中受益。商业圆桌会议和美国商会可以总结记录并宣传解释"怎么做是有效的",以鼓励成功的复制推广。

企业在"架桥"中的作用还有一个更宏观的目标,就是增强公众对充满活力和竞争性的市场经济的支持。从斯密对竞争的辩护,到弗里德曼对公司目标的阐述,这些特定的基本论点都把得到广泛的公众支持视为想当然的既定前提。然而,在最近几十年的结构性经济变革中,这种支持在民粹主义话语体系中出现了动摇,这些言论敦促"筑墙"反对变革(主要来自右翼),或者主张反对企业管理变革的自由(主要来自左翼)。为了赢得公众支持,企业"架桥"是必要的。企业领导人必须将自己视为属于"某个地方"(somewheres)——特定社区受到关注的参与者、特定人群的合作伙伴——以及考虑经济活力价值的"任何地方"(anywheres)。向董事会、股东和公众提交的关于公司"架桥"活动的年度报告将有力有效地支持这一想法。

即使面对政府的冷漠、犹豫不决或无所作为,个人和企业也仍然可以采取积极的措施。但是,政府政策必须在"架桥"以替代"筑墙"去解决问题方面发挥核心作用。美国在新自由主义版本的自由放任和民主社会主义之间发生的那场著名的政治辩论的失败,在很大程度上反映了它没有能力解决经济准备(机会)和重新联结(社会保险)问题。"墙"填补了这个空白。

至于今天的各级政府,我们需要领导人能够有理由充分地证明,需要对"桥"而不是"墙"进行公共投资。并且,由于"桥"的复杂性,我们需要创造性的思想和制度化的流程来实施"架桥"工作。对研发的支持拓展了知识和应用的前沿。即使是联邦政府资助社区大学的不指定用途的一揽子拨款,以及对培训的税收抵免,也将需要政府给予积极有效的、持续的重视。对准备的支持可以针对那些受到不利影响的地方、人群、社区和区域,这种不利影响来自总体上是积极正面的变革(在全国范围内)。成功的干预措施可能会将联邦支持与地方需求紧密地结合在一起,正如赠地大学的历史及其影响所表明的那样。

这些政策思想需要有足够的领导力和能够确保其执行的流程。虽然领导力需要有政策拥护者,但是它也要有政策框架支撑。新自由主义经济框架构建,即使不是彻底的自由放任,也着重强调了结构性变革和市场经济带来的经济活力和生活水平的提高。由于存在总的净收益,可以简单判定,变革是能被接受的。可以将这种框架构建视为"由外而内"的。变革是有价值的,作为个人或企业的内部人需要适应它;平均而言,这样做会让他们有所收获。另一种可选择的替代性的框架构建更类似于古典的大众繁荣目标,是"由内而外"的。我们将在税收的帮助下恰如其分地提供支持,确保让每个人都能为经济活动做好准备并重新联结起来。这种框架构建也承认经济活力和市场经济的内在价值。但是,它首先要消除经济参与的障碍,然后鼓励促进活力和增长的变革。

除了思想、框架构建和领导力之外,流程也很重要。正如美国国家安全委员会以及后来的美国国内政策委员会和美国国家经济委员会将具有不同职能的机构聚集在一起解决跨领域性问题一样,为经济参与和联结"架桥"需要重新考虑公共管理。一个内阁级别的美国经济参与特别工作组(U.S. Taskforce on Economic Engagement)可以向白宫提供所有政府部门的建议和协调,并发布年度报告和要求提供的国会证词,以广泛吸引公众。根据美国各地的经验,可以号召商界和大学领导人加入该工作组的咨询委员会。

参与型经济需要敏感关注各类变化。经济和政治精英必须关注整个经济的各种趋势,而不仅仅是平均水平或处于类似地位的精英。广义上的国民服务的复兴,有助于在美国人中重建斯密式的"民族同理心"(national empathy)之桥——并让美国走上"我们都在一起"的大众繁荣之路。

新冠疫情蔓延强化了对"桥"的需求

就在我写作这本书正酣之际,2020—2021 年新冠疫情蔓延。虽然疫情蔓延将一个强大的经济体突然转变为一个高失业率的经济体,但是它基本上只是加速了正在进行的结构性变革,尤其是数字技术带来的变革。工人因为缺乏面向未来的工作岗位所需要的技能，现在正失去更多，被全球市场上更受欢迎的那些人淘汰。新冠疫情还揭示了不同技能群体在工作场所上的明显区别。大多数技术熟练的专业人士都可以在家工作，而许多技术水平较低的人在实体工厂的工作时间减少，或者根本没有工作。

在政治上，新冠疫情蔓延提高了人们对"墙"的兴趣：反对供应链中紧密的全球一体化，反对大企业排挤压榨中小企业。选民担心，接触数字技术有限的工人和学生未来的劳动收入会减少。因此，通向未来工作之桥就变得越加重要。"桥"提供的远远不止宏观经济稳定；它们可以在一个充满挑战的时期加强公众对竞争性市场经济的支持。但是，相对于需求和机会，这些努力绝不能如此有限。

在新冠疫情蔓延的背景下，乔·拜登当选总统，激发了在美国遏制民粹主义压力的希望。这种希望看上去似乎相当乐观，然而，希望却并不能等同于一种战略。三个问题仍然存在。首先，虽然像彼得·纳瓦罗那样极端反对全球化的声音已经从官方圈子中消失，但是拜登政府和民主党更普遍地对贸易和贸易协定的好处抱持怀疑态度。特朗普时代主张的保护主义和对实施有利于制造业的产业政策的兴趣依然十分盛行。其次，拜登政府在 2021 年 3 月发布的《美国就业计划》(American Jobs Plan)中强调在医疗保健和公共援助方面增加公共支出，而很少讨论技能准备或重新考虑支持工作的社会保险计划。它也没有致力于创建流程，以在联邦政府各部门之间架起"桥"，也没有为达成此目的倡导与州和地方政府建立合作伙伴关系。事实上，政府采取的是反变革的落后产业政策，错过了架起通向未来之桥的机会，而不是试图补偿那些没有准备好参与其中的人。最后，美国选民之间分歧严重,这表明唐纳德·特朗普个人的竞选失败远远不能等同于经济民粹主义的失败,而且,"墙"仍然是政治中的强大因素。

尽管如此,这条消息并不完全令人沮丧。拜登总统对基础设施、绿色环保或其他方面的兴趣,对于许多美国人来说,都是中等技能工作岗位的好兆头,对于一个面临加薪压力的更为紧凑的劳动力市场*来说也是个好兆头。各州越来越多地请求联邦政府支持高等教育,这对技能发展和再培训是有利的。拜登政府对收入不平等表现出的毫不含糊的关切表明,政府有兴趣提高我们当中最不富裕人群的收入。最后,考虑到对富裕美国人增税的民众意愿,"架桥"政策的预算成本现在可能不会那么令人望而生畏了,尽管"架桥"政策尚未出台。当然,政府更倾向于积极寻求"桥"这样的支持政策,遵循"由内而外"的政策方针,而不是简单接受市场结果的自由放任的"由外而内"的政策方针。

展望未来,可以让我们大大超越拜登政府的计划。许多经济学家和经济政策制定者现在继续侧重于关注新自由主义和社会主义之间的概念辩论。但是,实践中政治上的来回拉锯更可能集中在"桥"(古典自由主义)和"墙"(来自左翼的社会民主主义保护措施和来自右翼的反变革的保护措施)上。正如我在这里所主张的那样,"桥"具有更好的经济基础。这些"桥"还将为机会做准备和重新联结结合在一起,同时强调个体机构以及政府和企业的作用。当"桥"拓展经济前沿时,它的另一面实际上就是要摧毁"墙",摧毁阻碍更多人获得机会的壁垒。斯密的《国富论》和《道德情操论》兜了一圈,回到这里全

---

* 即失业率较低的劳动力市场。——译者注

面展开。

　　虽然我集中关注的是美国面临的经济挑战和"筑墙"与"架桥"之间的政策选择，但是这里归纳概括的主题和论点肯定不是美国所独有的。斯密对竞争性市场经济的设想开始于英国，那里是埃德蒙·费尔普斯和迪尔德丽·麦克洛斯基描述的经济活力和创新精神的发源地。在英国和其他工业经济体的历史上，为应对结构性经济变革而发生的"墙"与"桥"之间的历史之争随处可见。今天，美国、英国、法国、意大利、西班牙、巴西和其他国家的民粹主义盛行，这反映出竞争性市场经济没有能力"成功推销"，让公众相信大众繁荣是可能的，而不仅仅是那些条件优越的人享受的片面繁荣。

　　没有记住大众繁荣才是目标——或者把对自由主义或新自由主义信条的虔诚放在大众繁荣前面——将为把精英（包括经济精英）和"人民"分隔开来的民粹主义之墙大开方便之门。这种分隔无法产生促进繁荣的政策，而只是披上了包容的外衣。将斯密关于竞争的定义扩展到包括做好竞争的准备，是和通往充分参与经济之桥相关的工作。这些"桥"加强了公众对资本主义的支持。正如我的老师、哈佛大学经济学家本杰明·弗里德曼在其著作《经济增长的道德后果》(*The Moral Resultations of Economic Growth*)中指出的那样，大众繁荣时期既带来了经济效益，也带来了社会效益，社会歧视更少，社会更包容。①

　　除了政策制定者外，经济学家也需要回归大众繁荣和"桥"。正如从凯恩斯到波兰尼等自由主义正统派批评家指出的那样，全国和全球范围的竞争性市场经济平均而言会带来长期繁荣，但是，在这一过程中，会付出让许多人与经济机会中断联结的代价。这种中断联结激发起"筑墙"反对变革的呼声，并可能逐渐削弱对斯密式经济制度的支持。哈耶克、弗里德曼等经济学大师醉心于发展完善去中心化的市场经济理念，总结提炼出威力强大的新自由主义经济思想，对市场的价值和价格体系作出了重要贡献。但是，今天的经济学家必须不能仅仅是自由放任的市场和价格体系的拥护者。经济学提供了"桥"的蓝图，让个人为市场体系做好准备，重新与市场体系联结起来，并为市场体系构筑支持基础。

结构性经济力量，比如我们在这里强调的技术变革和全球化，是强大的，并为平均生活水平的显著提高作出了贡献。随着代表"通用目的技术"（general purpose technology）的人工智能和机器人技术的突飞猛进，技术性破坏有望带来更多的进步提升，即便过程中会充满"噪音"。尽管美国与中国目前的贸易关系有所起伏，像欧盟这样的多个贸易集团的成立，表明世界在一定程度上存在脱钩，但是全球化竞争的力量依然是强大的，全球市场对企业的重要性依然是不容置疑的。不过，这些力量是强大的，并且可以增加国民财富，这一事实并不意味着一个国家应该被动地接受这些力量的摆布。

这些另类的替代方法和事件预示的是我在本书开头所使用的两个小故事的主题——我未能说服乔治·沃克·布什总统抵制加征钢铁关税的呼吁，以及我与许多扬斯敦工人为应对技术变革和全球化而分道扬镳，出现不同理念。2001年加征钢铁关税是对呼吁"筑墙"、反对变革的一种应对反应，这件事发生在一个过去对钢铁关税几乎没有施加关注的政治环境之中。自1977年9月我作为一名本科生开始学习经济学以来，技术变革和全球化已经放大了我的技能和许多专业人员拥有的技能的市场价值。与此同时，扬斯敦钢铁联合企业的关闭虽然引发了巨大的支持援助努力,但是这种努力方向并没有让许多工人和社区为适应不断变化的经济做好准备和重新联结。

想象一下,在美国鼓励全球一体化之际,对社区大学和培训的大胆支持,如果能够与《退伍军人安置法》提供的准备和重新联结的力度相媲美,会出现什么样的情景?想象一下,如果"桥"的思想发挥的引领作用能够使政治辩论转向经济参与,并且远离自由放任或其他"稻草人式"的虚妄的另类替代选择,会出现什么样的情景?想象一下,如果人们对能够保持国民财富不断增长的经济制度有了更为广泛的理解和支持,会出现什么样的情景?

请想象一下大众繁荣吧。

注 释

① Benjamin M. Friedman, *The Moral Consequences of Economic Growth*, New York: Random House, 2005.

图书在版编目(CIP)数据

墙与桥：剧变时代的恐惧和机遇 ／（美）格伦·哈
伯德著；胡书东译. -- 上海：格致出版社：上海人民
出版社，2024. -- ISBN 978-7-5432-3591-5

Ⅰ. F171.20

中国国家版本馆 CIP 数据核字第 20240QT611 号

责任编辑　程筠函　刘佳琪
装帧设计　钟　颖

墙与桥：剧变时代的恐惧和机遇

[美]格伦·哈伯德　著

胡书东　译

出　　版　格致出版社

上海人民出版社
（201101　上海市闵行区号景路 159 弄 C 座）

发　　行　上海人民出版社发行中心
印　　刷　浙江临安曙光印务有限公司
开　　本　890×1240　1/32
印　　张　8.25
插　　页　2
字　　数　177,000
版　　次　2024 年 9 月第 1 版
印　　次　2024 年 9 月第 1 次印刷
ISBN 978 - 7 - 5432 - 3591 - 5/F · 1590
定　　价　62.00 元